1893—1976

作者简介

陈　晋

中共中央党史和文献研究院研究员，原中共中央文献研究室副主任。有关毛泽东研究的主要著述有《毛泽东时代的中国》《毛泽东的文化性格》《毛泽东的诗路和心路》《毛泽东之魂》《毛泽东读书笔记精讲》《毛泽东阅读史》《毛泽东文艺生涯》《毛泽东与文艺传统》《读毛泽东札记》等10余部。

胡松涛

作家，学者。著有随笔集《毛泽东影响中国的88个关键词》《延安繁露》，散文集《辋·王维》《民间的阳光》《嚼雪录》及长篇小说《嫘祖》等。

毛泽东文谭

陈　晋

胡松涛

——著

湖南人民出版社·长沙

陈·晋

回到思想现场
——再读毛泽东

　　毛泽东是思想家，亦是文章大家。其思想融会贯通马克思列宁主义和中国传统，既高远又务实，落实到革命和建设实践中，启发人心，开一代风气；其文章，有浩气，有骨气，接地气，贯穿哲学气，飘洒人间烟火气，一支笔摇曳出多姿多彩的传世篇章。记得胡松涛有篇文章叫《文章华国　著作华党——毛泽东写作极简史》，在《中国青年报》上发了一个整版。"文章华国""著作华党"这两个词，的确可以概括毛泽东文章的特色与功效。文风是思想的翅膀。能"华国"，能"华党"，彰显出极具魅力的中国风格、中国气派。

　　毛泽东的著述，是写在东方大地上的史诗，是认识和走进昨天、今天和未来中国的必经路径。已经经典化的"毛著"，成为许多人的案头书、枕边书、学习用书、工作用书，以及课堂上的教科书，它导引读者走进历史，体验智慧，寻借经验。

当然，也有一些不尽如人意的情况，影响着毛泽东著述文章的进一步传播，进一步发挥其应有影响。比如，解读毛泽东的文章，只停留在他说了什么，结果就抽出几条干巴巴的概念进行复述。还有的，则觉得"李杜诗篇万口传，至今已觉不新鲜"，怀疑毛泽东的著作已经过时。

由此想到，阅读毛泽东的经典，也需要很多历史背景知识乃至史料学、文献学方面的学问。如果只知道毛泽东"这样说"，不知道他"为什么这样说"，不知道哪些是原创，哪些是发挥，哪些是借用，不知道哪些是"经"哪些是"权"，如此这般，人们对毛著经典的认识也就是个"大概"，是有限的，很难说抓住了丰富的"思想剩余价值"。毛泽东的著述文章，蕴藏着历史的风云，记载着革命的潮流，展示着思想的光芒，可以照亮前行的道路。挖掘和阐释毛泽东著作的写作背景，弄清楚他为什么这样说，说了以后别人是怎样体会和理解的，阐释其文本的历史与政治意涵，揭示并释放文本的理论价值，就显得格外重要。于是，便有了写这本书的初衷：书写毛泽东文章写作史、传播史和接受史上的故事，尽力"破译"毛泽东的"文本密码"，期望能够明晰毛泽东"胸中明月"和他的"实践天地"之间的连接通道。

本书按照《关于建国以来党的若干历史问题的决议》中毛泽东思想的六大组成部分和毛泽东思想活的灵魂三个方面，分为九大专题。每个专题选择数篇代表性文章进行解读，在文章的源头、内部、缝隙里搜寻前尘往迹，对那些关键概念进行词源学的考证，在字里行间阐释文本上没有显示的内容，寻找文章肌肤下面暗藏的密码，挖掘文章中包含的世界观、方法论，力图展示毛泽东思想的立体面貌。

——聚焦毛泽东文章的写作史。毛泽东的文章都是时代的产物，他不是为写作而写作，而是摸着时代脉搏写作的，是为回答和解决时代问题写作的。比如古田会议决议，这是一篇中国共产党确立思想建党政治建军原则的奠基文章，这篇文章是在红四军内部发生谁也说服不了谁的大争论背景下出现的。这场风波，一度导致毛泽东"下岗"。经过"阵痛"之后，"朱毛"思想统一，同心同德，携手建军，开创党和军队建设的崭新局面，"朱毛"也成为共产党和人民军队的标志性形象。还原古田会议前"朱毛"为党相争的历史现场，我们不仅可以体悟真理之来之不易，也看到"朱毛"等革命者争相为党的光明磊落和高尚情操。再比如《论持久战》，是毛泽东在全民族抗战进行到第10个月的时候写作的。当时，全社会流行"亡国论"和"速胜论"两种论调，蒋介石拿不出令人信服的战略策略，铁蹄之下恐慌的老百姓甚至用《推背图》和《烧饼歌》对中国的命运进行预测。毛泽东在西北高原的窑洞里推出了石破天惊的"抗战预言"——它超前于战争进程，深刻揭示了中华民族外御强敌的胜战之道。随着抗战形势的发展，历史完全应验了毛泽东在《论持久战》中的预测。毛泽东的文章是时代镌刻在大地上的印痕，既反映了那个时代，又克服了那个时代，从而高于那个时代，成为时代精神的精华，又经过时代变迁的检验，成为时读时新的经典文本。本书旨在研究毛泽东著作的写作史，寻找和展示著作"发生地"的故事，"考古""发现"写作的历史背景和生动活泼的语境，展现出毛泽东的文章"初心"和思想脉络。

——探讨毛泽东著作的传播史。文章是让人读的。一篇文章写出来之后，只有得到传播，与广大人群发生关系并使读者受到启发，才能产生影响。毛泽东的文章写出来后是如何传播的？这是本书研究和书写的一个重点。比如说,《中国社会各阶级的分析》写于1925年夏秋,首刊于国民革命军第二军司令部1925年12月1日编印的《革命》第4期,后来又刊登在1926年2月1日出版的《中国农民》和同年3月出版的《中国青年》第116、117期上,同时还在广东汕头出版了单行本。它的传播,使共产党人掌握了阶级分析的理论武器。再比如,《湖南农民运动考察报告》(以下简称《报告》)最早刊载于1927年3月出版的中共湖南区委机关报《战士》,在中共中央机关报《向导》周刊连载时被中共中央宣传部主任彭述之叫停;中央局委员瞿秋白读了《报告》的全文拍案叫好,他把《报告》交给汉口长江书店出版单行本;5—6月,共产国际执委会机关刊物《共产国际》先后用俄文和英文翻译转载了这篇文章,这是毛泽东第一篇被介绍到国外的文章。毛泽东在陕北山沟的窑洞里创造了"纸老虎"一词,提出了"帝国主义和一切反动派都是纸老虎"的论断,这在媒介尚不发达的时代,在国民党严密封锁下如何传播出去?毛泽东采取了接受外国记者采访、答记者问这种形式。这就是收入《毛泽东选集》第四卷的《和美国记者安娜·路易斯·斯特朗的谈话》,这篇谈话发表在美国《美亚》杂志1947年4月号上后,中共在香港的《群众》杂志立即转载。由于选择了一个恰当的传播方式,毛泽东的"纸老虎"之说,迅速为人们所认可,在全世界广泛流传,不能不说这是传播史上的一个奇迹。在国民党统治的很长时间里,在沦陷区,毛泽东的著作被列为"禁书"而禁止传播,有的著作不得不印刷成"伪装本"——封面印上武侠小说或佛经的名字,里面装的是毛泽东的文章,从而瞒天过海,跨域传播。这种独特的传播方式,显示出中国共产党革命历程的艰难,也为毛泽东著作传播史增加了几分传奇色彩。这本书研究和书写了毛泽东的著作在流传过程中"层累地造成"的故事，索隐发微，足见毛泽东著作特有的阐释空间和巨大的理论魅力。

——回顾毛泽东著作的接受史。一部作品，写出来，是第一步；传播出去，是第二步；被人接受，入耳入脑入心，是最重要的一步。与毛泽东同时代的文章多矣，如今看去，能够成为经典的，又有几何？毛泽东的许多文章经过实践和时间的打磨愈发闪亮，具有金刚切割万物的锐利品质，成为不朽的经典。研究毛泽东文章的接受史可以发现，毛泽东的许多文章，在一开始并不被人们所接受，像《中国社会各阶级的分析》，当时党的负责人陈独秀就不喜欢，1936年毛泽东在与美国记者斯诺谈话时说："这本小册子主张在共产党领导下实行激进的土地政策和大力组织农民。陈独秀拒绝在党中央机关报刊上发表它。"毛泽东提出"枪杆子里面出政权"，被批评为"枪杆子主义"；毛泽东反对本本主义，主张"没有调查，没有发言权"，被指责为"狭隘的经验论"；如此等等。当人们还在时代迷雾中迷茫的时候，毛泽东已经拨云见日，高瞻远瞩。毛泽东的许多文章是人们在经历失败后才接受的，在接受后运用于指导实践，从而取得巨大成功，进一步坚定了对毛泽东的信赖，这就有了"逢毛必胜，有毛则灵"的说法。贺龙说：《论持久战》《新民主主义论》《经济问题与财政问题》《论联合政府》是毛泽东的"四大天书"。这个说法在延安颇为流行。"天书"云云，反映了人们对毛泽东著作的敬意与佩服。回顾毛泽东著作的接受史，可以得出一个结论：毛泽东的著作走进越来越多的人心里，共产党就赢得越来越多的人心；中国共产党的成功史，就是毛泽东的思想的接受史。

毛泽东著作具有文学性，风神秀健，笔力飞动，这是他文章生动活泼、吸引读者的一个"秘诀"。在这本书的创作过程中，也尝试采用了文学化的表达，通过搜集毛泽东的文章故事，还原情节细节，展示毛泽东文章的文景与文脉，消减理论阅读的枯燥感。

摒弃杂质，水澄珠莹，秘密呈现。

返回毛泽东的文本现场，感悟毛泽东著作的思想伟力，或许就是再读毛泽东的原本追求。

目录

第二章 | 为建设一个伟大的
社会主义国家而奋斗

关于社会主义革命和社会主义建设的思想

第三章 | # 枪杆子里面出政权

关于革命军队建设和军事战略的思想

第四章 | 政策和策略是党的生命
关于政策和策略的思想

第六章 | 领导我们事业的
核心力量是中国共产党

关于党的建设的思想

第七章 | 共产党人
靠实事求是吃饭

关于实事求是的论述

第八章 | 共产党施展了什么"魔法"让老百姓跟着自己走？

关于群众路线的论述

第九章 | 自立于世界民族之林

关于独立自主的论述

CHAPTER 1

第一章

中国将以自己辉煌的
光焰普照大地

关于新民主主义革命的理论

1840 年以来，有三声炮响，改变了中国的命运。

第一声炮响，英国发动的鸦片战争，是中国逐步成为半殖民地半封建社会的开端。救国的奋斗从此始，中华民族的复兴梦从此始。

第二声炮响，中华民国成立了。在此前后，资产阶级领导的旧民主主义革命成为时代主流。

第三声炮响，就是毛泽东说的，"十月革命一声炮响，给我们送来了马克思列宁主义"[1]。

马克思列宁主义这个徘徊在欧洲的"幽灵"，如何在苦难的东方"显灵"？1921 年成立的中国共产党，在她幼年的时候，并不完全懂得。一些人摇头晃脑念诵着"本本"上的洋句子，却不与中国半殖民地半封建社会发生联系，不与中国革命的实际问题发生联系，结果，"幽灵"不那么灵。中国共产党领导的革命，遭受两次大的挫折。

"幽灵"如何"显灵"？毛泽东的实践路数是：让"幽灵"落地，接中国地气，长自家形象，显中国气派。这就是他后来概括的"马克思主义中国化"。

马克思主义中国化历史进程中，一个具有里程碑意义的创新标志，是

1　《毛泽东选集》第四卷，人民出版社 1991 年版，第 1471 页。

新民主主义理论的形成和发展。

"新民主主义"这个概念，在毛泽东笔下，最早出现于他 1939 年 12 月与人合著的《中国革命和中国共产党》[1]一书。书中说："所谓新民主主义的革命，就是在无产阶级领导之下的人民大众的反帝反封建的革命。"

"新民主主义"的命名与内容，呼应了中国革命先行者孙中山提出的"民族、民权、民生"三民主义，以及"联俄、联共、扶助农工"三大政策。更重要的是，毛泽东运用马列主义理论，来认识帝国主义与中华民族、封建主义与人民大众这两个近代以来中国社会主要矛盾，从根本上说清楚了中国共产党当时领导的革命，到底是什么样的革命。

邓小平评价说："延安时期那一段，可以说是毛泽东思想比较完整地形成起来的一段。毛泽东思想中关于新民主主义革命的理论，包括党的建设的理论和处理党内关系的原则，在延安整风前后，都比较完整地形成了。"

"幽灵"显灵。新民主主义理论指引中国革命走向胜利，中国人民从此站起来了。

1　《中国革命和中国共产党》，是 1939 年冬季，由毛泽东和其他几个在延安的同志合作写作的一个课本。参见《毛泽东选集》第二卷，人民出版社 1991 年版，第 621 页。

谁是我们的敌人？谁是我们的朋友？

——读《中国社会各阶级的分析》

毛泽东亲自审定出版的《毛泽东选集》第一卷第一篇是什么？

《中国社会各阶级的分析》。

《中国社会各阶级的分析》第一句话是什么？

"谁是我们的敌人？谁是我们的朋友？这个问题是革命的首要问题。"[1]

自古以来的经典文本，第一篇第一句都是带着使命的，它往往成为统领全书之关键。这是一种身份位置的表达，由此确立和彰显其论点的重要性。

《道德经》开篇第一句"道可道，非常道"，以迷人的句式把人引向大"道"。

《论语》开篇"学而时习之，不亦说乎？有朋自远方来，不亦乐乎？人不知而不愠，不亦君子乎？"，成为格言警句，"不亦乐乎"这种句

1　《毛泽东选集》第一卷，人民出版社 1991 年版，第 3 页。

法结构一直活跃到今天。

佛教《金刚经》的第一句"如是我闻",令人印象深刻。

再看《共产党宣言》是怎样开篇的:"一个幽灵,共产主义的幽灵,在欧洲游荡。为了对这个幽灵进行神圣的围剿,旧欧洲的一切势力,教皇和沙皇、梅特涅和基佐、法国的激进派和德国的警察,都联合起来了。"一下子就烘托出共产主义出场时面临的险恶环境。

"谁是我们的敌人?谁是我们的朋友?这个问题是革命的首要问题。"毛泽东以"敌友之问"开篇,和《共产党宣言》一脉相承——新的革命一出场,必须得来一个"敌友之问":问向战友和敌人,问向实践和理论,问向历史与现实,问向大地跟远山,从而将他的思想逻辑推向茫茫天地之间,播撒到庄严国土之上。可以说,这一问,问出中国革命的精髓和方向;这一问,问出马克思主义中国化的着眼点和着力点。

《中国社会各阶级的分析》写于 1925 年夏秋,首刊于国民革命军第二军司令部 1925 年 12 月 1 日编印的《革命》第 4 期,后来又刊登在1926 年 2 月 1 日出版的《中国农民》和同年 3 月出版的《中国青年》第 116、117 期上,同时还在广东汕头出版了单行本。这是中国共产党人关于阶级分析的最早最有名的文献。

《中国社会各阶级的分析》最初发表的文字,与毛泽东亲自定稿的《毛泽东选集》中的文字有些差异,精心修改后的文章反映了毛泽东对问题的认识更为深刻,对观念的表述更加严谨。不过,前后版本的内容和精神基本上是一致的,贯穿其中的思想也是统一的。

"谁是我们的敌人?谁是我们的朋友?这个问题是革命的首要问题。中国过去一切革命斗争成效甚少,其基本原因就是因为不能团结真正的朋友，以攻击真正的敌人。"最初发表时是这样表述的："谁是我们的敌人？谁是我们的朋友？……中国革命亘三十年而成效甚少，并不是目的错，完全是策略错。所谓策略错，就是不能团结真正的朋友，以攻击真正的敌人。"意思相同，修改后的表述更为经典。

斯时斯地，毛泽东为什么发出如此尖锐的提问？

《毛泽东选集》中有一个题注：

毛泽东此文是为反对当时党内存在着的两种倾向而写的。当时党内的第一种倾向，以陈独秀为代表，只注意同国民党合作，忘记了农民，这是右倾机会主义。第二种倾向，以张国焘为代表，只注意工人运动，同样忘记了农民，这是"左"倾机会主义。这两种机会主义都感觉自己力量不足，而不知道到何处去寻找力量，到何处去取得广大的同盟军。毛泽东指出中国无产阶级的最广大和最忠实的同盟军是农民，这样就解决了中国革命中的最主要的同盟军问题。[1]

那时，革命者在探索和彷徨中。既然中国工人阶级力量弱小，而新生的中国共产党又不甘心做中国资产阶级和国民党的附庸，那么，到底应该依靠谁呢？谁是朋友？谁是敌人？共产党在资产阶级民主革命时期的任务与使命是什么？党内许多同志深感迷茫。

在党的三大上，当人们争论到底和国民党是党外合作还是党内合作的时候，毛泽东拿出了自己独到的见解——他从政治上发现了农民。

农民这个庞大的群体长期处于中国社会的最底层，是被剥削、被压

1　《毛泽东选集》第一卷，人民出版社 1991 年版，第 3 页。

迫、被遗忘的群体。中国有民间起义的传统，农民是随时可以揭竿而起的。辛亥革命之所以失败，根本原因就是它不仅与工人无关，更与农民无关。革命的领导者不了解农村，不了解农民，也不了解小农经济，更不懂得发动农民。戊戌变法、辛亥革命乃至中共成立之初，革命者都没有把农民作为革命的主要依靠力量。最早认识到并在实践上把农民作为革命最广大同盟军的，是彭湃和毛泽东。

张国焘在《我的回忆》中记录了毛泽东在三大发言的主要内容："毛泽东的发言是强调农民革命的重要性，进而指出中共不应只看见局处广州一隅的国民党，而应重视全国广大的农民。"会议讨论的问题，"只有农民运动，是一个新提出来的问题。在中共的历次讨论中，直到第三次代表大会，代表才注重这个问题，尤以毛泽东为然"。毛泽东"向大会指出，湖南工人数量很少，国民党员和共产党员更少，可是满山遍野都是农民，因而他得出结论，任何革命，农民问题都是最重要的。他还证以中国历代的造反和革命，每次都是以农民暴动为主力。中国国民党在广东有基础，无非是有些农民组成的军队，如果中共也注重农民运动，把农民发动起来，也不难形成像广东这类的局面。这种看法，是毛泽东这个农家子对于中共极大的贡献"。[1]

几乎没有人注意到工人与小资产阶级之外的一个阶级——农民。"满山遍野都是农民"，这是中国人数最为庞大的阶级，有三四亿之众。可是，国民党的精英们、共产党当时的领导人，生在中国，长在中国，吃在中国，睁着眼睛看着中国，他们谁都没有看见中国的农民，不懂得农民是

革命的最重要力量，更不要说依靠和领导农民，发挥农民的作用了。

中国共产党成立后，主要是去发动和领导工人运动。而 30 岁的毛泽东，发现了农民。

毛泽东少年时读小说和故事，发现里面没有种地的农民，这让他纳闷了许久，他对同伴说："我们长大了也要写书，写农民的书。"走上革命道路的毛泽东，发现革命中没有种地的农民，革命理论中没有农民。他以历史的巨眼，发现了农民在革命中的极端重要性；他扭转乾坤，发动农民革命，在中国历史上书写了一部伟大的农民革命史。

发现农民，是一种崭新的世界观。发现农民，发动农民革命，是毛泽东对中国革命的一大贡献。美国记者安娜·路易斯·斯特朗认为，把农民划入马克思主义的无产阶级队伍，是毛泽东思想的一个重要方面。

可惜当时，毛泽东的"发现"并没有引起高度重视。毛泽东关于农民的声音像是荒野中的一声呐喊，声音落处，无声无息，几乎没有引起一点回响。

张国焘，北京大学毕业，参加过五四运动，参与建党，是中共领导人中唯一被列宁专门接见过的人。他讽刺毛泽东说："毛泽东也脱不了湖南的土气，是一位较活跃的白面书生……他的常识相当丰富，但对于马克思主义的了解并不比王尽美、邓恩铭等高明多少。"[1] 还说："一身土气的毛泽东，还生活在黄巢、朱元璋和李自成的时代……农民是很愚昧的，他们根本不知道什么是苏维埃，农民还以为苏维埃就是苏兆征的儿子呢。"

1　孟醒：《谁主沉浮——中共一大代表沉浮录》，人民出版社 2009 年版，第 150 页。

殊不知，正是毛泽东的"土气"，使中国共产党接上了"地气"。

1923年6月，毛泽东在中共三大上当选为中央执行委员，并被选入由5人组成的中央局。陈独秀担任中央局委员长，毛泽东担任中央秘书。毛泽东这个秘书具有相当大的权力。大会通过的《中国共产党中央执行委员会组织法》规定：秘书负本党内外文书及通信及开会记录之责任，并管理本党文件。本党一切函件须由委员长及秘书签字。毛泽东与陈独秀等一起负责中共中央的日常工作，实际上是"二把手"。这是他第一次进入中共中央的核心领导层，也是他与陈独秀愉快合作的顶点。

中共三大之后，毛泽东以共产党员身份加入国民党，并受中央委派参与国共合作事宜，还参与了国民党第一次全国代表大会的筹备工作。

1924年1月，中国国民党一大在广州举行。毛泽东是正式代表，孙中山大概就是在这个时候注意到这位年轻人的。在国民党一大上，毛泽东被选举为国民党中央执行委员会候补委员。1924年2月，按照孙中山的部署，毛泽东来到国民党上海执行部工作。上海执行部是当时国民党除广州以外最重要的执行部，主管江苏、浙江、安徽、江西、上海等地的事务。毛泽东任上海执行部委员、组织部秘书，还代理过一段文书科主任，成为国民党上海执行部办实事的核心人物，领导他的是汪精卫、胡汉民等人。有人从台北市一家史料馆查到当年国民党上海执行部工作人员的工资表，月工资为40至120元大洋，毛泽东是领120元的6人之一。

在国共合作这个特定的历史年代，毛泽东怀揣着一颗共产党人的心，一只脚在共产党，一只脚在国民党。国共两党合作与斗争的大幕在他面前徐徐拉开，他在这两个党的历史上都留下了自己的脚印。

在上海执行部工作，毛泽东近距离地看到，国民党内部正在分化为两派：以廖仲恺为代表的左派，主张联俄联共；以戴季陶为代表的右派（大革命后期则以蒋介石为代表），策划分共反共。这两派之间严重对立。在国民党工作的这段经历，为毛泽东观察中国国民党、观察中国资产阶级、观察中国城市社会，提供了一个难得的机会，也为他日后分析中国社会各阶级积累了素材。

毛泽东在上海执行部主任、国民党元老胡汉民的支持下，大展才干，积极工作，还组织过黄埔军校在上海的招生工作。这引起中共党内部分领导人的不满，李立三嘲讽毛泽东是"胡汉民的秘书"。[1] 也就是从这时候开始，在中共党内，毛泽东身上被贴上了"右"的标签。随着胡汉民的调离，国民党右派分子叶楚伧接任上海执行部主任，毛泽东被国民党内分共、反共势力所排斥。随着国民党内的右派势力反共情绪的高涨，毛泽东与叶楚伧的矛盾也日渐突出。

冷言热讽，双重负重。到1924年底，毛泽东病倒了，他请假回老家休养。

韶山是造就毛泽东的沃土。一到家乡，看见乡里乡亲，听到湘言湘语，他的心情渐渐好了起来。韶山已经不是当年的韶山。毛泽东说："我年岁小时，住在乡村，看见人都是人，不知道有阶级。看了《共产党宣言》，加入了共产党。后来回去，乡村就变了样，才知道农村有地主与农民、城市有工人与资本家的阶级对立。"远离了办公室的争斗与喧嚣，眼前看到的不仅仅是自然风光，更多的是乡村的政治风景。

1　[美]特里尔：《毛泽东传：典藏本》，何宇光、刘加英译，中国人民大学出版社2013年版，第79页。

　　毛泽东的心安定下来，在家乡韶山一住就是 200 多天。他没有参加 1925 年 1 月召开的中共四大，也没有再次当选中央执行委员会委员。从大上海的繁华处沉到中国社会的最底层，毛泽东开始触摸到各个阶级的不同的心跳。

　　回韶山，是一个契机，是毛泽东把注意力转向农民运动的一个重要契机，他对中国农民问题的认识产生了一次飞跃。

　　看到了阶级压迫，看到了人间不平，毛泽东成为家乡土地上的"造反"者。"冬天我回到湖南去休养——我在上海生了病。但在湖南期间，我组织了本省伟大的农民运动的核心。"[1] 毛泽东一边养病，一边深入农村社会调查，创办夜校，发展党员，发动农民运动。最著名的是被称为"韶山神话"的"平粜阻禁"：毛泽东组织贫困农民与高抬粮价的土豪成胥生进行斗争，迫使成胥生把准备偷运出去高价倒卖的粮食平价卖给老百姓。这是一件震惊四乡的大事。

　　稻花流香的田埂上，荷叶摇曳的池塘边，毛家祠堂的祖先牌位下，乡邻简陋的饭桌旁，留下毛泽东调查研究、发动农民的脚印。他在韶山的小山岗上放眼中国：大都市的买办，工厂的老板，街头的盲流，乡村的地主与佃农……他在昏暗的油灯下，拿起阶级的解剖刀，对中国社会中的各色人群进行机理分析，他的解剖刀触动到旧中国社会内部各阶级的神经。

　　在处于幼年的中国共产党"还不善于将马克思列宁主义的理论和中国革命的实践相结合"[2] 的时候，毛泽东先行一步，开始用历史唯物主

1　《毛泽东自述》，人民出版社 1993 年版，第 43—44 页。
2　《毛泽东选集》第二卷，人民出版社 1991 年版，第 611 页。

义的阶级分析方法，来深入细致地调查、观察、思考与中国革命方向紧密相关的中国社会结构。

毛泽东思想的开卷篇《中国社会各阶级的分析》，由此诞生。

在这篇文章中，毛泽东运用马克思主义的阶级分析和阶级斗争原理，透辟地分析了中国社会主要阶级的经济状况、社会地位及政治态度，科学地回答了中国革命的敌友问题。

分清敌友的前提，是要弄清楚社会各阶级的经济地位及其对革命的态度。毛泽东把中国社会各阶级分为五大类——地主阶级和买办阶级、中产阶级、小资产阶级、半无产阶级、无产阶级，并详细分析了五个阶级的经济地位及其对中国革命的态度。

毛泽东明确指出：地主阶级和买办阶级是中国革命的对象。在经济落后的半殖民地的中国，"大地主阶级和大买办阶级，他们始终站在帝国主义一边，是极端的反革命派"[1]，"一切勾结帝国主义的军阀、官僚、买办阶级、大地主阶级以及附属于他们的一部分反动知识界，是我们的敌人"[2]。

文章把资产阶级分为买办资产阶级和民族资产阶级两部分，精辟地分析了民族资产阶级的两面性，这是从中国实际出发的一个理论创造。毛泽东说：中产阶级主要是指民族资产阶级，代表中国城乡资本主义的生产关系，具有两面性。在他们受到外国资本主义打击和国内军阀压迫感觉痛苦时，需要革命；但当革命"对于其欲达到大资产阶级地位的阶级的发展感觉到威胁时，他们又怀疑革命"。民族资产阶级这种特点，

---

1 《毛泽东选集》第一卷，人民出版社 1991 年版，第 4 页。
2 《毛泽东选集》第一卷，人民出版社 1991 年版，第 9 页。

决定它不能领导中国革命走向胜利，建立资产阶级专政。"中国的中产阶级，以其本阶级为主体的'独立'革命思想，仅仅是一个幻想"[1]，"动摇不定的中产阶级，其右翼可能是我们的敌人，其左翼可能是我们的朋友"[2]。

文章指出：小资产阶级和半无产阶级是中国革命最接近的朋友。小资产阶级包括自耕农、手工业主和小知识阶层等。自耕农和手工业主所经营的都是小生产的经济。这个"值得大大注意"的阶级，有三个不同的部分，即"有余钱剩米的""经济上大体上可以自给的"和"生活下降的"。他们平时对革命的态度各不相同，但在革命高潮时，不但小资产阶级的左派参加革命，中派亦可参加革命，即右派分子受了革命大潮裹挟也只得附和着革命。半无产阶级包括半自耕农、贫农、小手工业者、店员、小贩等，所谓农民问题，主要就是他们的问题。半自耕农、贫农、小手工业者所经营的，都是更细小的小生产的经济，处于被剥削的地位。其中的贫农、小手工业者"需要一个变更现状的革命"。

阶级分析之后，"敌友之问"的答案跃然而出：

无产阶级"特别能战斗"，是中国革命的领导力量；小资产阶级和半无产阶级，是中国革命最接近的朋友；中产阶级，其右翼可能是我们的敌人，其左翼可能是我们的朋友；地主阶级和买办阶级，是中国革命的对象。

贯穿全文的一个中心思想是：中国革命必须由工人阶级来领导，为了实现这个领导，必须和广大农民及其他小资产阶级结成巩固的联盟，

---

[1] 《毛泽东选集》第一卷，人民出版社 1991 年版，第 5 页。
[2] 《毛泽东选集》第一卷，人民出版社 1991 年版，第 9 页。

联合民族资产阶级，组成广泛的革命统一战线，进行反对帝国主义、封建主义的革命。文章的最后，毛泽东在阶级分析的基础上，指出了谁是我们的敌人，谁是革命的领导力量，谁是我们最接近的朋友。

毛泽东找到了中国无产阶级领导革命的最主要同盟军——农民。这真是一个伟大的发现呵！这一发现，毫无例外地被后来的革命进程证实了。

美国人罗斯·特里尔在他的《毛泽东传》中说："毛泽东《中国社会各阶级的分析》一文中还是把小小的工业无产阶级看作'我们革命的领导力量'。他设法做到了把农民力量之酒装进无产阶级至高无上这只瓶子里。"[1]

革命成败，系于农民——中国革命走向胜利的道路从这里开始了。毛泽东说："中国的革命实质上是农民革命。"[2] 中国共产党结合农民、掌握农民，才有了开天辟地的大力量。

陈独秀似乎并不在意毛泽东的"发现"，这令毛泽东非常失望。1936年毛泽东在与美国记者斯诺谈话时还回忆到这段难忘的经历："我那时文章写得越来越多，在共产党内，我特别负责农民工作。根据我的研究和我组织湖南农民的经验，我写了两本小册子，一本是《中国社会各阶级的分析》，另一本是《赵恒惕的阶级基础和我们当前的任务》。陈独秀反对第一本小册子里表示的意见，这本小册子主张在共产党领导下实行激进的土地政策和大力组织农民。陈独秀拒绝在党中

1　[美]特里尔：《毛泽东传：典藏本》，何宇光、刘加英译，中国人民大学出版社2013年版，第92页。

2　《毛泽东选集》第二卷，人民出版社1991年版，第692页。

央机关报刊上发表它。后来它在广州《农民月刊》和在《中国青年》杂志上刊出了。"[1] 毛泽东后来批评陈独秀说:"他不懂得农民在革命中的地位,大大低估了当时农民可能发挥的作用。"在这以后,毛泽东与陈独秀逐步疏远了……

《中国社会各阶级的分析》的问世曲折颇多。先是陈独秀拒绝在党刊发表,后来文稿又险些丢失——

毛泽东在韶山的活动,引起土豪劣绅的忌恨,他们密告湖南省省长赵恒惕,说毛泽东领导老百姓造反闹事。赵恒惕读过毛泽东的《赵恒惕的阶级基础和我们当前的任务》,对毛泽东恨之入骨,一听说毛泽东在韶山"闹事",立即电令湘潭县团防局快兵逮捕毛泽东。毛泽东提前得到消息,在乡亲们的帮助下,趁着月色,带着《中国社会各阶级的分析》稿子离开韶山。习惯于例行公事的"快兵"磨磨蹭蹭地来到韶山时,毛泽东已经秘密抵达长沙。赵恒惕万万没有想到,他要抓的毛泽东,已经来到他眼皮子底下,还写下"问苍茫大地,谁主沉浮?"的豪迈词句。

从长沙去广州途中,为保证路上安全,毛泽东把随身携带的党内文件和《中国社会各阶级的分析》寄存在一位叫高静山的同志家中。毛泽东安全到达广州后,高静山把这些文件和文章秘密送到广州,交还给毛泽东。费尽周折,《中国社会各阶级的分析》才得以在广州发表。

从《中国社会各阶级的分析》开始,毛泽东掌握中国社会的内部结构和各个阶级的处境,开始了他的"改天换地"的大革命。"问苍茫大地,谁主沉浮?"毛泽东指点江山,激扬文字,叩问中国历史,叩响中国大

1 [美]埃德加·斯诺:《西行漫记》,董乐山译,东方出版社2005年版,第151页。

地，叩寻那个决定苍茫大地沉浮的关键性力量。

毛泽东在中共七大预备会上回顾说："我们党在二十四年的历程中，尝尽了艰难困苦，轰轰烈烈，英勇奋斗，不怕牺牲。党内有不同意见，主要是在三个问题上：第一，什么是敌人，什么是朋友；第二，如何组织队伍；第三，如何打法。"[1] 这三个问题，归结到底还是谁是朋友谁是敌人的问题。

从《中国社会各阶级的分析》开始，毛泽东特别注重农民在中国革命中的地位，甚至认为他们是国民革命的中心问题。

从《中国社会各阶级的分析》开始，阶级分析这种思想方法贯穿了毛泽东一生。他在《中国革命和中国共产党》（1939 年 12 月）第二章第四节"中国革命的动力"中又一次分析了中国社会的各阶级——地主阶级、资产阶级、农民以外的各种类型的小资产阶级、农民阶级、无产阶级、游民等，与《中国社会各阶级的分析》一脉相承，又与时俱进。可以说，阶级分析是毛泽东观察和划分朋友与敌人最重要的方法，在实践上是他推动中国革命的一大法门，在理论上是他创立新民主主义理论的认识前提。

1　中共中央文献研究室：《毛泽东年谱（1893—1949）》中卷，中央文献出版社 2013 年版，第 592 页。

好得很？糟得很？
——读《湖南农民运动考察报告》

1925 年 11 月，就在即将公开发表《中国社会各阶级的分析》前夕，毛泽东填写了一份《少年中国学会改组委员会调查表》，对自己的经历做了一个概括："教过一年书，做过两年工人运动，半年农民运动，一年国民党的组织工作。"在"学业"一栏里写道："研究社会科学，现在注重研究中国农民问题。"[1]

1926 年 3 月，毛泽东被任命为国民党中央农民部主办的农民运动讲习所所长。当时的国民党中央农民部部长也是一位有名的共产党员——林伯渠。5 月 3 日，第六届农民运动讲习所在广州举行开学典礼，毛泽东专门向前来主持典礼的林伯渠汇报了这届农运讲习所的筹备和招生情况。前来接受培训的 300 多位学员，随即成为各省农民运动的骨干和领头人。从这以后，毛泽东全身心投入中国农民运动当中。

1　中共中央文献研究室：《毛泽东年谱（1893—1949）》上卷，中央文献出版社 2013 年版，第 139 页。

1926 年 9 月，毛泽东主持编印的《农民问题丛刊》第一辑出版，他亲自写了一个序言，其中说道："农民问题乃国民革命的中心问题，农民不起来参加并拥护国民革命，国民革命不会成功；农民运动不赶速地做起来，农民问题不会解决；农民问题不在现在的革命运动中得到相当的解决，农民不会拥护这个革命。"他希望大批同志去做组织农民的浩大工作，"跑到你那熟悉或不熟悉的乡村中间去，夏天晒着酷热的太阳，冬天冒着严寒的风雪，挽着农民的手，问他们痛苦些什么，问他们要些什么。从他们的痛苦与需要中，引导他们组织起来，引导他们向土豪劣绅争斗，引导他们与城市的工人、学生、中小商人合作建立起联合战线，引导他们参与反帝国主义反军阀的国民革命运动"。[1] 这篇文章第一次提出农民问题是民主革命的中心问题，引起各方面的注意。国民党中央农民部 9 月 21 日出版的《农民运动》第八期全文转载了这篇文章。美国作家罗斯·特里尔在他的《毛泽东传》中说："随着这篇文章的出现，卡尔·马克思降至亚洲的稻田。"

毛泽东利用国民党这个政治舞台，把农民运动搞得风生水起，成为农民运动的权威。1926 年 11 月，中共中央任命他为中央农民运动委员会书记。

这时候，北伐军节节胜利。广东、江西、湖南、湖北四省农民运动风起云涌，极大地配合了北伐战争的胜利进军。如何看待正起剧烈变化的农村社会，如何看待日益强大的被农会组织起来的农民这股政治力量，一下子成为国民党和共产党两大政党都必须正视和立刻亮出态度的焦点

1　中共中央文献研究室：《毛泽东文集》第一卷，人民出版社 1993 年版，第 37、39 页。

问题。

国民党右派、北伐军中的一些军官不喜欢农民运动，因为他们同乡村的地主有着千丝万缕的联系，他们中间的许多人都生长于地主豪绅家庭，家里大都拥有大片土地。他们说，农民运动"破坏了社会秩序"，是"痞子运动"，"扰乱了北伐后方"。有人说，农民运动已经"越轨"了。到1926年底，湖南农民运动"过激"之说，到处流传着。

对于农民运动的争论，同样发生在中国共产党党内。

1926年12月中旬，中共中央召开特别会议，中心议题是根据北伐战争形势的发展，制定党的主要斗争策略。这次会议根据陈独秀的政治报告作出一个决议案，其中说道，当前"各种危险倾向中最主要的严重的倾向是一方面民众运动勃起之日渐向'左'，一方面军事政权对于民众运动之勃起而恐怖而日渐向右。这种'左'右倾倘继续发展下去而距离日远，会至破裂联合战线，而危及整个的国民革命运动"。会议规定党的主要策略是：限制工农运动发展，反对"耕地农有"，以换取蒋介石由右向左；同时辅助国民党中的汪精卫，用以制约蒋介石的军事势力。这个方针推行的实际结果，是单方面地限制工农运动的发展，牺牲工农群众的利益，蒋介石的军事势力没有得到遏制，其反革命倾向却得到纵容。

在这次会议上，陈独秀批评说，湖南工农运动"过火""幼稚""动摇北伐军心""妨碍统一战线"等。不少同志不同意陈独秀的意见。时任中共湖南区委书记李维汉提出，根据湖南农民运动的发展趋势，应当解决农民土地问题。毛泽东赞同湖南区委的主张。陈独秀和共产国际代表鲍罗廷不赞成马上解决土地问题，认为条件不成熟。

毛泽东在会上提醒中央注意：国民党"右派有兵，左派没有兵，即右派有一排兵也比左派有力量"[1]。这个重要提示，没有引起中共中央的注意。

毛泽东已开始注意到中国革命的两个基本问题：土地和武装。当然，他的考虑还不那么成熟，对陈独秀的观点一时也拿不出充足的理由去反对，最终还是接受了陈独秀的意见。陈独秀本来是毛泽东非常敬重的人物，可在中国社会阶级关系和农民运动等重大问题上，两个人的分歧越来越大。几个月后毛泽东解释说：我后来的观点是"农民指挥着我成立的。我素以为领袖同志的意见是对的，所以结果我未十分坚持我的意见。我的意见因他们说是不通于是也就没有成立"[2]。

农民运动真的是"过火""幼稚"吗？为了回答对农民运动的种种攻击和责难，毛泽东借参加湖南全省第一次工农代表大会的机会，于1927年1月4日至2月5日对湖南农民运动进行专门的考察。

毛泽东考察了湘潭、湘乡、衡山、醴陵、长沙5个县的农民运动，风尘仆仆32天，行程700多公里。他挽着农民的手，问他们赞不赞成搞农民运动，农民运动让他们得到什么失去什么，农民运动是怎样发动起来的、怎样开展的……他原计划还要考察宁乡、新化、宝庆、攸县等县，因为时间紧张未能成行。

这期间，有件事情可聊备参考。中共早期党员郑超麟说，当时，共产国际准备找一个同国民党关系密切的人代替陈独秀做总书记，"毛泽

1　中共中央文献研究室：《毛泽东年谱（1893—1949）》上卷，中央文献出版社2013年版，第172页。
2　中共中央文献研究室：《毛泽东文集》第一卷，人民出版社1993年版，第47页。

东也有资格争取总书记的位置，可是在一九二七年初他不留在武汉活动，而去湖南调查农民运动，让别人去争夺这个位置。这是毛泽东高于瞿张谭的地方"[1]。

此时的毛泽东，正在奋笔疾书。他要把自己的观察、思考和得出的结论用报告文学的笔法写出来。笔追赶着思想，字体的好坏也顾不上了，他的爱人杨开慧用娟秀的字体把文稿誊出来。毛泽东自己写得顺畅，转而夸奖妻子说："我这个秘书，抄写起来比打字机还快呢。"

3月，春暖花开的日子，经过毛泽东反复修改，《湖南农民运动考察报告》（以下简称为《报告》）完成了。

《报告》赞颂方兴未艾的农民运动："目前农民运动的兴起是一个极大的问题。很短的时间内，将有几万万农民从中国中部、南部和北部各省起来，其势如暴风骤雨，迅猛异常，无论什么大的力量都将压抑不住。他们将冲决一切束缚他们的罗网，朝着解放的路上迅跑。一切帝国主义、军阀、贪官污吏、土豪劣绅，都将被他们葬入坟墓。"毛泽东兴奋地说："孙中山先生致力国民革命凡四十年，所要做而没有做到的事，农民在几个月内做到了。这是四十年乃至几千年未曾成就过的奇勋。这是好得很。"[2] "国民革命需要一个大的农村变动。辛亥革命没有这个变动，所以失败了。现在有了这个变动，乃是革命完成的重要因素。"[3]

《报告》以翔实的第一手材料，极具现场感地描绘了湖南农民运动的场景，描写了"打倒土豪劣绅，一切权力归农会"的时代现场。

1　郑超麟：《郑超麟回忆录》下卷，东方出版社 2004 年版，第 20—21 页。
2　《毛泽东选集》第一卷，人民出版社 1991 年版，第 12—13、15—16 页。
3　《毛泽东选集》第一卷，人民出版社 1991 年版，第 16 页。

　　毛泽东列出了农民运动中的"十四件大事"：（一）将农民组织在农会里。（二）政治上打击地主。（三）经济上打击地主。（四）推翻土豪劣绅的封建统治——打倒都团。（五）推翻地主武装，建立农民武装。（六）推翻县官老爷衙门差役的政权。（七）推翻祠堂族长的族权和城隍土地菩萨的神权以至丈夫的男权。（八）普及政治宣传。（九）农民诸禁。（十）清匪。（十一）废苛捐。（十二）文化运动。（十三）合作社运动。（十四）修道路，修塘坝。毛泽东通过现场观察分析，回答了各方的关切，认为农民做的十四件大事"好得很"，显示出农民打破旧社会锁链的巨大力量。

　　《报告》明确指出，革命党人要极端重视农民斗争，支持农民的革命举动，特别提出"贫农大群众"是革命的先锋、中坚和元勋，肯定湖南农民在农会领导下所做的十四件大事都是革命的行动和完成民主革命的措施。《报告》还明确指出："革命是暴动，是一个阶级推翻一个阶级的暴烈的行动。农村革命是农民阶级推翻封建地主阶级的权力的革命。农民若不用极大的力量，决不能推翻几千年根深蒂固的地主权力。"在革命时期，农民有些"过分"举动，矫枉过正也属难免。"政权、族权、神权、夫权，代表了全部封建宗法的思想和制度，是束缚中国人民特别是农民的四条极大的绳索。……地主政权，是一切权力的基干。地主政权既被打翻，族权、神权、夫权便一概跟着动摇起来。"[1]

　　《报告》表达了毛泽东在农民运动大争论中的鲜明立场：宗法封建性的土豪劣绅、不法地主阶级是几千年专制政治的基础，帝国主义、军阀、贪官污吏的墙脚。农民起来推翻这个封建势力，乃是国民革命的真

---

[1]　《毛泽东选集》第一卷，人民出版社1991年版，第17、31页。

正目标。这是革命的农民运动,不是所谓的"过分",更不是所谓的"痞子运动";完全不是什么"糟得很",而是"好得很"。

《报告》中有许多生动的情节细节和文学语言,增强了文章的感染力。

"'我出十块钱,请你们准我进农民协会。'小劣绅说。'嘻!谁要你的臭钱!'农民这样回答。"惟妙惟肖,如在眼前。

"反对农会的土豪劣绅的家里,一群人涌进去,杀猪出谷。土豪劣绅的小姐少奶奶的牙床上,也可以踏上去滚一滚。"这是惊人的细节。

"革命不是请客吃饭,不是做文章,不是绘画绣花,不能那样雅致,那样从容不迫,文质彬彬,那样温良恭俭让。革命是暴动,是一个阶级推翻一个阶级的暴烈的行动。"这段话显然是针对党内的"书生"甚至是党的领导人陈独秀讲的。一声呐喊,排比而出,力量逼人,气焰万丈,看起来未免有点火炽与暴烈,体会起来却是摇曳生姿。

"矫枉必须过正,不过正不能矫枉。"旧语翻新,成为格言。

整篇文章,描绘农民运动现场,表达作者立场,文学情怀在场,政治力气英爽,一派痛快淋漓。这是中国有史以来第一次对农民斗争进行正面总结。尤其难得的是,笔墨之下,既有农民运动的广角全景,又能深入农民运动的幽微之处,滔滔大论中夹陈生动细节,兴到之处挥洒妙论嘉言,政治言论中不乏句斟字酌的文学表达。字里行间,文采飞扬,名句迭出,叙事与辩驳浑然一体。

端的是,把理论写在了中国的大地上。

毛泽东在延安时回忆说:"中央要我管理农民运动。我下了一个决心,走了一个月零两天,调查了长沙、湘潭、湘乡、衡山、醴陵五县。这五县正是当时农民运动很高涨的地方，许多农民都加入了农民协会。国民党骂我们'过火'，骂我们是'游民行动'，骂农民把大地主小姐的床滚脏了是'过火'。其实，以我调查后看来，也并不都是像他们所说的'过火'，而是必然的，必需的。因为农民太痛苦了。我看受几千年压迫的农民，翻过身来，有点'过火'是不可免的，在小姐的床上多滚几下子也不妨哩！"[1]

这篇约两万字的《报告》，从 1927 年 3 月 5 日至 4 月 3 日，先后刊载于中共湖南区委机关报《战士》第 35、36 期合刊及第 38、39 期。3 月 12 日，中共中央机关报《向导》周刊第 191 期发表了《报告》的第一章和第二章的一、二节。中共中央宣传部主任彭述之看了，以为不妥，连忙叫停，《向导》只好停止了对《报告》的连载。

中央局委员瞿秋白读了《报告》的全文，拍案称快。他说："我赞成毛泽东这篇文章的全部观点。"之所以不让连载，无非是"怕这篇文章拿出去，进一步激起农民的'越轨'行动，有损与国民党的合作……这样的文章都不敢登，还革什么命？"[2] 瞿秋白把毛泽东的《报告》交给中共主持的汉口长江书店，要求书店出版单行本。在排版之前，他连夜为《报告》写了一篇 1500 多字的序言。序言中说："中国农民要的是政权和土地。……中国革命家都要代表三万万九千万农民说话做事，到前线去奋斗，毛泽东不过开始罢了。中国的革命者个个都应该读一读毛泽东这本书，和读彭湃的《海丰农民运动》一样。"瞿秋白在序言中还

1　中共中央文献研究室：《毛泽东文集》第二卷，人民出版社 1993 年版，第 379 页。

2　周永祥：《瞿秋白年谱》，广东人民出版社 1983 年版，第 61 页。

将毛泽东和彭湃称为"农民运动的王"。[1]

4月，汉口长江书店以《湖南农民革命（一）》为书名，出版了单行本。

毛泽东的这篇报告，不仅在国民党和共产党两党中引起反响，也引起了共产国际的注意。5月27日和6月12日，共产国际执委会机关刊物《共产国际》先后用俄文和英文翻译转载了《向导》刊载的《报告》。这是毛泽东第一篇被介绍到国外的文章。英文版的编者按说："在迄今为止的介绍中国农村状况的英文版刊物中，这篇报道最为清晰。"时任共产国际执委会主席团委员的布哈林在执委会第八次扩大会议上说"我想有些同志大概已经读过我们的一位鼓动员记述在湖南省内旅行的报告了"，这篇《报告》"文字精练，耐人寻味"。[2]毛泽东《报告》的发表，加深了共产国际对中国革命和农民问题的了解。几十年后，英籍作家韩素音写道："《湖南农民运动考察报告》将仍然是世界上伟大的文学著作和政治宣言之一。"

毛泽东找到了中国革命的生力军——农民，极大地启发和鼓励了革命者。徐特立回忆说："在旧社会，我想对人民贡献一点力量，但摸索了几十年，找不到出路。一九二七年我读了毛主席的《湖南农民运动考察报告》，得到启发，看出了中国革命的前途，就在这个时候我加入了中国共产党，懂得了革命。"徐特立从《报告》中得到启发，自觉地意识到，"我过去所崇拜的康梁和中山，比之有组织的农民对于中国革命的作用渺乎小矣"。

当然，仍有无动于衷者。主持中共中央工作的领导人，直到1928

1　中共中央文献研究室：《毛泽东传》第一册，中央文献出版社2011年版，第128—130页。
2　中共中央文献研究室：《毛泽东传》第一册，中央文献出版社2011年版，第130页。

年 7 月中共六大时仍没有把农民运动放到重要位置。曾经在莫斯科中山大学学习的杨尚昆回忆说："我们在中山大学期间也读过不少马列的书，也学革命史，但教员引经据典地讲的都是俄国的经验、英国的经验，我在那里 4 年，就没有在课堂上听说过毛泽东，也没有听说过农民运动，虽然知道中国人口中的百分之九十以上是农民，但认为农民只是工人阶级的同盟者，并不是革命的基本力量。出席党的六大的代表到中山大学来作过报告，也没有讲毛泽东在井冈山这股革命力量，没有指出它是将来的希望。所以大革命失败后，在中山大学里一味责备是那些缺乏'理论'的老干部断送了革命，王明还大肆吹嘘中国革命非我们这些'新知识分子'不成。"[1]

中国革命多歧路。毛泽东摸索出一条正道，但要让党内同志都接受这条马列经典著作中没有说过的道路，还得走很曲折的路。路漫漫兮……

《湖南农民运动考察报告》是以毛泽东为代表的中国共产党人创立新民主主义革命思想的代表作。毛泽东提出了解决中国民主革命的中心问题——农民问题的理论和政策，初步提出无产阶级领导权问题。《报告》还提出依靠贫农和团结中农、建立农村革命政权和农民武装、解决农民土地问题的战略思想。这些，为中国共产党在大革命失败后立刻转入土地革命战争时期，建立人民军队、建立农村根据地，走农村包围城市、武装夺取政权的道路，提供了理论认识方面的准备。

1　杨尚昆：《杨尚昆回忆录》，中央文献出版社 2007 年版，第 206 页。

已经看得见桅杆尖头了的一只航船

——读《星星之火，可以燎原》

　　毛泽东十分善于用民族的言语、民间的老话，讲述革命道理，阐发马克思主义中国化的新理论。"星星之火，可以燎原"就是一个例子。

　　"星星之火，可以燎原"本来是一句老话。《书·盘庚上》曰："若火之燎于原，不可向迩。"《后汉书》中有"涓流虽寡，浸成江河；爝火虽微，卒能燎野"的话。明人张居正在《答云南巡抚何莱山论夷情》中说："究观近年之事，皆起于不才武职，贪黩有司，及四方无籍奸徒窜入其中者，激而构煽之。星星之火，遂成燎原。"清代严有禧的《漱华随笔·贺相国》中说："天下事皆起于微，成于慎。微之不慎，星火燎原，蚁穴溃堤。"《西游记》中也有"星星之火，能烧万顷之田"的话。毛泽东活用这些话语，把"星星之火，可以燎原"作为他文章的题目。

　　先看一看《星星之火，可以燎原》产生的时代背景和经过——

　　1927年，国民党"翻脸"，血腥"清共"。革命被包围，革命被袭击。多少尸首多少血！毛泽东痛心地说：共产党"被人家一巴掌打在地上，像一篮鸡蛋一样摔在地上，摔烂很多"[1]。这是中国共产党成立以来第一次全局性的失败。失败的后果是：大批中共党员和党的支持者被处决，近6万党员只剩下1万多人；共产党"非法"，共产党员和党的支持者、同情者成为罪人，与"共匪"沾边者，意味着进监狱和脑袋搬家；中国共产党人"无走路之权"[2]，被迫转入"地下"，开展秘密工作。

毛泽东说："一九二七年我在武汉时还是个白面书生。"[3]他还说："在一九二七年以前，我是没有准备打仗的。……他们用恐怖的杀人办法，逼得我和许多同志向敌人学习，蒋介石可以拿枪杀伤我们，我们也可以拿枪杀伤他们。"[4]他又说："像我这样的一个人，从前并不会打仗，甚至连想也没想到过要打仗，可是帝国主义的走狗强迫我拿起武器。"[5]

"白面书生"毛泽东学习"绿林好汉"，拉起队伍，上井冈山，当了"土匪"，造成武装割据，开辟出中国革命的第一个农村根据地。这在中共乃至全世界共产党中没有先例。毛泽东说："一国之内，在四围白色政权的包围中间，产生一小块或若干小块的红色政权区域，在目前的世界上只有中国有这种事。"[6]

上井冈山，是毛泽东"马克思主义中国化"的第一关节。要紧！要紧！

井冈山，坐落于江西省西南部，是湘赣边界罗霄山脉中段万洋山的

1　中共中央文献研究室：《毛泽东在七大的报告和讲话集》，中央文献出版社1995年版，第7页。
2　中央档案馆：《毛泽东同志在抗大讲话记录稿介绍（下）》，《中央档案馆丛刊》1986年第2期。
3　中共中央文献研究室：《毛泽东文集》第四卷，人民出版社1996年，第326页。
4　中共中央文献研究室：《毛泽东年谱（1949—1976）》第五卷，中央文献出版社2013年版，第352页。
5　胡哲峰：《毛泽东武略》，人民出版社2001年版，第7页。
6　《毛泽东选集》第一卷，人民出版社1991年版，第57页。

一个支脉，当地人土话叫"井江山"。毛泽东把红旗插上井江山，把这里叫作"井冈山"。不久"井江山"这个本名被人遗忘了，"井冈山"名扬天下。

井冈山山深谷穷，土地贫瘠。红军的基本经济来源是"打土豪"[1]，得来的钱财不能满足将士起码的供给。进入寒冬，士兵没有棉衣，还穿着单衣，吃饭也是有一顿没一顿的。部队四面受敌，一度出现"山上粮食万难，款子万难，伤兵医药万难"的局面。[2]毛泽东用"万难"这个词，说明红军吃饭、穿衣、就医的困难之多之大。在"万难"的困境中，在敌人的"进剿"中，1929年初，毛泽东和朱德只好率领红四军主力下山另辟天地。

离开井冈山的日子很不好过。走一路打一路，备尝艰险。同时，红四军内部又发生了分歧：党的各级组织在红军队伍里到底是该多管事还是少管事？我们是像古代流寇那样走州过府，还是要下决心建立稳固的根据地？红军官兵绝大多数出身农民，他们有的虽然在组织上加入了中国共产党，但在思想上怎样才能成为真正的共产党员？许多人对红四军的前途感到茫然。

恰好此时，远在上海的中共中央给毛泽东、朱德写信。1929年2月的这封信中要求毛泽东等将根据地的红军武装分散成小部队隐蔽起来，以避免目标集中被敌人消灭，同时提出要毛泽东和朱德脱离部队到中央工作。4月5日毛泽东以红四军前委名义给中央复信说，中央此信"对

1　张泰城等：《井冈山的红色文献》，江西人民出版社2016年版，第234页。
2　中共中央文献研究室、中央档案馆：《建党以来重要文献选编（1921—1949）》第五册，中央文献出版社2011年版，第244页。

客观形势和主观力量的估量，都太悲观了"，并依据他对中国国情的深刻了解，强调了坚持农村斗争的重要性。

红四军内部也有人对于农村革命根据地的前途存有悲观看法，缺乏建立巩固根据地的深刻认识，主张以四处流动游击去发动群众，扩大政治影响。他们把革命力量看小了（革命力量的确比较小），把反革命的力量看大了（反革命力量的确比较大），思想迷茫起来，信心动摇起来，甚至有个别人发出一个悲观的提问："红旗到底打得多久？"

刚刚开完古田会议，1930年新年伊始，毛泽东收到一封贺年信，信是红四军第一纵队司令员林彪写的。贺子珍看见毛泽东接到信，高兴地拆看，看着看着，眉头皱起来，越皱越紧。贺子珍拿过信一看，林彪在信中说了几句贺年话，话题一转，写了更多的不是贺年的话。他诉说了部队中弥漫着一种对革命前途的悲观情绪，诉说自己心中对"红旗到底打得多久"的疑问。林彪把他和战友们对革命前途的困惑，向他最敬仰的毛泽东倾诉，其中弥漫着与节日气氛不协调的悲观情绪。

放下林彪的来信，毛泽东凝视天空。一只苍鹰在云端盘旋。

林彪的信，反映了党和红军内部普遍存在的消极情绪：究竟应当怎样看待当前的形势？大革命失败了，还有没有复兴的希望呢？革命处在低潮，高潮还会不会到来，尤其是会不会很快到来呢？这些问题，既关系到能否具备坚持革命的信心，也关系到能否采取坚持革命的正确行动。

林彪的来信，引起毛泽东的深思："这是一个最根本的问题，不答复中国革命根据地和中国红军能否存在和发展的问题，我们就不能前进一步。"1月5日那天，毛泽东坐下来给林彪写回信。天冷，房间里没有木炭烤火。毛泽东不时站起来跺跺麻木的脚，搓搓手，心里却充满着激情。信从早晨写到暮色苍茫，写了七八千字。

面对党内和红军中的悲观情绪，毛泽东没有就事论事地只限于批评，而是从大处落笔，对革命的力量与反革命力量作了对比分析，论述了革命力量的性质及其发展的必然性，对反革命力量的实质作了剖析。

正确地分析现时的客观形势，首先必须解决观察和分析形势的方法问题。毛泽东在这封信中提供了一个科学分析问题的方法，他说："我们看事情必须要看它的实质，而把它的现象只看作入门的向导，一进了门就要抓住它的实质，这才是可靠的科学的分析方法。"[1]

毛泽东认为，如果只就当前的表面现象看问题，那么革命形势严重：许多地方的起义被镇压，党的队伍被打散，小块红色政权陷入白色政权的包围之中，形势的确不能乐观，革命的前途看起来也渺茫得很。但是，这种观察只是一种"抓住表面抛弃实质的观察"。问题的实质在于，革命是各种社会矛盾极度紧张和尖锐化的产物，所以毛泽东指出："如问中国革命高潮是否快要到来，只有详细地去察看引起革命高潮的各种矛盾是否真正向前发展了，才能作决定。"[2]

毛泽东分析了 1927 年大革命失败后的形势：一方面，革命的力量大为削弱；另一个方面，"立足于中国落后的脆弱的社会经济组织之上的反动统治阶级的一切组织（政权、武装、党派等）也是弱的"[3]。国民党政权的建立，并没有消除帝国主义势力、封建军阀、地主阶级同中国人民的矛盾；由于它"对外投降帝国主义，对内以新军阀代替旧军阀"[4]，

1　《毛泽东选集》第一卷，人民出版社 1991 年版，第 99 页。
2　《毛泽东选集》第一卷，人民出版社 1991 年版，第 100 页。
3　《毛泽东选集》第一卷，人民出版社 1991 年版，第 99 页。
4　《毛泽东选集》第一卷，人民出版社 1991 年版，第 47 页。

这些矛盾更趋激化了。这就是说，引发革命的原因仍然存在，反革命统治的长期稳定是不可能的。国民党的屠杀政策不可能彻底扑灭革命的火焰，而只能使得一切改良主义的幻想归于破灭，使得群众只有走重新奋起革命这一条路。毛泽东说，认识了以上这些情况，"就知道中国是处在怎样一种皇皇不可终日的局面之下，处在怎样一种混乱状态之下。就知道反帝反军阀反地主的革命高潮，是怎样不可避免，而且是很快会要到来。中国是全国都布满了干柴，很快就会燃成烈火。'星火燎原'的话，正是时局发展的适当的描写"[1]。

当时的中共中央，按照共产国际的决议和苏联的经验，以"城市中心"思想来指导和部署全党工作，没有把广大农村作为主战场。毛泽东则强调在半殖民地的中国"农民问题的严重性"，明确地指出"红军、游击队和红色区域的建立和发展，是半殖民地中国在无产阶级领导之下的农民斗争的最高形式，和半殖民地农民斗争发展的必然结果；并且无疑义地是促进全国革命高潮的最重要因素"[2]。他在揭示武装斗争是中国革命的一个特征之后，又指明了武装斗争应首先主要在农村进行、党的工作应以农村为中心。他重申了《中国的红色政权为什么能够存在？》一文中关于"工农武装割据"的主张，系统论述了"以乡村为中心"，实行"工农武装割据"的思想，告诉革命同志：反动势力虽然很强大，但革命力量也必然会发展起来，革命前途是光明的。

毛泽东确信："在将来的形势之下，什么党派都是不能和共产党争群众的。"

1　《毛泽东选集》第一卷，人民出版社 1991 年版，第 101—102 页。
2　《毛泽东选集》第一卷，人民出版社 1991 年版，第 98 页。

毛泽东认定："中国革命的走向高潮，一定会比西欧快。"

毛泽东写信时，贺子珍快要分娩了。或许从贺子珍身上受到启发，他以诗一般的语言描绘革命的光明前景——

它是站在海岸遥望海中已经看得见桅杆尖头了的一只航船，它是立于高山之巅远看东方已见光芒四射喷薄欲出的一轮朝日，它是躁动于母腹中的快要成熟了的一个婴儿。[1]

文学化的语言，表达了毛泽东坚信革命必胜、道路必通的乐观主义精神。航船、朝日、婴儿三个形象，都是拥有未来的美好事物，足以引起革命者热切期待的心情。毛泽东的预见，使人们在失望中看到希望，在黑暗中看到光明，在迷茫中看到方向，在失败中看到胜利。

毛泽东的这封信从理论上解决了 1927 年大革命失败之后，中国革命走什么道路的问题。这就是：中国的新民主主义革命，走的是农村包围城市、武装夺取政权的道路。这一理论，在毛泽东后来的《中国革命战争的战略问题》和《战争和战略问题》等著作中得到充实和完善。后来的实践证明，中国共产党正是沿着这条道路把革命引向胜利的。

1944 年，周恩来在延安中央党校作报告时，曾经对毛泽东"农村包围城市"思想形成的过程及意义作论述。他说："在'六大'那时候，关于要重视乡村工作、在农村里搞武装割据的重要与可能等问题，毛泽东同志是认识到了，而'六大'则没有认识。……到给林彪的信中才明确指出要创造红色区域，实行武装割据，认为这是促进全国革命高潮的

1　《毛泽东选集》第一卷，人民出版社 1991 年版，第 106 页。

最重要因素，也就是要以乡村为中心。""在历史上无论中外都找不到农村包围城市的经验"，"这是史无前例的"。[1]

30多年后的1965年5月，毛泽东重上井冈山。他回顾了当年井冈山的艰苦岁月："土地革命时期，我们在井冈山建立农村革命根据地，建立起红色政权，点燃了'工农武装割据'的燎原之火。井冈山的斗争，指出了农村包围城市、武装夺取政权道路的新方向。当时有人提出井冈山的红旗究竟能打多久的疑问？我们以实践回答了这个问题，坚持了井冈山的斗争。井冈山革命斗争的胜利，开辟了中国革命胜利的道路。"[2]

毛泽东给林彪回信，阐明了"星星之火，可以燎原"的道理，自有其细致而缜密的考量。林彪当时是毛泽东的爱将，通过给林彪回信，进而把这封信公开印发给全军，足以教育红四军所有党员和广大指战员。毛泽东在信中直抒胸臆讲革命道理，但是用词非常委婉。特别是，他在批评林彪的同时，还出于对林彪的爱护，讲了许多比较婉转的话，这些话语在收入《毛泽东选集》时删掉了，我们不妨从老版本中抄来一看。

毛泽东在这封信中一开头写道：

林彪同志：

新年已经到来几天了，你的信我还没有回答。一则因为有些事情忙着，二则也因为我到底写点什么给你呢？有什么好一点的东西可以贡献

1　《周恩来选集》上卷，人民出版社1980年版，第178—179页。
2　孙宝义、刘春增、邹桂兰：《毛泽东成功之道》，人民出版社2013年版，第182页。

给你呢？搜索我的枯肠，没有想出一点什么适当的东西来，因此也就拖延着。现在我想得一点东西了，虽然不知道到底于你的情况切合不切合，但我这点材料实是现今斗争中一个重要的问题，即使于你的个别情况不切合，仍是一般紧要的问题，所以我就把它提出来。

我要提出的是什么问题呢？就是对于时局的估量和伴随而来的我们的行动问题。我从前颇感觉、至今还有些感觉你对于时局的估量是比较的悲观。去年五月十八日晚上瑞金的会议席上，你这个观点最明显。我知道你相信革命高潮不可避免的要到来，但你不相信革命高潮有迅速到来的可能，因此在行动上你不赞成一年争取江西的计划，而只赞成闽粤赣交界三区域的游击；同时在三区域也没有建立赤色政权的深刻的观念，因之也就没有由这种赤色政权的深入与扩大去促进全国革命高潮的深刻的观念。

毛泽东在这封信的最后写道：

我要对你说的话大致已经说完了。扯开了话匣，说的未免太多。但我觉得我们的讨论问题是有益的，我们讨论的这个问题果然正确地解决了，影响到红军的行动实在不小，所以我很高兴的写了这一篇。

……我说你欲用流动游击方式去扩大政治影响，不是说你有单纯军事观点和流寇思想。你显然没有此二者，因为二者完全没有争取群众的观念，你则是主张"放手争取群众"的，你不但主张，而且是在实际做的。我所不赞成你的是指你缺乏建立政权的深刻的观念，因之对于争取群众促进革命高潮的任务，就必然不能如你心头所想的完满地达到。我这封信所要说的主要目的就在这一点。

我的不对的地方，请你指正。[1]

口气足够婉转，照顾到林彪的感受，并且特意把林彪的悲观思想与单纯军事观点和流寇思想进行了区别。

毛泽东给林彪这封信在革命历史中的意义十分重大。1941年延安整风运动中，毛泽东亲自主持编印《六大以来——党内秘密文件》，收录了这封信，作为整风文献供干部学习。1942年中央军委编印的《军事文献》、1943年中共中央书记处编印的《两条路线》、1944年中共中央北方局编印的《抗战以前选集》、1945年中共中央山东分局编印的《党的路线问题选集》、1947年中共晋察冀中央局编印的《毛泽东选集续编》等，都收录了这封信。

1947年秋天，中共中央东北局准备编印毛泽东著作，计划收入这封信。林彪得知这一情况，1948年2月12日致电中共中央宣传部，首先表示这封信的内容有很大的宣传教育意义，同意向党内外公布，但"为不致在群众中引起误会起见，我认为只公布信的全文，而不必公布我的姓名"。这封电报呈送到毛泽东那里，毛泽东做出两点指示：一是这封信不要出版；二是请陆定一、胡乔木负责将这部选集中的书稿全部审阅一次，将不适宜公开发表的及不妥当的地方标出，并提出意见，待修过后再出版。1948年东北书店和晋察冀出版的《毛泽东选集》，没有收入这封信。

1　中央档案馆：《中共中央文件选集（1930）》第六册，中共中央党校出版社1989年版，第553、562—563页。

新中国成立后，毛泽东主持编辑《毛泽东选集》。给林彪的这封信在毛泽东思想发展史上的地位实在重要，因此入选《毛泽东选集》。考虑到林彪的感受，防止造成误解，毛泽东提笔把这封信的题目改为《星星之火，可以燎原》，并且把涉及林彪的文字都删掉了。应该说，《星星之火，可以燎原》这个题目更为概括和响亮，既彰显了文章的观点主张，又使标题醒目，还照顾到了林彪的面子，改得巧妙。

林彪仍是放心不下。1969 年 9 月，林彪已成为中共中央唯一的副主席，作为毛泽东接班人被写进九大的党章。他在重游井冈山时，想起当年毛泽东给他的信，请人捉刀写了《西江月·重上井冈山》，送呈毛泽东。

繁茂三湾竹树，苍茫五哨云烟。井冈搏斗忆当年，唤起人间巨变。红日光弥宇宙，战旗涌作重洋。工农亿万志昂扬，誓把敌顽埋葬。

四十年前旧地，万千往事萦怀。英雄烈士启蒿莱，生死艰难度外。志壮坚信马列，岂疑星火燎原。辉煌胜利尽开颜，斗志不容稍减。

"志壮坚信马列，岂疑星火燎原"，显然是在掩饰林彪曾经有过的"红旗到底打得多久"的疑问。据说，毛泽东看到这首词后，用红铅笔在"志壮坚信马列，岂疑星火燎原"的下面重重地画上了两条粗杠，并打了一个问号，说道："这是历史公案，不要再翻了。"

毛泽东发现农民，农民在中国革命中的特殊意义彰显；毛泽东厘定阶级，中国革命中的敌友及同盟军位置分明；毛泽东提出枪杆子里面出政权，中国革命拥有了坚强力量；毛泽东力主农村包围城市，中国革命的道路变得清晰。于是乎，毛泽东点燃的星星之火，形成思想之火，形成精神火炬，形成熊熊燃烧的燎原大火，照亮了黑暗的中华大地，焚毁掉半殖民地半封建的旧世界……

建设一个中华民族的新社会和新国家

——读《新民主主义论》

　　我们共产党人，多年以来，不但为中国的政治革命和经济革命而奋斗，而且为中国的文化革命而奋斗；一切这些的目的，在于建设一个中华民族的新社会和新国家。在这个新社会和新国家中，不但有新政治、新经济，而且有新文化。[1]

　　中国革命道路是什么？毛泽东的探索，主要是四个方面：一是坚持土地革命、武装割据；二是建立起赣南、闽西革命根据地，成为影响全国革命局势的"中心工作区域"；三是自觉地、不断地调查了解中国社会的历史和现状，进而画出准确的"国情图"；四是把"国情图"上升为理论状态，不断进行理论总结和理论概括，回答时代之问和人民之问。这样一来，中国革命道路的路线就逐渐清晰起来。《新民主主义论》就是毛泽东探索中国道路的理论结晶。

1　《毛泽东选集》第二卷，人民出版社 1991 年版，第 663 页。

1937 年，日本侵略者发动卢沟桥事变。国民党与共产党合作抗战，抵御外敌，史称第二次国共合作。

国共合作中，蒋介石在"联共"的同时，没有忘记反共。1939 年 1 月，国民党召开五届五中全会，会议确定了"溶共、防共、限共、反共"的方针，通过了《防制异党活动办法》等。会议还提出要注重与共产党的政治思想斗争，企图从思想上瓦解共产党。会后，便出现了"一个主义，一个领袖，一个政党"的宣传潮流。一向拙于理论的蒋介石亲自上阵，在 1939 年 5 月发表《三民主义之体系及其实行程序》的演讲，通过解释三民主义来攻击共产主义，强调要以国民党来"管理一切"，实行"以党治国"和"以党建国"。

三民主义是中国民主革命先行者孙中山创立的革命理论。孙中山先生 1925 年去世后，国民党三大宣告，"故总理之全部教义，实为本党根本大法"。蒋介石以孙中山继承人自居，高举三民主义旗帜，企图占领法统、道义以及理论上的制高点。

中国共产党的叛徒、号称国民党"理论家"的叶青公开主张：三民主义可以满足中国现在和将来的一切要求。它的实现，中国便不需要社会主义了，从而组织一个党来为社会主义而奋斗的事也就不必要了。他还说：国民党外的一切党派，不只今天，就是将来也没有独立存在的理由。

自诩为中间势力的张君劢，在蒋介石的授意下，发表《致毛泽东先生一封公开信》，要同毛泽东讨论"共产党之理论"，他咄咄逼人地写道："窃以为目前阶段中，先生等既努力于对外民族战争，不如将马克思主义暂搁一边，使国人思想走上彼此是非黑白分明一涂，而不必出以灰色与掩饰之辞。"在这封信里，他向中共提出三点所谓"建议"：1. 将八路军训练任命与指挥完全托之蒋介石，以实现军事权之统一；2. 取消抗日民主根据地，以做到一国之内唯有一种法律、一种行政系统；3. 共产党既信奉三民主义，努力于对外民族战争，不如将马克思主义暂搁一边。

1939 年 4 月，叶青创办一个名叫《时代思潮》的刊物，打着"研究三民主义"的旗号，诋毁马克思主义和共产主义。一时间，妥协空气、反共声浪甚嚣尘上，把全国人民打入了闷葫芦里。

毛泽东于 1939 年 6 月 10 日在延安高级干部会议上的报告《反投降提纲》中说："在思想斗争问题上，两年来，尤其是半年来，代表国民党写文章的人包括托派叶青等在内，发表了许多不但反对共产主义而且也是反对真三民主义的'纷歧错杂的思想'……其实，他们所谓只有三民主义与国民党为适合国情，乃是最不适合国情的假三民主义与假国民党，而共产主义与共产党乃是完全适合国情的。"[1]

中国革命究竟应该走什么道路？挽救中华民族、解放中国人民，究竟由谁来领导？为什么说"要三民主义就不能要共产主义""要抗战就不能要民主"的观点是错误的？中国在抗战中和抗战胜利后要建立一个什么样的国家？如何驳斥张君劢、叶青之流对中国共产党的攻击？

毛泽东拿起了理论武器。他改变了撰写"再论持久战"的计划，集中精力对中国近代革命运动的经验教训进行系统的研究，特别是深入总结中国共产党成立以来中国革命的经验教训，先后发表了《青年运动的方向》《〈共产党人〉发刊词》《中国革命和中国共产党》和《新民主主义论》等论著，创立了新民主主义理论的完整体系。

---

[1] 中共中央文献研究室：《毛泽东文集》第二卷，人民出版社 1993 年版，第 220 页。

《中国革命和中国共产党》是毛泽东和其他几个同志在延安合作写作的一个课本。第一章《中国社会》由其他几个同志起草，经过毛泽东的修改。第二章《中国革命》，由毛泽东撰写。毛泽东在这一章中第一次提出了"新民主主义"的概念。

在《中国革命和中国共产党》中，毛泽东发展了《中国社会各阶级的分析》的观点，对"半殖民地半封建"之中国的地主阶级、资产阶级、农民以外的各种类型的小资产阶级、农民阶级、无产阶级和游民进行分析，创造性地提出了"新民主主义"的思想，指明了中国革命的性质和前途。

在《中国革命和中国共产党》一文中，毛泽东吸收了当时知识界对中国社会性质的论战成果，对"半殖民地半封建"这一概念进行深入阐述和理论论证，认识站位高，阐述得更完整、更系统。从此，"半殖民地半封建社会"理论完整定型，它作为毛泽东思想的重要组成部分，成为中国共产党民主革命理论的基本出发点，成为马克思主义学派关于中国近代史诠释体系的理论基石与核心命题。这一理论创造，决定了中国人民反帝反封建的民主革命道路，是中国人民改造中国社会的出发点。

毛泽东指出：现阶段中国革命的性质，既不是无产阶级社会主义的，也不是旧式资产阶级民主革命，而是新民主主义革命。"新民主主义的革命，就是在无产阶级领导之下的人民大众的反帝反封建的革命。"它一方面是替资本主义扫清道路，但另一方面又是替社会主义创造前提。就国家组成来说，这种革命所要造成的民主共和国，即一个工人、农民、城市小资产阶级和其他一切反帝反封建分子的革命联盟的共和国。"中国革命的全部结果是：一方面有资本主义因素的发展，又一方面有社会主义因素的发展。""中国革命的终极的前途，不是资本主义的，而是社会主义和共产主义的。"[1]

毛泽东新民主主义理论的完善与成熟，集中体现于1940年1月发表的《新民主主义论》。

那是延安滴水成冰的日子。毛泽东在窑洞里烤着炉火撰写这篇文章。毛泽东的警卫员贺清华几十年后仍清楚地记得毛泽东写作《新民主主义论》时的情形："有一阵，毛主席接连几天没有睡觉，集中精力在写《新民主主义论》。"

毛泽东曾经回忆这篇文章的写作过程："有了大革命失败的经验，十年内战根据地缩小的经验，才有可能写《新民主主义论》，不然不可能。""《新民主主义论》初稿写到一半时，中国近百年历史前八十年是一阶段、后二十年是一阶段的看法，才逐渐明确起来，因此重新写起，经过反复修改才定了稿。"[2] 把鸦片战争以来的百年历史以五四运动为界"分期"为近代、现代两个阶段，这是学术上的开天辟地，是操斧伐柯的创造。

《新民主主义论》初稿完成之后，毛泽东征求一些同志的意见。他给吴玉章写的一封信中说："吴老：写了一篇理论性质的东西，目的主要为驳顽固派，送上请赐阅正，指示为感！"[3]

1940年1月初，毛泽东生了几天病，原本计划在1月4日陕甘宁边区文化协会第一次代表大会上开幕式进行的讲演，只好推迟了。生病

1　《毛泽东选集》第二卷，人民出版社1991年版，第647、650页。

2　中共中央文献研究室：《毛泽东文集》第七卷，人民出版社1999年版，第15页。

3　《毛泽东书信选集》，人民出版社1983年版，第160页。

期间他也没有闲着，一直在修改他的演讲稿。直到 1 月 9 日，病尚未好透，他赶到会场，会场在中国女子大学的大礼堂。吴玉章主持会议，毛泽东作了题为《新民主主义的政治与新民主主义的文化》的讲演。

我们不但要把一个政治上受压迫、经济上受剥削的中国，变为一个政治上自由和经济上繁荣的中国，而且要把一个被旧文化统治因而愚昧落后的中国，变为一个被新文化统治因而文明先进的中国。一句话，我们要建立一个新中国。[1]

毛泽东的演讲从下午一直讲到夜色苍茫。他描绘出一个政治"新"、经济"新"、文化上也"新"的中国。台下的听众回忆说："这个长篇讲话，从下午一直讲到入夜点起煤气灯的时分"，五六百听众"被他的精辟见解和生动话语所鼓舞、所吸引，聚精会神，屏息静听，情绪热烈，不时响起一阵阵的掌声"。[2]

《新民主主义的政治与新民主主义的文化》开宗明义地、尖锐地提出了"中国向何处去"的问题，系统地分析了近代中国社会的性质和中国革命的对象、性质、动力、前途等，明确地回答"我们要建立一个新中国"，"建设一个中华民族的新社会和新国家"。

毛泽东还科学地阐明了中国革命的历史进程。他认为中国社会的性质，即殖民地、半殖民地、半封建的性质，决定了中国革命的历史进程，必须分为两步：第一步是民主主义的革命，即改变这个殖民地、半殖民地、

1　《毛泽东选集》第二卷，人民出版社 1991 年版，第 663 页。
2　温济泽：《征鸿片羽集》，当代中国出版社 1995 年版，第 473 页。

半封建的社会形态，使之变成一个独立的民主主义的社会。第二步才是社会主义的革命，即民主革命胜利后使革命向前发展，建立一个社会主义的社会。而所谓民主主义，现在已不是旧范畴的民主主义，而是新民主主义。中国的革命，是无产阶级社会主义世界革命的一部分。把资产阶级民主革命区分为新民主主义和旧民主主义两个不同的历史范畴，这是毛泽东的理论贡献。毛泽东还专门批评"恶意的宣传家"所谓的"一次革命论"，主要是回击和批驳叶青鼓吹的三民主义已经把民主革命和社会主义革命的任务都解决了的错误观点。

那么，新民主主义到底有什么样的特征呢？毛泽东明确阐述了新民主主义的政治、经济和文化纲领。

关于新民主主义的政治，毛泽东主要阐明了新中国的"国体""政体"这个重大问题。国体就是指国家的性质，它所解决的是"社会各阶级在国家中的地位"[1]问题，也就是国家代表哪个阶级的意志和利益的问题。国体大致分为两类：一类是君主，一类是民主。从政权的阶级性质来划分是三种：资产阶级专政的共和国、无产阶级专政的共和国、几个革命阶级联合专政的共和国。毛泽东指出：新民主主义的政治纲领，就是推翻帝国主义、封建主义的反动统治，建立一个以无产阶级为领导的，以工农联盟为基础的，一切反帝反封建的人们联合专政的民主共和国，这就是新民主主义的共和国。毛泽东所说的新民主主义共和国，一方面和欧美式资产阶级共和国相区别，另一方面也和苏联式的社会主义的共和国相区别。毛泽东概括道："国体——各革命阶级联合专政。政体——

1　《毛泽东选集》第二卷，人民出版社1991年版，第676页。

民主集中制。这就是新民主主义的政治,这就是新民主主义的共和国。"[1]

关于新民主主义经济,毛泽东指出:新民主主义共和国的经济构成,应当是既区别于欧美资本主义社会,又区别于旧的封建主义社会。在共和国里,大银行、大工业、大商业,归这个共和国的国家所有。这种国营经济是社会主义性质,是整个国民经济的领导力量,并不禁止"不能操纵国计民生"的民族资本的发展。要扫除农村中的封建关系,把土地变为农民的私产。但在"耕者有其田"的基础上所发展起来的各种合作经济,也具有社会主义的因素。在这一部分,毛泽东比较多地引用孙中山先生的话,为的是建立革命的合法性,揭露蒋介石背叛了孙中山的主张,让民主派人士更为容易地接受新民主主义的经济纲领。这里,毛泽东代表共产党人提出在经济上发展资本主义,这是一个大胆的提法,是一个理论上的创新,目的是要尽快改变中国贫穷落后的面貌。

关于新民主主义的文化,毛泽东指出:民族的科学的大众的文化,就是人民大众反帝反封建的文化,就是新民主主义的新文化,就是中华民族的新文化。

毛泽东在《新民主主义论》中有一句名言:"中国的革命实质上是农民革命。"他说:"现在的抗日,实质上是农民的抗日。新民主主义的政治,实质上就是授权给农民。新三民主义,真三民主义,实质上就是农民革命主义。大众文化,实质上就是提高农民文化。抗日战争,实质上就是农民战争。……因此农民问题,就成了中国革命的基本问题,农民的力量,是中国革命的主要力量。"[2]重视农民在革命中的作用,这

1　《毛泽东选集》第二卷,人民出版社 1991 年版,第 677 页。
2　《毛泽东选集》第二卷,人民出版社 1991 年版,第 692 页。

是毛泽东从创作《中国社会各阶级的分析》以来一直坚持的。

毛泽东 1945 年在七大口头报告中仍在强调农民。他说："我们马克思主义的书读得很多，但是要注意，不要把'农民'这两个字忘记了；这两个字忘记了，就是读一百万册马克思主义的书也是没有用处的，因为你没有力量。靠几个小资产阶级、自由资产阶级分子，虽然也可以抵一下，但是没有农民，谁来给饭吃呢？饭没得吃，兵也没有，就抵不过两三天。"[1]

重视农民，发挥农民在革命中的主力军作用，这是毛泽东的得意处、成功处，也是中国革命的胜利之处、成功之处。有个统计能够有助于这个问题的理解。李金铮的《中共革命的"乡土性格"刍议》一文说：据笔者统计，1945 年中共第七次全国代表大会选出的中央委员和候补中央委员共计 77 人，其中来自城市者仅 6 人，来自农村者 71 人，占总数的 92.2%。在农村里面，来自普通农民 49 人，居来自农村者的 70%，普通农民里面又有 18 人为贫苦农民。其他为地主、富农、破落地主、教员和书香之家，占来自农村者的 30%。从新中国成立后授予的元帅、大将和上将来看，总计也是 77 人，其中来自城市者仅 3 人，来自农村者 74 人，占总数的 96.1%。在农村里面，来自普通农民 66 人，居来自农村者的 89.2%，普通农民中又有 31 人为贫苦农民。其他为地主、富农、书香之家，占来自农村者的 10.8%。[2]

美国的史华慈在 20 世纪 50 年代初创造了"毛主义"这一术语，他

1　中共中央文献研究室：《毛泽东在七大的报告和讲话集》，中央文献出版社 1995 年版，第 106—107 页。
2　李金铮：《中共革命的"乡土性格"刍议》，《中共党史研究》2019 年第 11 期。

认为"毛泽东的独创性"在于:一是背离了莫斯科的教条和指挥;二是发现了农民的历史作用,"把农民运动作为革命的阶级基础"(费正清语),"农民本身成为中国革命的主要力量"(史华慈语)。他们看到了毛泽东的独创性——农民成为中国革命的主要力量。

毛泽东在《新民主主义论》中总结说:"新民主主义的政治、新民主主义的经济和新民主主义的文化相结合,这就是新民主主义共和国,这就是名副其实的中华民国,这就是我们要造成的新中国。"[1]

"它是站在海岸遥望海中已经看得见桅杆尖头了的一只航船……"这是1930年1月5日毛泽东给林彪写的信《星星之火,可以燎原》中的话。在《新民主主义论》的最后,毛泽东说:

> 新中国站在每个人民的面前,我们应该迎接它。
> 新中国航船的桅顶已经冒出地平线了,我们应该拍掌欢迎它。
> 举起你的双手吧,新中国是我们的。[2]

这段话与10年前的话一脉相承,遥相呼应。

新民主主义,这是崭新秩序的构建。《新民主主义论》指明了中国革命发展道路,回答了"中国向何处去"的时代问题,解答了中共革命正当性和科学性的问题,为即将诞生的新民主主义国家描绘出了一幅清晰可见的图画。《新民主主义论》是最集中表达毛泽东新民主主义理论的经典之作,也是毛泽东思想走向成熟的重要标识。

---

1 《毛泽东选集》第二卷,人民出版社1991年版,第709页。
2 《毛泽东选集》第二卷,人民出版社1991年版,第709页。

毛泽东早年说过："主义譬如一面旗子，旗子立起了，大家才有所指望，才知所趋赴。"[1] 树起"新民主主义"这面旗帜，是一件了不起的大事情。这部新民主主义革命理论的经典著作，是马克思主义中国化最重要的代表作之一。

《新民主主义论》出版后，影响巨大。

晋察冀边区的邓拓读到《新民主主义论》后，兴奋地写了一首诗《读毛主席〈新民主主义论〉》："万水千山只等闲，长城绕指到眉端。阵图开处无强敌，翰墨拈来尽巨观。风雨关河方板荡，运筹帷幄忘屯艰。苍龙可缚缨在手，且上群峰绝顶看！"[2]

1940年5月，茅盾来到延安，毛泽东送给他一本《新民主主义论》。茅盾读后评价说：这篇文章运用马列主义理论，对过去作了精密的分析，对今后提供了精辟的透视与指针，是中国文化史上的一件大事。

陈毅读了《新民主主义论》，写了一篇几千字的心得。他说："关于正确思想方法问题，对待西欧新学术问题，对待中华民族的传统问题，中国学术思想的改革问题，中国革命建国的理论实践问题，这些问题是几十年的新旧争论不决的问题……""《新民主主义论》，乃是一百年中国学术思想上及社会实践问题上，其中新旧争论的最正确的解决。""这是一本马列主义的新创获的著作，也是一本马列主义的古典著作。这是中国共产党以及中华民族理论战线上的光荣代表。"[3]

作家林默涵说："毛泽东对我影响最深的几篇文章，就是《论持

1　中共中央文献研究室、中共湖南省委《毛泽东早期文稿》编辑组：《毛泽东早期文稿1912—1920》，湖南人民出版社2008年版，第498页。

2　《邓拓诗词选》，人民文学出版社1979年版，第10页。

3　《陈毅传》，当代中国出版社1991年版，第320—321页。

久战》《新民主主义论》《在延安文艺座谈会上的讲话》三篇。因为这三篇文章给我影响很深，对我奔赴延安，指导我的人生，起到了非常重要的作用。……第二篇，胜利后怎么办？那时他就提出了要建立一个什么样的国家，不可能再回到蒋介石一党专政的老路上去，但也不可能马上建立社会主义国家，要经过一个新民主主义阶段，逻辑非常强。……这些问题解决了，我们的党，我们党的事业才有后来的兴旺发达。"

访问延安的美国记者斯坦因总结了《新民主主义论》在中共的影响力：中共党员已经是"新民主主义的共产党员，不是内战时代及共产国际的所谓共产党员"，"他们之中很多人已在新民主主义的理论和实践上获得重大进步了"。[1]

《新民主主义论》在中国共产党之外，也产生了巨大影响。

历史学家李平心在上海看到《新民主主义论》，说："我在上月间看到了一则印刷模糊的通讯，其中刊出了当代一位大政治家关于《新民主主义的政治与新民主主义的文化》的讲演提要，不禁喜狂，因为在简短的提要中，已经闪耀了演讲者天才的光辉，发掘了中国现代历史的真理。"[2]

看到《新民主主义论》传播日广，国民党宣传部于 1940 年 6 月 13 日发出"谕美宣字第 13183 号笺函"称，"某党发表之《新民主主义论》一文，违背抗建国策，应予查禁"。此令一发，《新民主主义论》成为"非法"作品。《新民主主义论》转而以更加隐蔽的方式——伪装本（有的伪装成流行小说，有的伪装成宗教著作）——悄悄发行，以冲破国民党的思

---

1 [美]斯坦因：《红色中国的挑战》，李凤鸣译，上海科学技术文献出版社 2015 年版，第 41 页。
2 罗竹风：《平心文集》第二卷，华东师范大学出版社 1985 年版，第 357 页。

想禁锢。宗泉超在《历史上的东安市场》一文中回忆说："国民党统治时期，市场内一些书摊还经销进步书刊，很受青年学生们欢迎。在读者埋头看书的时候，书店主会偷偷地塞给你一本线装的《金刚经》，翻开封面一看，不禁使你欣喜万分，原来这是毛主席的《新民主主义论》。"在广州，一本书名为《满园春色》的书，封面上是彩色舞女，还注明"热情小说"，翻开一看，里面是《新民主主义论》。

共产党的叛徒叶青曾经认为中共内部没有称得上有"理论"的人。他说："自从（毛泽东）《论新阶段》出版以后，我对毛泽东的看法比较不同。他的'马克思主义底中国化'问题之提出，证明他懂得一些理论。那时他叫出'学习'底口号，想'认真学习一点东西'。两年以后，看见他在《解放》第九十八和九十九两期合刊上的《新民主主义论》，觉得他有相当的进步。""我对于毛泽东，从此遂把他作共产党理论家看待了。"[1]叶青从来就是自居为"理论家"的，如今他酸溜溜地称毛泽东为"理论家"，确实看出了毛泽东《新民主主义论》等著作的巨大理论价值。

《新民主主义论》作为一个标志，标志着中国共产党在和国民党争夺三民主义的解释权上占据了主动。

对于《新民主主义论》，从共产国际回到中国的"钦差大臣"王明持否定态度。他于1940年11月在《共产党人》第12期发表《论马列主义决定策略的几个基本原则》，认为：《新民主主义论》在中国革命的所有基本问题（如对革命性质、阶级、动力、革命前途的估计，关于

1　中共中央文献研究室：《毛泽东传》第二册，中央文献出版社2011年版，第574页。

领导权等问题）上，同列宁主义是矛盾的。新民主主义实际上是反列宁主义、反社会主义的理论和行动纲领，是中国民族资产阶级的理论和行动纲领。[1] 历史的进程表明，王明的观点是错误的。

一般认为，毛泽东的这篇文章首发于 1940 年 2 月 15 日出版的《中国文化》创刊号。《中国文化》创刊号上标明出版时间是 1940 年 2 月 15 日，其实，这个刊物是 3 月底或 4 月初才出版的，这一点《中国文化》第一卷第三期的"编后记"说得很清楚："本刊第一期原定 2 月 15 日出版，但因为印刷所太忙，编辑校样的工作全部告竣后，还延宕了一个多月才印出来。"《中国文化》还没有印出来，1940 年 2 月 20 日出版的《解放》周刊第 98、99 期合刊率先刊登了《新民主主义论》。因此，《新民主主义论》正式发表时间应该是 1940 年 2 月 20 日，而不是《毛泽东选集》第二卷人民出版社 1991 年版题注所说的 2 月 15 日。

这里还有一则轶事。1941 年叶青在阅读毛泽东的《论持久战》《论新阶段》《新民主主义论》等一批文章之后，在重庆出版的《抗战与文化》杂志撰写文章，率先提出了一个概念："毛泽东主义"。叶青说"毛泽东主义"是所谓"中国的农民主义"，即"太平天国洪秀全的一个再版"。他想用"毛泽东主义"这个词，诋毁毛泽东的思想和理论。叶青对毛泽东的攻击，引起中共理论界的回应，反而促进了中国共产党对毛泽东的理论的命名。

1942 年 2 月 18 日、19 日，张如心在《解放日报》上发表《学习和掌握毛泽东同志的理论和策略》，驳斥叶青，他借用叶青的概念，从正

1　中共中央党史研究室第一研究部：《七大代表在七大》，上海人民出版社 2006 年版，第 173 页。

面意义提出"毛泽东主义"的概念。

1943年7月5日,《解放日报》发表王稼祥的《中国共产党与中国民族的解放道路》,在这篇文章中第一次明确提出"毛泽东思想"的概念:"毛泽东思想就是中国的马克思列宁主义,中国的布尔什维克主义,中国的共产主义。"

中国共产党和毛泽东选择了"毛泽东思想"这一提法,在中共七大上,郑重地把"毛泽东思想"写在自己的旗帜上。

《新民主主义论》在新中国成立前,共出版350多个版本,是新中国成立前出版种数最多的毛泽东著作单行本。

光明的中国之命运

——读《论联合政府》

在抗日战争胜利的曙光露头的时候，敏感的政治家开始思考一个问题：赶跑了日本侵略者后，中国往何处去？重庆国民党尤其显得急不可耐。

1943 年 3 月，蒋介石署名的《中国之命运》出版。该书共分八章：（1）中华民族的成长与发达；（2）国耻的由来与革命的起源；（3）不平等条约的影响之深刻化；（4）由北伐到抗战；（5）平等互惠新约的内容与今后建国工作之重点；（6）革命建国的根本问题；（7）中国革命建国的动脉及其命运决定的关头；（8）中国的命运与世界的前途。

满口"革命"的国民党，以"革命党"自居。但《中国之命运》却鼓吹旧道德，拒绝新思潮，大力鞭挞中共，拟定抗战后的建国方略，通篇在宣扬"一个政党、一个主义、一个领袖"。书中说"抗战的最高指挥原则，唯有三民主义。抗战的最高指导组织，唯有中国国民党"，"自国家有机体的生命来说，没有了三民主义，中国的建国工作，就是失去了指导的原理，所以三民主义是国家的灵魂。自国家有机体的活动来说，没有了中国国民党，中国的建国工作就失去了发动的枢纽"。其结论是：如果今日之中国，没有了中国国民党，那就是没有了中国。如果中国国民党革命失败了，那就是中国国家整个的失败。

在"陪都"重庆，《中国之命运》被捧为孙中山《三民主义》以来最重要的一本书。它成为大学的必读书，全体军官、公务员以及中央政治训练学院全体学生和国民党青年团的全体成员都必须读这本书。其实，这本被吹上天的小书，是先由陶希圣捉刀，后由蒋介石和陈布雷反复修改而成的。[1]

蒋介石的幕僚陶希圣公开评论说："总裁的新著，不啻一部近百年史论，尤不啻一部民族史论。……指示其解决中国问题的答案。"解决中国问题的"答案"和"方向"，难道是回到专制独裁的社会中去？蒋介石《中国之命运》的出版，令原本对他抱有好感的知识分子感到失望。

闻一多和长子闻立鹤1942年谈论时事的时候，对蒋介石还抱有相当的信心："一生经历了多次艰难曲折，西安事变时冷静沉着，化险为夷，人格伟大感人，抗战得此人领导，前途光明，胜利有望。"到1943年，闻一多读了《中国之命运》深为震惊，他说："《中国之命运》一书的出版，在我个人是一个很重要的关键。我简直被那里面的义和团精神吓一跳，我们的英明领袖原来是这样想法的吗？'五四'给我的影响太深，《中国之命运》公开的向'五四'宣战，我是无论如何受不了的。"[2]

1 [美]布赖恩·克罗泽：《蒋介石》，封长虹译，内蒙古人民出版社1995年版，第238—239页。
2 谢泳：《血色闻一多》，同心出版社2005年版，第131页。

西南联大历史系教授雷海宗 1943 年读了《中国之命运》，告诉自己的学生：在政府众多败笔中，最大的败笔是蒋介石《中国之命运》的出版。他说，书中的错误多如牛毛，连美国汉学家都能看出来。雷海宗指的美国汉学家是费正清。费正清是美国国务院文化关系司对华关系处文官和美国驻华大使特别助理。1943 年 5 月，费正清在昆明读了《中国之命运》，认定这本书是"利用历史来达到政治目的"，"感到十分骇然"。他在其回忆录中写道："由于委员长既自命为英雄，又装作圣贤，这儿对他进行的讽刺非常尖刻，在我看来，可说是坦率直言，毫无顾忌。老金（金岳霖）拒绝阅读《中国之命运》。社会科学家们带着蔑视和受辱的神情称它为无聊的废话。知识阶层现在不会，将来也不会轻易地放弃他们的天赋特权。如今，蒋介石却公然侮辱了他们。"[1]

《中国之命运》传到了延安。

毛泽东看了一遍，对身边几个年轻的"秀才"说："蒋介石给你们出题目了，叫你们做文章呢！"陈伯达写了一篇《评〈中国之命运〉》，送给毛泽东。陈伯达回忆说：毛主席"看我的稿子，一口气看完，然后在原稿上添了好些极尖锐、精彩的句子，并署上我的名字"。"文章开头关于陶希圣的一段，是毛泽东亲笔写的。""毛主席加上去的话，气魄比我大得多，非常深刻，非常有力，我是远远比不上的。"[2]

毛泽东加写的第一段话是：

1　[美]费正清：《费正清对华回忆录》，陆惠勤、陈祖怀、陈维益、宋瑜译，知识出版社 1991 年版，第 296 页。

2　叶永烈：《陈伯达传》，四川人民出版社 2016 年版，第 173—174 页。

中国国民党总裁蒋介石先生所著的《中国之命运》还未出版的时候，重庆官方刊物即传出一个消息：该书是由陶希圣担任校对的。许多人都觉得奇怪：蒋先生既是国民党的总裁，为什么要让自己的作品，交给一个曾经参加过南京汉奸群、素日鼓吹法西斯、反对同盟国、而直到今天在思想上仍和汪精卫千丝万缕地纠合在一起的臭名远著的陶希圣去校对呢？难道国民党中真的如此无人吗？《中国之命运》出版后，陶希圣又写了一篇歌颂此书的文章，《中央周刊》把它登在第一篇，这又使得许多人奇怪：为什么《中央周刊》这样器重陶希圣的文章？难道蒋先生的作品非要借重陶希圣的文章去传布不成？总之，所有这些，都是很奇怪的事，因此，引起人们的惊奇，也就是人之常情了。[1]

毛泽东的这个开头，以"臭名远著的陶希圣"开刀，有指桑骂槐之妙；一开始藏而不露地说出蒋介石不是《中国之命运》的真正作者，讥讽了蒋介石；一句"难道国民党中真的如此无人吗？"，是对自家"有人"的自信，是对蒋家"无人"的嘲弄，这一问足以令蒋介石气弱心虚，同时也让大家产生对比国共人才孰多孰少的想象；那句"许多人都觉得奇怪"其实是要引起更多的没有产生"奇怪"的读者产生"奇怪"，从而阅读下去……这样的开头，何其妙也！

延安发表一系列文章批判蒋介石的《中国之命运》。

在《中国之命运》抛出的第三天，1943年3月12日，延安的《解放日报》发表社论《孙中山先生逝世十八周年纪念》，对蒋介石进行了

1　陈伯达：《评〈中国之命运〉》，华北新华书店1949年版，第1页。

严肃批判，揭露了国民党顽固派的内战阴谋。从 5 月到 8 月，《解放日报》发表一系列重要社论，如《中国思想界现在的中心任务》《抗战与民主不可分离》《中国共产党与中华民族》《根绝国内的法西斯宣传》《法西斯主义的末日》等，发动政治上的有力反击，展开"两个中国之命运"的抗争。

1943 年 7 月，在中国共产党成立 22 周年与全民族抗战 6 周年前后，党中央和陕甘宁边区领导人纷纷发表文章，有朱德的《"七一"志感》、王稼祥的《中国共产党与中华民族解放的道路》、林伯渠的《举起马列主义的旗帜前进》等，回应和批驳了蒋介石的《中国之命运》。

为了进一步揭批蒋介石，党中央召开了专门会议进行研究部署，并委托刘少奇组织和领导这场斗争。刘少奇在延安主持召开理论干部会议，要求到会的人对蒋介石《中国之命运》反动小册子加以认真研究，"要仔细地看一看，首先要了解它，才能写文章批判它"。根据刘少奇的指示，范文澜撰写了《谁革命？革谁的命？》，吕振羽撰写了《国共两党和中国之命运》，艾思奇写出了《〈中国之命运〉——极端唯心论的愚民哲学》和《袁世凯再版》等文章。

艾思奇在《〈中国之命运〉——极端唯心论的愚民哲学》一文中鲜明指出，《中国之命运》张扬"中国式的买办封建性的法西斯主义的政治学，和反对科学唯物主义，提倡迷信盲从的法西斯主义的唯心论哲学"。"铁的事实已经证明，只有毛泽东同志根据中国的实际情况发展了和具体化了的辩证唯物论与历史唯物论，才是能够把中国之命运引到光明前途去的科学的哲学，才是人民的革命哲学。"

历史进入 1945 年，抗日战争的胜利指日可待。如何指明抗战胜利后的中国之命运，更加迫切地摆到了人们面前。在此关键时刻，国共两党同时召开决定中华民族命运的大会。在陪都重庆，5月5日—21日，国民党召开第六次全国代表大会。在大西北的延安，4月23日—6月11日，中国共产党召开第七次全国代表大会。

在中共七大上，毛泽东拿出了《论联合政府》。

《论联合政府》说中国面临着两种前途，一种是"仍然可能发生内战，将中国拖回到痛苦重重的不独立、不自由、不民主、不统一、不富强的老状态里去"；一种是"克服一切困难，团结全国人民，废止国民党的法西斯独裁统治，实行民主改革，巩固和扩大抗日力量，彻底打败日本侵略者，将中国建设成为一个独立、自由、民主、统一和富强的新国家"。为了实现第二种前途，毛泽东向全党提出了放手发动群众，壮大人民力量，在我党的领导下，打败日本侵略者，解放全国人民，建设新民主主义中国的战略任务。

《论联合政府》是毛泽东提交大会的书面政治报告，也是对蒋介石《中国之命运》的回应。

《论联合政府》的报告共分五大部分。

第一部分，开宗明义地提出成立联合政府。第二和第三部分，则用辩证唯物论和历史唯物论的原理分析国际国内形势，详细分析了中国抗日战争及当时国共两党关系，共产主义与三民主义的关系，还向上追溯到第一次国共合作时期的许多事情。全面科学地总结抗战中的两条路线，提出了中国人民建立民主联合政府、打败日本侵略者、建设新中国的基本要求，剖析了国共两党的两条不同的抗战指导路线及其截然相反的结果，总结了中国革命特别是抗日战争的历史经验。报告提出了打败日本侵略者、建设新中国的奋斗目标。为了实现这一目标，必须"废止国民党一党专政"，因为它是"中国民族团结的破坏者，是国民党战场抗日失败的负责者，是动员和统一中国人民抗日力量的根本障碍物"，"又是内战的祸胎"，只有废止国民党一党专政，才能建立民主的联合政府。第四部分专门阐述中国共产党的政策，提出新民主主义纲领是中国共产党的最低纲领，社会主义和共产主义纲领是中国共产党的最高纲领。

有了前述四个部分的铺垫和分析，毛泽东在第五部分，号召全党团结起来，为实现党的任务而斗争。毛泽东指出："没有中国共产党人做中国人民的中流砥柱，中国的独立和解放是不可能的，中国的工业化和农业近代化也是不可能的。"[1]为此提出要用新的工作作风武装全党，这个新作风就是，"理论和实践相结合的作风，和人民群众紧密地联系在一起的作风以及自我批评的作风"[2]。毛泽东概括党的三大优良作风，标志着他的建党学说体系达到了完备和成熟。

《论联合政府》与《新民主主义论》相比，在讲到资本主义时前进了一大步。毛泽东说："这个报告与《新民主主义论》不同的，是确定了需要资本主义的广大发展……资本主义的广大发展在新民主主义政权下是无害有益的。"[3]这一认识在理论和实践上是对马克思主义的重大发展，对中国后来的改革开放和社会主义现代化建设产生重大影响，成为社会主义初级阶段理论的重要思想资源。

1 《毛泽东选集》第三卷，人民出版社1991年版，第1098页。
2 《毛泽东选集》第三卷，人民出版社1991年版，第1094页。
3 中共中央文献研究室：《毛泽东在七大的报告和讲话集》，中央文献出版社1995年版，第100—101页。

毛泽东在《对〈论联合政府〉的说明》中快意地说："联合政府是具体纲领，它是统一战线政权的具体形式。这个口号好久没有想出来，可见找一个口号、一个形式之不易。这个口号是由于国民党在军事上的大溃退、欧洲一些国家建立联合政府、国民党说我们讲民主不着边际这三点而来的。这个口号一提出，重庆的同志如获至宝，人民如此广泛拥护，我是没有料到的。"[1]

毛泽东的《论联合政府》首次正式公开发表在 1945 年 5 月 2 日《解放日报》，之后，《新华日报》在重庆散发了 3 万份《论联合政府》。这份报告指明了中国的光明前景，在全国引起强烈反响。出席国民党六大的代表说，共产党有办法，说得头头是道。

5 月 5 日，《解放日报》发表社论《中国人，你胜利的指南——读毛泽东同志的〈论联合政府〉》。

陈赓用四个字评价《论联合政府》：拍案叫绝。

贺龙说："《论持久战》《新民主主义论》《经济问题与财政问题》《论联合政府》是毛泽东的四大天书。"[2]

对于毛泽东提出的"联合政府"，蒋介石并不买账。蒋介石看了毛泽东的《论联合政府》，拐杖捣着地说："是国民党有史以来最大之耻辱。"蒋介石侍从室的秘书陈布雷看了《论联合政府》，评价说："只有两个字，就是'内战'。"[3]

---

1 中共中央文献研究室：《毛泽东在七大的报告和讲话集》，中央文献出版社 1995 年版，第 101 页。
2 赵通儒：《陕北党史回忆录》，《延安文学》2021 年第 5 期。
3 中共中央文献研究室：《毛泽东在七大的报告和讲话集》，中央文献出版社 1995 年版，第 191 页。

5月21日，国民党六大在重庆闭幕。国民党拒绝共产党成立联合政府的提议，蒋介石在大会内部的政治报告中说："今天的中心工作在于消灭共产党！日本是我们外部的敌人，中共是我们国内的敌人！"[1]

抗日战争胜利后，中国共产党极力避免内战。1945年8至10月，国共重庆谈判，毛泽东和蒋介石坐在了一起。当时，中共已经有进入"联合政府"的具体计划：一是共产党参加政府的人选，有几个部长、几个省长，比如内定吴玉章为四川省省长，杨尚昆为副省长；二是参加南京政府之后，中共中央机关放在什么地方，初定放在苏北的淮安，淮安是老解放区，离南京也近。[2]两家谈了45天，于1945年10月10日签订《政府与中共代表会谈纪要》。

是战是和？是选择政治解决还是选择军事解决？中国历史的规律是：和比战难，往往是战争解决问题。这时候，蒋介石在全国的威望达到了顶点，独裁心重，他是容不下共产党的。日军投降，无有外敌，两个阶级、两大政党的斗争骤然升温。实际上，在重庆谈判期间，蒋介石就将其1933年发行的《剿匪手本》印发前线部队。

蒋介石从峨眉山带着全副美式装备武装的军队下山"摘桃子"了。

毛泽东也带着储备在延安、经过思想整风的队伍从延安下山了。

山下是汪洋大海——人民群众的汪洋大海。

两大政党围绕中国前途命运的大决战，在1946年开始了……

1　中共中央文献研究室：《毛泽东传》第二册，中央文献出版社2011年版，第727页。
2　苏维民：《杨尚昆谈新中国若干历史问题》，四川人民出版社2014年版，第47页。

敢于胜利
——读《目前形势和我们的任务》

"中国人民的革命战争，现在已经达到了一个转折点。"[1]

1947年12月25日，毛泽东在中共中央扩大会议（史称十二月会议）作了《目前形势和我们的任务》的报告。报告的第一句这样说。

什么叫"转折点"？

毛泽东以一种气势磅礴的大历史视野解释了这个"转折点"："这是一个历史的转折点。这是蒋介石的二十年反革命统治由发展到消灭的转折点。这是一百多年以来帝国主义在中国的统治由发展到消灭的转折点。这是一个伟大的事变。这个事变所以带着伟大性，是因为这个事变发生在一个拥有四亿七千五百万人口的国家内，这个事变一经发生，它就将必然地走向全国的胜利。这个事变所以带着伟大性，还因为这个事变发生在世界的东方，在这里，共有十万万以上人口（占人类的一半）遭受帝国主义的压迫。中国人民的解放战争由防御转到进攻，不能不引

1　《毛泽东选集》第四卷，人民出版社1991年版，第1243页。

起这些被压迫民族的欢欣鼓舞。同时，对于正在斗争的欧洲和美洲各国的被压迫人民，也是一种援助。"[1]

历史事实证明，毛泽东关于"转折点"的判断无比准确。

为了这个"转折点"，中国共产党自1921年成立以来一直艰难奋斗着，不懈追求着。抗战胜利，内战爆发。蒋介石信心十足地说：只要八到十个月，就可以消灭共产党。1947年3月19日，胡宗南部占领中共中央所在地延安，蒋介石信心爆棚。他以为，对于共产党的作战可以稳操胜券。

蒋介石失算了。从1947年下半年开始，中国共产党和他领导的人民军队便逐步由被动转向主动，由劣势转向优势，由防御转向进攻。到12月，国共战场上，国民党强、共产党弱的局面历史性地第一次被打破。

力量的变化，使得毛泽东"神杖"在手，左驱右转，如愿如意。

中国共产党从原来的"联合政府"主张，转向了推翻国民党政府。1947年7月，中央前委在陕北靖边召开小河会议，第一次提出5年内打倒蒋介石。杨尚昆说："从这时起，我们号召建立的联合政府才是共产党领导下的联合政府。它的实质是共产党领导下的人民民主专政。"[2]

1947年10月，毛泽东发布《中国人民解放军宣言》，第一次明确提出："打倒蒋介石，解放全中国"！并提出了"联合工农兵学商各被压迫阶级、各人民团体、各民主党派、各少数民族、各地华侨和其他爱国分子，组成民族统一战线，打倒蒋介石独裁政府，成立民主联合政府"的主张。[3]这一主张，已经把蒋介石政府作为打倒的对象，排除在民主

1　《毛泽东选集》第四卷，人民出版社1991年版，第1244页。
2　苏维民：《杨尚昆谈新中国若干历史问题》，四川人民出版社2014年版，第48页。
3　《毛泽东选集》第四卷，人民出版社1991年版，第1237页。

联合政府之外。

1947 年 11 月下旬，转战陕北的中央机关进驻陕北米脂县杨家沟。在黄土高原的皱褶中，有陕北最大的窑洞庄园。其中的马氏庄园坐落在九龙口山峁，毛泽东就住在马氏庄园里。

《叶子龙回忆录》中说：毛泽东住在姓马的人家里。这是一处大宅院，九间宽大的窑洞一字排开。长长的屋檐由八只巨大的石雕龙头支撑。进到里面，房间与房间相通，以精致的木质玻璃门隔开。院子坐落在山上，两边紧临百米悬崖，只有一条路可达，是一易守难攻之所。整座建筑还有完善的排水系统。无论是选址、布局、建筑规模和豪华程度，在陕北民居中都是鹤立鸡群。毛泽东说："这是座洋窑洞嘛！这家的主人是谁呀？告诉他，我们借他一块宝地，暂住一时，请他多多关照啊！"[1]

一天，师哲陪毛泽东在九龙口一边散步一边聊天。毛泽东对师哲说："现在的问题是能不能胜利，敢不敢胜利。"师哲不明白毛泽东的意思，问道："既然能胜利，怎么还会不敢胜利？"毛泽东说："我们长期在农村打游击，我们敢不敢进攻大城市？进去之后敢不敢守住它？敢不敢打正规战、攻坚战？我们这么大的国家，这么多的人口，要吃、要穿，面临着这么多的问题，我们共产党敢不敢负起责任来？革命党就要引导人民前进，争取全面的胜利。"《在历史巨人身边——师哲回忆录》中说，杨家沟召开的十二月会议，重点就是解决敢不敢胜利的问题。[2]

毛泽东为了准备中央工作会议上的《目前形势和我们的任务》报告，

1　叶子龙：《叶子龙回忆录》，温卫东整理，中央文献出版社 2000 年版，第 120 页。
2　师哲：《在历史巨人身边——师哲回忆录》，李海文整理，中央文献出版社 1991 年版，第 350 页。

与谢觉哉等人谈话。毛泽东的谈话令谢觉哉很受启发，他在 30 日以《记毛主席谈话》为题赋诗一首："神奇本自出平凡，变化原从不易来。情况了然斯不惧，放心做去可无灾。繁荣枝叶先培本，利用艰难始见才。又是一番新气象，运筹定计会重开。"

毛泽东非常重视《目前形势和我们的任务》这篇讲话，反复思考，写好后又反复修改。他把原稿交给工作人员誊抄时，还书面提出五条要求：（一）不要写简笔、连笔字，要写正楷；（二）不要写古怪字；（三）标点符号要占半格;（四）标点符号要写清楚，不能错;（五）问题开头的一、二、三要写大一些。[1] 机要科的同志完成誊抄任务后，毛泽东特意派人送去一只鸡，予以表扬。

12 月 25 日至 28 日，毛泽东在杨家沟主持召开中央工作会议。出席会议的有周恩来、任弼时、彭德怀、贺龙、陆定一、林伯渠等 19 位中央委员、候补中央委员及陕甘宁边区和晋绥边区的主要负责人。

25 日，毛泽东作《目前形势和我们的任务》报告。

毛泽东的这个报告，总结了土地革命战争、抗日战争和解放战争初期的经验，提出了著名的十大军事原则：

（1）先打分散和孤立之敌，后打集中和强大之敌。（2）先取小城市、中等城市和广大乡村，后取大城市。（3）以歼灭敌人有生力量为主要目标，不以保守或夺取城市和地方为主要目标。保守或夺取城市和地方，是歼灭敌人有生力量的结果，往往需要反复多次才能最后地保守或夺取之。

1　陈四长、郭洛夫：《艰难的转战》，军事科学出版社 1993 年版，第 223—224 页。

（4）每战集中绝对优势兵力（两倍、三倍、四倍、有时甚至是五倍或六倍于敌之兵力），四面包围敌人，力求全歼，不使漏网。在特殊情况下，则采用给敌以歼灭性打击的方法，即集中全力打敌正面及其一翼或两翼，求达歼灭其一部、击溃其另一部的目的，以便我军能够迅速转移兵力歼击他部敌军。力求避免打那种得不偿失的、或得失相当的消耗战。这样，在全体上，我们是劣势（就数量来说），但在每一个局部上，在每一个具体战役上，我们是绝对的优势，这就保证了战役的胜利。随着时间的推移，我们就将在全体上转变为优势，直到歼灭一切敌人。（5）不打无准备之仗，不打无把握之仗，每战都应力求有准备，力求在敌我条件对比下有胜利的把握。（6）发扬勇敢战斗、不怕牺牲、不怕疲劳和连续作战（即在短期内不休息地接连打几仗）的作风。（7）力求在运动中歼灭敌人。同时，注重阵地攻击战术，夺取敌人的据点和城市。（8）在攻城问题上，一切敌人守备薄弱的据点和城市，坚决夺取之。一切敌人有中等程度的守备、而环境又许可加以夺取的据点和城市，相机夺取之。一切敌人守备强固的据点和城市，则等候条件成熟时然后夺取之。（9）以俘获敌人的全部武器和大部人员，补充自己。我军人力物力的来源，主要在前线。（10）善于利用两个战役之间的间隙，休息和整训部队。休整的时间，一般地不要过长，尽可能不使敌人获得喘息的时间。[1]

十大军事原则的核心是强调集中优势兵力打歼灭战。围绕这个核心，毛泽东就作战方针、歼击目标、作战形式、作战方法、作战准备、战斗

---

[1] 《毛泽东选集》第四卷，人民出版社1991年版，第1247—1248页。

作风及补充休整等方面的问题，规定了明确的指导原则。

报告总结了土地改革的经验，阐明了土地改革的方针是"依靠贫农，巩固地联合中农，消灭地主阶级和旧式富农的封建的和半封建的剥削制度"。

报告阐明了新民主主义革命的经济纲领，指出：没收封建阶级的土地归农民所有，没收蒋介石、宋子文、孔祥熙、陈立夫为首的垄断资本归新民主主义的国家所有，保护民族工商业。这就是新民主主义革命的"三大经济纲领"。

报告重申了《中国人民解放军宣言》中关于"成立民主联合政府"的主张，并且强调说"这就是人民解放军的、也是中国共产党的最基本的政治纲领"，为新中国设计了政治蓝图。

报告说："我们自己的命运完全应当由我们自己来掌握。我们应当在自己内部肃清一切软弱无能的思想。一切过高地估计敌人力量和过低地估计人民力量的观点，都是错误的。""我们是完全能够超越任何障碍和战胜任何困难的，我们的力量是无敌的。"[1]

这篇报告是毛泽东关于新民主主义革命理论的经典性著作。发表在 1948 年 1 月 1 日《人民日报》（晋冀鲁豫版）、《新华日报》（太行版）、《辽南日报》、《晋察冀日报》、《东北日报》等。

"又是一番新气象，运筹定计会重开。"毛泽东敢于斗争、敢于胜利的精气神，转化为中国共产党和人民军队的精气神，极大地鼓舞和激励了革命者的胜利信心，推动了革命的进程。

1　《毛泽东选集》第四卷，人民出版社 1991 年版，第 1260 页。

新中国成立后，毛泽东曾经回忆这篇文章的写作过程。1964 年 8 月 20 日，他对薄一波说："我是不靠秘书的，少奇同志也是不靠秘书的。我的文件都是自己写。只是有病的时候，我口讲，别人给我写。一九四七年写《目前形势和我们的任务》，就是我讲，江青写。她写后，我修改。我修改后，又找恩来、弼时他们来谈，再改。大家再看了以后，广播。文章要别人写是很危险的。那时批判国民党的许多文章，新华社发的，都是我自己写的。"[1]

十二月会议正式开幕后的第二天，恰好是毛泽东的 54 岁生日。在这之前，许多解放区的领导发来电报，有的要为毛泽东祝寿，有的说要在主席生日到来之前打几个漂亮仗，并且部署了战役的计划，请中央批准，但都被毛泽东拒绝了。毛泽东说："如果不是为我祝寿，我可以批准。为我个人，我不能批准。为我祝寿打漂亮仗，不为我祝寿就不打漂亮仗了吗？"大家不甘心，就鼓动汪东兴去做毛泽东的工作。毛泽东还是没有答应，他说了三条理由："一是战争时期，许多同志为革命的胜利流血牺牲，应该纪念的是他们，为一个人祝寿，太不合情理；二是部队和群众都缺粮食吃，搞祝寿活动，这是让我脱离群众；三是我才 50 多岁，如果不被胡宗南打死，还大有活头，更用不着祝寿。"讲了三条理由后，毛泽东又作了三条规定：一不许请客吃饭；二不许唱戏，如果剧团来了，先演给老乡们看也可以；三不许开大会。[2] 12 月 26 日生日这天，毛泽东主持会议，听取大家对《目前形势和我们的任务》的讨论意见。

会议期间，毛泽东还谈到如果和平解放了，胡适没有走，可以让他

1　毛泽东在薄一波汇报计划工作时的谈话纪录，1964 年 8 月 20 日。
2　陈四长、郭洛夫：《艰难的转战》，军事科学出版社 1993 年版，第 225—226 页。

当图书馆馆长。毛泽东已经考虑夺取政权之后的事情了。

陕北胜局已定，革命胜利的进程明显加快。1948年3月23日，毛泽东和中共中央一行在吴堡县川口渡口东渡黄河，离开战斗了13年的陕北。在吕梁，毛泽东同《晋绥日报》编辑人员谈话，还专门作了一个形象的比喻："我曾两次过黄河，一次是1936年红军东征，一次就是这次。过黄河你们注意了吗？黄河上掌舵的老艄公，在急流险滩、惊涛骇浪中，眼睛总是注视着对岸，遥望远方，端正航向，把舵掌稳当。如果老艄工只看脚下的浪花，就会手忙脚乱，把船弄翻。"[1]毛泽东就像航船的掌舵者，时刻"遥望远方，端正航向"。

4月1日，毛泽东在山西兴县蔡家崖召开晋绥干部会议。在这个会议上，毛泽东提出了新民主主义革命和土地改革的总路线和总政策。他说："无产阶级领导的，人民大众的，反对帝国主义、封建主义和官僚资本主义的革命，这就是中国的新民主主义的革命，这就是中国共产党在当前历史阶段的总路线和总政策。依靠贫农，团结中农，有步骤地、有分别地消灭封建剥削制度，发展农业生产，这就是中国共产党在新民主主义的革命时期，在土地改革工作中的总路线和总政策 。"[2]这是毛泽东对新民主主义革命纲领、性质、道路问题持续探索的一个全面概括，是毛泽东新民主主义理论的点睛之笔。

1949年2月，毛泽东向苏联特使米高扬解释即将成立的新政权的组成及其成员问题时，明确提出新政权尽管名义上不叫联合政府，而实际上就是联合政府，是有各党派、社会知名人士参加的"民主联合

1　中共吕梁地委党史研究室:《毛泽东在吕梁》,中共党史出版社1993年版,第265—266页。
2　《毛泽东选集》第四卷，人民出版社1991年版，第1316—1317页。

政府"。

三大战役结束后，中国共产党胜券在握。国共再次谈判，中国共产党提出召开没有反动分子参加的政治协商会议，成立民主联合政府，接收南京国民党政府及其所属各级政府的一切权力。4月20日，国民党政府拒绝在《国内和平协定（最后修正案）》上签字，和谈破裂。4月20日晚，人民解放军发起渡江战役，以摧枯拉朽之势，结束了国民党政府在大陆的统治。

1949年9月21—30日，中国人民政治协商会议第一届全体会议在北平召开。出席会议的代表共662人，出席大会的有党派代表、区域代表、人民解放军代表共46个单位及特别邀请人士。毛泽东在开幕词中指出：中国人民政治协商会议"具有代表全国人民的性质，它获得全国人民的信任和拥护"。9月27日，会议通过了《中国人民政治协商会议组织法》和《中华人民共和国中央人民政府组织法》。29日，会议又通过了《中国人民政治协商会议共同纲领》。这个纲领起了临时宪法的作用。30日，会议选举毛泽东为中华人民共和国中央人民政府主席。

毛泽东自豪且自信地宣示："中国人民将会看见，中国的命运一经操在人民自己的手里，中国就将如太阳升起在东方那样，以自己的辉煌的光焰普照大地，迅速地荡涤反动政府留下来的污泥浊水，治好战争的创伤，建设起一个崭新的强盛的名副其实的人民共和国。"[1]

1949年10月1日，中华人民共和国诞生了。新民主主义革命胜利了。与此同时，"时间开始了！"

1　《毛泽东选集》第四卷，人民出版社1991年版，第1467页。

诗人胡风在长诗《时间开始了》中写道：

毛泽东，他向世界发出了声音

毛泽东，他向时间发出了命令

"进军！"

新民主主义的概念，是以毛泽东为主要代表的中国共产党人的一个重大发明。它以马克思主义原理剖析了中国现实国情，理清了中国革命的性质、任务、战略和发展步骤等一系列基本思路，从而指引中国共产党人走出了一条迥异于欧美，也有别于苏联的中国革命道路。

　　新民主主义理论，包括新民主主义革命理论和新民主主义社会理论。

　　新民主主义革命理论，独创性地回答了什么是新民主主义革命、如何进行新民主主义革命这两大基本问题。基本内容是：一是确认中国的社会性质，是半殖民地半封建社会。二是确认中国迫切需要一个无产阶级领导的民主革命，其任务是推翻帝国主义、封建主义和官僚资本主义。三是确认中国共产党领导的革命必须分两步走，第一步完成新民主主义革命，第二步完成社会主义革命。两个革命不能"毕其功于一役"，又不能横隔着一道"万里长城"。新民主主义革命是社会主义革命的必要准备，社会主义革命是新民主主义革命的必然发展。四是正确选择了建立农村革命根据地，以农村包围城市、武装夺取政权的发展道路，即中国特色的革命道路。五是中国共产党在革命实践中，积累了丰富经验，形成把革命引向胜利的"三大法宝"：党的领导，统一战线，武装斗争。

　　新民主主义社会理论是回答中国新民主主义革命胜利后，建立什么样的社会和怎样建设这个社会两大基本问题。基本内容是：一是认定新民主主义革命胜利后，中国建立新民主主义的社会制度。二是提出建设新民主主义社会的政治、经济、文化的纲领和政策。关于新民主主义社会的经济纲领，包括没收封建阶级的土地归农民所有，没收官僚垄断资本归新民主主义国家所有，保护民族工商业。新民主主义社会存在五种经济成分：社会主义的国营经济是领导力量，起主导作用，它和合作经济就是代表社会主义的发展方向，同时允许存在私人资本主义经济、个体经济、国家资本主义经济。这五种经济成分构成新民主主义的经济形态。关于新民主主义社会的政治纲领，规定了新民主主义国家制度和政权的组织形式。它包括各革命阶级联合专政的国体以及民主集中制的政体。关于新民主主义社会的文化纲领，规定新民主主义的文化是反帝反封建的文化，就是民族的、科学的、大众的文化，也就是中华民族的新文化。三是指明了新民主主义社会是走向社会主义社会必经的发展阶段，是在新民主主义革命胜利后逐步向社会主义过渡必经的发展阶段。中国共产党建设新民主主义社会的目的，就是为向社会主义社会过渡准备和创造条件。

树起"新民主主义"这面旗帜，是中国历史上的一件大事。中国人民在这面旗帜下取得革命胜利，实现民族独立、人民解放，彻底结束了旧中国半殖民地半封建社会的历史，彻底结束了极少数剥削者统治广大劳动人民的历史，彻底结束了旧中国一盘散沙的局面，彻底废除了外国列强强加给中国的不平等条约和帝国主义在中国的一切特权，实现了中国从几千年封建专制政治向人民民主的伟大飞跃，为实现中华民族伟大复兴创造根本社会条件，也极大改变了世界政治格局，鼓舞了全世界被压迫民族和被压迫人民争取解放的斗争。

CHAPTER 2

第二章

为建设一个伟大的
社会主义国家而奋斗

关于社会主义革命和社会主义建设的思想

"当我走上天安门的时候，往下一看，一个完全未曾想象过的，永远不能忘记的景象突然呈现在我眼前：一片红色的海洋！群众的力量在我眼前具体化、形象化了。但我脑子里同时又发生了一个大问号：这乱哄哄的四亿五千万的人群，共产党又将怎样把他们组织起来，发挥他们的力量呢？社会主义改造又怎样改造法呢？"

这是著名建筑家梁思成 1949 年 10 月 1 日登上天安门城楼参加中华人民共和国开国大典时的想法。

作为一个建筑师，梁思成写出了中国第一部以现代科学技术的观点和方法研究中国古代建筑构造的著作《清式营造则例》。他在开国大典上，考虑到了新中国的组织与营造问题。他思考的问题，以毛泽东为代表的中国共产党人一直在思考。

1939 年 12 月，毛泽东在《中国革命和中国共产党》一文中指出："中国共产党领导的整个中国革命运动，是包括民主主义革命和社会主义革命两个阶段在内的全部革命运动；这是两个性质不同的革命过程，只有完成了前一个革命过程才有可能去完成后一个革命过程。民主主义革命是社会主义革命的必要准备，社会主义革命是民主主义革命的必然趋势。而一切共产主义者的最后目的，则是在于力争社会主义社会和共产主义社会的最后的完成。"[1] 在新民主主义革命胜利的前夕，毛泽东在中共七届二中全会和《论人民民主专政》中，向全党提出从新民主主义到社会主义转变的总任务。"路线"十分清晰。

旧中国是半殖民地半封建社会性质的国家，中国共产党打碎旧中国的国家机器，逐步建立一个新型的国家机器。以毛泽东为代表的中国共产党人，把马克思列宁主义基本原理同中国具体实际进行"第二次结合"，提出了关于社会主义建设的一系列重要思想，实现了中华民族有史以来最为广泛而深刻的社会变革，实现了人口众多、一穷二白的东方大国大步迈进社会主义社会的伟大飞跃。

中国的社会主义道路，没有简单套用马克思主义经典作家设想的那种"模板"，不是苏联等社会主义国家模式的简单"再版"，也不是延续中国历史文化传统的"母版"，更不是西方现代化发展道路的"翻版"。中国的社会主义道路，走出了自己的"开拓版""创新版""特色版"。

毛泽东关于社会主义革命和社会主义建设的理论，主要体现在《在中国共产党第七届中央委员会第二次全体会议上的报告》《论人民民主专政》《论十大关系》《关于正确处理人民内部矛盾的问题》《在扩大的中央工作会议上的讲话》等重要文献中。

1　《毛泽东选集》第二卷，人民出版社 1991 年版，第 651—652 页。

万里长征走完了第一步

——读《在中国共产党第七届中央委员会第二次全体会议上的报告》

夺取全国胜利，这只是万里长征走完了第一步。如果这一步也值得骄傲，那是比较渺小的，更值得骄傲的还在后头。在过了几十年之后来看中国人民民主革命的胜利，就会使人们感觉那好像只是一出长剧的一个短小的序幕。剧是必须从序幕开始的，但序幕还不是高潮。中国的革命是伟大的，但革命以后的路程更长，工作更伟大，更艰苦。这一点现在就必须向党内讲明白，务必使同志们继续地保持谦虚、谨慎、不骄、不躁的作风，务必使同志们继续地保持艰苦奋斗的作风。[1]

这是精彩纷呈的毛泽东《在中国共产党第七届中央委员会第二次全体会议上的报告》的一个段落。

胜利来得如此之快，超过毛泽东此前的预测。

1　《毛泽东选集》第四卷，人民出版社1991年版，第1438—1439页。

1947 年底，在陕北米脂杨家沟召开的十二月会议上，毛泽东预计，大约需要 5 年，打倒蒋介石，解放全中国。这里说的 5 年，是从 1946 年内战爆发算起的。一直到 1948 年 9 月在西柏坡召开中央政治局扩大会议的时候，毛泽东也没有放弃这个判断。

1949，是一个标志性的年份。

1949 年初，即使最没有政治预见力的人也能够看出来：国民党就要垮台了，共产党就要取得全国的胜利。正如毛泽东为新华社撰写的 1949 年新年献词所说："中国人民将要在伟大的解放战争中获得最后胜利，这一点，现在甚至我们的敌人也不怀疑了。"[1]

在巨大的胜利面前，毛泽东依然冷静地说："几千年以来的封建压迫，一百年以来的帝国主义压迫，将在我们的奋斗中彻底地推翻掉。一九四九年是极其重要的一年，我们应当加紧努力。"[2]

要"加紧努力"的迫切事情，是制定新中国各项方针政策。

1 月 6—8 日，中共中央在西柏坡召开政治局会议。会议决议明确指出："北平解放后，必须召集第七届第二次中央全体会议。这个会议的任务是：1. 分析目前形势和规定党的任务；2. 通过准备提交政治协商会议的共同纲领的草案；3. 通过组成中央政府的主要成分的草案；4. 批准军事计划；5. 决定经济建设方针；6. 决定外交政策；7. 其他事项。"[3]

在 1 月 8 日的会议上，毛泽东着重论述了经济建设方针。他指出：今后对经济构成是应有一个通盘的认识。国营经济是带社会主义性质，

1　《毛泽东选集》第四卷，人民出版社 1991 年版，第 1372 页。
2　《毛泽东选集》第四卷，人民出版社 1991 年版，第 1380 页。
3　《毛泽东军事文集》第五卷，军事科学出版社、中央文献出版社 1993 年版，第 477 页。

合作社经济也是带社会主义性质并向社会主义前进的，国家资本主义经济、私人资本主义经济和个体经济，那个东西基本上（是）对的，但要注意两条战线斗争。一方面，绝不要以为新民主主义经济不是计划经济，不是向社会主义发展，而认为是自由贸易、自由竞争，向资本主义发展，那是极端错误的。另一方面，必须注意，必须谨慎，不要急于社会主义化。合作化必须发展，但不可能很快发展，大概要准备十几年工夫，要长期地稳健地进行。如果希望搞社会主义，太快，会翻筋斗。毛泽东还提醒高级干部要做好成为执政党的思想准备。他说："中共二十八年，再加两年，完成全国革命任务，就是铲地基，花了三十年，但是起房子，这个任务要几十年工夫。高级干部要懂得，全国打开，事情方开始，那时会感觉比打仗还难。"[1]

毛泽东的这些思索，构成了七届二中全会的重要内容。

这个政治局会议实际上是七届二中全会的预备会，统一了党内思想。

在七届二中全会召开之前，还有一件十分重要的事情，就是1月底2月初毛泽东在西柏坡会见斯大林派来的代表米高扬。这次会见，中国共产党向苏联共产党阐明了建设新中国的基本构想，为召开七届二中全会营造了必要的外部条件——获得苏联的支持。

这是毛泽东第一次以中共主要领导人的身份同苏共中央确切地说是斯大林的代表面谈。米高扬表示："斯大林十分关心中国革命形势的发展，派我代表他到中国来听取你们的意见。你们所讲的话，我回国后向

---

[1] 中共中央文献研究室：《毛泽东年谱（1893—1949）》下卷，中央文献出版社2013年版，第432页。

斯大林汇报。""我只是带着耳朵来的，没有权利发表意见。"[1] 2 月 1 日到 3 日，毛泽东同米高扬正式会谈，周恩来、任弼时也参加了。围绕夺取全国胜利和建立新中国的问题，毛泽东系统地谈了中国共产党的意见。米高扬在西柏坡一共待了 8 天。

这 8 天给米高扬留下了深刻印象。他在给斯大林的电报中说："必须指出，与我交谈的政治局委员们，在一般政治、党务、农民及整体经济问题上完全是行家，并且都很自信。"米高扬对毛泽东评价很高："毛主席有远大的眼光，高明的策略，是很了不起的领袖人物。"[2] 这次西柏坡会谈，是以毛泽东为首的中共中央第一代领导集体第一次直接与苏共中央全面交换意见。毛泽东在会谈中所提出的看法，反映了长时期以来特别是在中国革命接近全国胜利的形势下，他对一系列带全局性的重大问题的深刻思考，勾画了未来新中国蓝图的基本轮廓。

送走米高扬，召开中共七届二中全会的条件已经成熟。

2 月 11 日，毛泽东亲自审改《七届二中全会通知》。

中央决定于三月一日起在原驻地召开第二次中央全会，会期五天至七天。你们接电后，望即布置现在各中央局、中央分局，各前委工作的中央委员及候补中央委员除留必要的人主持工作外，均应尽可能地按时到达，并即将到会的与留下主持工作的同志名单，先行电告。西北野战军因作战在即，彭德怀同志是否能到会请加考虑。向前同志病体如不便

1　师哲：《在历史巨人身边——师哲回忆录》，李海文整理，中央文献出版社 1991 年版，第 374、378 页。

2　师哲：《在历史巨人身边——师哲回忆录》，李海文整理，中央文献出版社 1991 年版，第 385 页。

东行，可不来参加。郑位三陈少敏两同志现在养病期中，请东北局、华东局分别通知他们考虑是否能来，如不便远行亦可不来。现在港、沪的刘晓、刘长胜两同志因路远不可能参加。李井泉、陈丕显两同志不是中央委员，因为他们各担任一个方面的工作，应邀他们参加此次会议。

运筹帷幄，细致周全，并且充满人文关怀。

3月的西柏坡，春草上路，春花含苞，一派春意盎然。从全国各解放区和战场上赶来的林伯渠、张闻天、彭德怀、贺龙、陈毅、邓小平、李先念、王震、习仲勋等党政军领导带着一身烽烟，一脸春风，来到西柏坡这个偏僻山村，参加中共七届二中全会。

1949年3月5—13日，中共七届二中全会召开。出席会议的有中央委员34人，候补中央委员19人，列席11人，一共64人。这个会议，称得上是为新中国奠基的会议。

会场设在中央机关职工食堂——俗称"大伙房"里。这个大伙房，是中央机关从陕北到达西柏坡后，干部和战士自己动手盖起来的，四壁土坯，最豪华的装饰是屋里面白石灰刷的墙。

七届二中全会就在这个面积不足85平方米的大伙房召开。大伙房内，北墙上挂着一块绛紫色的幕布，上面悬挂着两面绣有"中国共产党"字样的党旗，党旗上方是毛泽东和朱德的挂像。幕布的两侧悬挂着"我们永远作你的好学生"和"没有人民的军队就没有人民的一切"两面锦旗。为烘托气氛，在东西两侧窗户间的白墙上各悬挂了四面鲜红的党旗。会场整洁、朴素、庄严，尽管空间狭小，布置简陋，研究的却是事关中华民族命运的大事。

主席台上摆着几张陈旧的小木桌，桌上放着笔架、蘸水笔。会场前面是两排沙发，后面是高低不一的长条靠背椅、木椅。开会时，除了中央书记处五位书记在前排就座外，其他人不排座次，先来先坐，后来后坐，自己找个空位就坐下来了。

3月5日下午3点30分，会议开幕。毛泽东特别高兴，特意换上了新棉衣，他和朱德、刘少奇、周恩来、任弼时等，掀开门帘，走进会场。

毛泽东主持开幕式，并作了题为《一中全会以来的形势和任务》的报告。大会期间，朱德、刘少奇、周恩来和任弼时作了讲话，还有二十多位领导同志在会上发言。

毛泽东在七届二中全会上的报告，是这次会议的主要内容。

——报告提出工作重心从农村到城市的历史性转变。毛泽东指出：从1927年到现在，我们的工作重点是在乡村，在乡村聚集力量，用乡村包围城市，然后取得城市。采取这样一种工作方式的时期现在已经完结。从现在起，开始了由城市到乡村并由城市领导乡村的时期。党的工作重心由乡村移到了城市。党和军队的工作重心必须放在城市，必须用极大的努力去学会管理城市和建设城市。从我们接管城市的第一天起，我们的眼睛就要向着这个城市的生产事业的恢复和发展。只有这样，人民政权才能巩固起来。其他各项工作都是围绕着生产建设这一个中心工作并为这个中心工作服务的。

——报告规定了中国共产党在全国胜利以后，在政治、经济、外交方面应当采取的基本政策。

关于新中国的经济政策。毛泽东指出了由新民主主义社会转变为社会主义社会、由农业国转变为工业国的发展方向。他说：旧中国半殖民地和半封建社会性质在经济上的表现，是在中国革命的时期内和在革命胜利以后一个相当长的时期内一切问题的基本出发点。从这一点出发，产生了我党一系列的战略上、策略上和政策上的问题。国营经济是社会主义性质的，合作社经济是半社会主义性质的，加上私人资本主义，加上个体经济，加上国家和私人合作的国家资本主义经济，这些就是人民共和国的几种主要的经济成分，这些就构成新民主主义的经济形态。

关于土地问题。中国革命在全国胜利，并且解决了土地问题以后，中国还存在着两种基本的矛盾。第一种是国内的，即工人阶级和资产阶级的矛盾。第二种是国外的，即中国和帝国主义国家的矛盾。因为这样，工人阶级领导的人民共和国的国家政权，在人民民主革命胜利以后，不是可以削弱，而是必须强化。对内的节制资本和对外的统制贸易，是这个国家在经济斗争中的两个基本政策。

——报告规定了新中国的国体以及人民民主专政的基本任务，指出：无产阶级领导的以工农联盟为基础的人民民主专政，要求我们党去认真地团结全体工人阶级、全体农民阶级和广大的革命知识分子，这些是这个专政的领导力量和基础力量。没有这种团结，这个专政就不能巩固。同时也要求我们党去团结尽可能多的能够同我们合作的城市小资产阶级和民族资产阶级的代表人物，它们的知识分子和政治派别，以便彻底地打倒国内的反革命势力和帝国主义势力，迅速地恢复和发展生产，对付国外的帝国主义，使中国稳步地由农业国转变为工业国，把中国建设成一个伟大的社会主义国家。因为这样，我党同党外民主人士长期合作的政策，必须在全党思想上和工作上确定下来。

——在报告的最后部分，毛泽东热情洋溢地指出："夺取全国胜利，这只是万里长征走完了第一步……"毛泽东还风趣地说："实践证明，打仗，蒋介石他打不过我毛泽东，他不行。但敌人用糖衣裹着的炮弹会不会击倒我们队伍中的一些人，这还要看。但愿我们能经受住考验。"[1]

这是毛泽东在夺取全国政权之前、稳操胜券时的讲话。当共产党人即将坐江山之时，他对如何坐江山进行细致描绘，对坐江山后可能遇到的危机危险发出深沉忧思——

"可能有这样一些共产党人，他们是不曾被拿枪的敌人征服过的，他们在这些敌人面前不愧英雄的称号；但是经不起人们用糖衣裹着的炮弹的攻击，他们在糖弹面前要打败仗。我们必须预防这种情况。"

"夺取全国胜利，这只是万里长征走完了第一步。如果这一步也值得骄傲，那是比较渺小的，更值得骄傲的还在后头。"

"中国的革命是伟大的，但革命以后的路程更长，工作更伟大，更艰苦。……务必使同志们继续地保持谦虚、谨慎、不骄、不躁的作风，务必使同志们继续地保持艰苦奋斗的作风。"

"我们不但善于破坏一个旧世界，我们还将善于建设一个新世界。"

"中国人民不但可以不要向帝国主义者讨乞也能活下去，而且还将活得比帝国主义国家要好些。"[2]

这是预言，又是宣言，每每读来依然有一种被击中的感觉。

这是一位大国政党领导人告诉这个政党、这个世界的最重要的话。

读着这篇文章，宛如走在美丽的山阴道上，思想的光芒，文字的花朵，应接不暇，美不胜收。

1　叶子龙：《叶子龙回忆录》，温卫东整理，中央文献出版社 2000 年版，第 142—143 页。
2　《毛泽东选集》第四卷，人民出版社 1991 年版，第 1438—1439 页。

　　毛泽东的这篇报告是指导中国共产党从领导中国革命的马克思主义政党成为执掌全国政权的马克思主义政党的行动纲领。毛泽东把夺取全国胜利比作"万里长征第一步"，提出的"两个务必"，发明的"糖衣炮弹"这个新词等，立意博大，境界崇高，有一种自我戒惕的精神，给当时的革命者乃至后人留下难以磨灭的印象。

　　根据毛泽东的提议，这次中央全会立下六条规矩：一不做寿，二不送礼，三少敬酒，四少拍掌，五不以人名作地名，六不要把中国同志同马恩列斯平列。

　　就在会议通过这些规定的当天，毛泽东指示工作人员把会场上原与马恩列斯并列的毛泽东、朱德画像取了下来。毛泽东解释说："如果并列起来一提，就似乎我们自己有了一切，似乎主人就是我，而请马、恩、列、斯来做陪客。我们请他们来不是做陪客的，而是做先生的，我们做学生。"他还说："如再搞一个主义，那末世界上就有了几个主义，这对革命不利，我们还是作为马克思列宁主义的分店好。"

　　七届二中全会是在中国人民革命全国胜利的前夜召开的，这是一次极其重要的会议。中央政治局委员林伯渠认为：我们党的二十八年，"前十四年的'八七'与'六大'，后十四年的三个会议（遵义、'七大'、此次）非常伟大。毛主席思想被全党了解后，党的事业就不同了。遵义会议转变危机。'七大'意义更大，党空前团结，能掌握全国形势，《论联合政府》及军事报告，完满地指出了方向。这次会议由量变到了质变：军事上很明显，现有三百多万军队，打这么多大胜仗；政治上，先有分散政权，现在统一起来；经济上，多年乡村经济，现在接收城市"。"这次会议是历史上转变点"，也可以说是"城市工作会议"。

　　七届二中全会描绘了新中国的宏伟蓝图,确定了新中国的大政方针;它为促进中国革命的进一步发展,迎接全国胜利的迅速到来,实现党的工作重心转移,保证中国由新民主主义社会向社会主义社会的转变,从政治上、思想上和理论上做了充分的准备。

　　会议闭幕后的第十天,3月23日,毛泽东离开西柏坡,走向北平,走向"进京赶考"之路……

新中国的总设计图
——读《论人民民主专政》

　　1949 年 6 月，住在北平香山双清别墅的毛泽东，开始谋划"七一"纪念活动。中国共产党成立 28 年了，为创建新中国做准备的新政协筹备会已经开完，举世关注即将诞生的新中国是一个什么模样，因此，必须写一篇非常有分量的文章。

　　24 日下午 6 时，毛泽东给秘书、新任新华社社长胡乔木写信说：

　　写一篇纪念七一的论文（似不宜用新华社社论形式，而用你的名字为宜），拟一单纪念七七的口号（纪念七七，庆祝胜利，宣传新政协及联合政府，要求早日订立对日和约，消灭反动派残余力量，镇压反动派的破坏和捣乱，发展生产和文教）——此两件请于六月最近两天拟好，以便于六月二十八日发出，六月二十九日各地见报。写一篇七七纪念论文（带总结性），此件须于七月二日写好，三四两日修改好，五日广播，七日各地见报。起草一个各党派的纪念七七的联合声明——此件亦须七月二日写好，以便交换意见。以上工作很繁重，都堆在你身上，请你好好排列时间，并注意偷空睡足觉。你起草后，我给你帮忙修改，你可节省若干精力。[1]

短信寥寥数语，一口气交代了四篇文案——纪念"七一"的文章、纪念七七的口号和文章、各党派纪念七七的联合声明，其中的重点是纪念中共成立 28 年的文章。

接到毛泽东的来信，胡乔木深感责任重大。第二天上午，胡乔木将起草文稿一事，交给国内新闻编辑部副主任廖盖隆办理。廖盖隆领命后，很快写出稿子《中国革命胜利的关键何在？——纪念中国共产党的二十八周年》，送交胡乔木。胡乔木不太满意，转交给另一名同事曾彦修去修改。曾彦修因为不知道文章的主旨是什么，一时无从下手，于是又将文章退回廖盖隆，由廖盖隆修改后再送胡乔木审阅。

26 日，毛泽东写条子向胡乔木催稿："七七口号及七一论文怎样？是否可于日内写起？"

27 日早上，胡乔木将《中国革命胜利的关键何在？——纪念中国共产党的二十八周年》呈送毛泽东。毛泽东阅后，一度动笔修改，改着改着改不下去了，决定亲自动手，重写一篇。胡乔木回忆这件事的过程说："稿子写出以后，结果没有用。毛主席自己写了纪念七一的文章，这就是著名的《论人民民主专政》。"

离"七一"仅两三天时间，文章紧迫。接下来的两天时间里，毛泽

1　中共中央文献研究室：《毛泽东书信选集》，中央文献出版社 2003 年版，第 301 页。

东在双清别墅足不出户，思考与写作。毛泽东的秘书田家英说，毛泽东写这篇文章之前，"坐了一天，动也不动，专心构思。然后，又用了一天时间，饭也不吃，一气呵成，写就这篇万言名著"。[1]

这样事关全局的大块文章，小手小脚写不好，非大手笔不可。

这篇原题为《二十八年》的文章，手稿共 31 页，用 16 开纸横写，前半部分用铅笔、后半部分用毛笔写成。全文完成后，又用毛笔修改一遍。第一次清样稿排出来后，毛泽东先用铅笔、后用毛笔修改，增加了很多内容，并将标题改为《论人民民主专政——纪念中国共产党二十八年》。第二次清样稿排印出来后，又用毛笔做了一些修改，又增加了一些内容。

《论人民民主专政》聚焦于"人民民主专政"，这是毛泽东的开宗明义和深谋远虑。文章完整地提出"人民民主专政"这个概念，揭开一个历史答案——"建立一个怎样的新中国"，阐明新中国的性质、国内外阶级的地位和相互关系、对外政策及国家的前途等基本问题，回应国内外的关切。

可以说，《论人民民主专政》是新中国的"总设计师"对新中国"样式"的清晰描绘。

文章题目既然叫《论人民民主专政》，那就需要回顾一下这个概念的产生过程——

"人民民主专政"一词最早出现在 1948 年 6 月中共中央宣传部《关于重印〈左派幼稚病〉》第二章前言中。

在西柏坡召开的九月会议上，毛泽东说："我们政权的阶级性是这样：

1　逄先知：《伟大旗帜：毛泽东和毛泽东思想》，生活・读书・新知三联书店 2019 年版，第 219 页。

无产阶级领导的，以工农联盟为基础，但不仅仅是工农，还有资产阶级民主分子参加的人民民主专政。"

1948年12月30日，毛泽东在《将革命进行到底》中第一次公开使用"人民民主专政"的概念。参加中国革命的美国人李敦白当时在新华社负责翻译工作，他回忆说："毛主席在为新华社写的1949年新年献辞中，提出要建立人民民主专政的共和国，我跟小廖（注：廖承志）提意见，说'专政'这个词不好听，在国外很容易让人联想到希特勒的dictatorship，他们不会理解这是在充分保证人民民主前提下的专政。争了一会，他有点急了，说，外国人怎么想，我很少关心。把我的嘴给堵了。"[1] 同一个词语，东西方不是同一个意思。革命者没有心思咬文嚼字。

"人民民主专政"这个概念即将成为新中国的核心概念。1949年2月初，毛泽东在同苏共中央代表米高扬谈话时进一步解释说："这个新政权的性质简括地讲，就是在工农联盟基础上的人民民主专政，它的实质就是无产阶级专政。不过对我们这个国家来说，称人民民主专政更合适，更为合情合理。"[2]

人民民主专政，说白了，就是把人民内部的民主和对反动派的专政结合起来。

毛泽东在《论人民民主专政》一文中完整地提出"人民民主专政"这个科学概念，并加以阐述。

在《论人民民主专政》的开篇，毛泽东用比喻手法说明中国共产党

1　李敦白口述：《我是一个中国的美国人——李敦白口述历史》，徐秀丽撰写，九州出版社2014年版，第207页。
2　中共中央文献研究室：《毛泽东传》第二册，中央文献出版社2011年版，第926页。

已步入壮年时期，回顾了中国人民为探索救国救民的道理而走过的曲折道路。他鲜明地指出："中国人找到了马克思列宁主义这个放之四海而皆准的普遍真理，中国的面目就起了变化了。""十月革命一声炮响，给我们送来了马克思列宁主义。"

文章中，毛泽东对国内外对中国共产党的种种疑问或发难，逐一给予回答或驳斥。

有人指责中共"你们一边倒"。毛泽东指出，"一边倒，是孙中山的四十年经验和共产党的二十八年经验教给我们的"，"中国人不是倒向帝国主义一边，就是倒向社会主义一边，绝无例外。骑墙是不行的，第三条道路是没有的。我们反对倒向帝国主义一边的蒋介石反动派，我们也反对第三条道路的幻想"。是时，地球上有两大阵营：以苏联为首的社会主义阵营和以美国为首的资本主义阵营。毛泽东曾经对美国颇有些好感，全民族抗日战争时期他与派驻延安的美军观察组相处甚好，对中共与美国建立良好关系抱有很大的期待。可是，美国政府出于帝国主义的本性，在解放战争中帮助国民党政权消灭共产党人，中国共产党人与美国政府渐行渐远。毛泽东与苏联在革命年代也有过一些不那么愉快的事情，但毕竟两党的意识形态出自同一个"祖宗"——马克思主义，加上苏联对新中国的建立有很大帮助。新生的人民共和国只能"一边倒"。这就是所谓的形势比人强，是处于当时国际环境的必然选择。这是郑重的历史选择。

有人指责"你们太刺激了"。毛泽东风趣地说："对付国内外反动派即帝国主义者及其走狗们……并不发生刺激与否的问题，刺激也是那样，不刺激也是那样，因为他们是反动派。划清反动派和革命派的界限，揭露反动派的阴谋诡计，引起革命派内部的警觉和注意，长自己的志气，灭敌人的威风，才能孤立反动派，战而胜之，或取而代之。"毛泽东说："在野兽面前，不可以表示丝毫的怯懦。我们要学景阳冈上的武松。在武松看来，景阳冈上的老虎，刺激它也是那样，不刺激它也是那样，总之是要吃人的。或者把老虎打死，或者被老虎吃掉，二者必居其一。"毛泽东立场鲜明：不能对反动派有任何的姑息、纵容和妥协、让步。

有人提出，"我们要做生意"。毛泽东回答说："我们只反对妨碍我们做生意的内外反动派，此外并不反对任何人。""团结国内国际的一切力量击破内外反动派，我们就有生意可做了，我们就有可能在平等、互利和互相尊重领土主权的基础之上和一切国家建立外交关系了。"

有人错误地认为，中国"不要国际援助也可以胜利"。毛泽东从各种史实出发，说明不要国际援助也可以胜利是错误的想法。他说："在帝国主义存在的时代，任何国家的真正的人民革命，如果没有国际革命力量在各种不同方式上的援助，要取得自己的胜利是不可能的。胜利了，要巩固，也是不可能的。"所以毛泽东鲜明提出新的人民民主政权只能寻求以苏联为首的反帝统一战线的援助。

有的人说，"我们需要英美政府的援助"。毛泽东从理论和孙中山先生的经历出发，驳斥了一部分亲英美人士对英美的幼稚的幻想。

有人指责中共"你们独裁"。毛泽东幽默地回答："可爱的先生们，你们讲对了，我们正是这样。中国人民在几十年中积累起来的一切经验，都叫我们实行人民民主专政，或曰人民民主独裁，总之是一样，就是剥夺反动派的发言权，只让人民有发言权。"毛泽东进一步界定了人民的范围和人民民主专政的具体执行方法，他说："人民是什么？在中国，在现阶段，是工人阶级，农民阶级，城市小资产阶级和民族资产阶级。这些阶级在工人阶级和共产党的领导之下，团结起来，组成自己的国家，选举自己的政府，向着帝国主义的走狗即地主阶级和官僚资产阶级以及代表这些阶级的国民党反动派及其帮凶们实行专政，实行独裁，压迫这些人，只许他们规规矩矩，不许他们乱说乱动。如要乱说乱动，立即取缔，予以制裁。对于人民内部，则实行民主制度，人民有言论集会结社等项的自由权。选举权，只给人民，不给反动派。这两方面，对人民内部的民主方面和对反动派的专政方面，互相结合起来，就是人民民主专政。"

有人说："你们不是要消灭国家权力吗？"毛泽东回答："我们要，但是我们现在还不要，我们现在还不能要。为什么？帝国主义还存在，国内反动派还存在，国内阶级还存在。我们现在的任务是要强化人民的国家机器。""军队、警察、法庭等项国家机器，是阶级压迫阶级的工具。对于敌对的阶级，它是压迫的工具，它是暴力，并不是什么'仁慈'的东西。""我们对于反动派和反动阶级的反动行为，决不施仁政。"

毛泽东总结中国革命的主要经验，进一步阐明即将成立的新中国的国家性质。文章指出："一个有纪律的，有马克思列宁主义理论武装的，采取自我批评方法的，联系人民群众的党。一个由这样的党领导的军队。一个由这样的党领导的各革命阶级各革命派别的统一战线。这三件是我们战胜敌人的主要武器。"

毛泽东论述了人民民主专政内部各阶级的地位及其相互关系。"人民民主专政的基础是工人阶级、农民阶级和城市小资产阶级的联盟，而主要是工人和农民的联盟，因为这两个阶级占了中国人口的百分之八十到九十。""民族资产阶级在现阶段上，有其很大的重要性。"但是，作为剥削阶级之一，"民族资产阶级不能充当革命的领导者，也不应当在国家政权中占主要的地位"。毛泽东坚定地说："总结我们的经验，集中到一点，就是工人阶级（经过共产党）领导的以工农联盟为基础的人民民主专政。这个专政必须和国际革命力量团结一致。这就是我们的公式，这就是我们的主要经验，这就是我们的主要纲领。"

文章最后说："我们完全可以依靠人民民主专政这个武器，团结全国除了反动派以外的一切人，稳步地走到目的地。"[1]

1949年6月30日，新华社播发毛泽东的长篇文章《论人民民主专政》。这篇回顾和总结中国共产党走过的28年、擘画即将诞生的人民政权的文章一问世，立即引起国内外各界人士的高度关注。

《论人民民主专政》是新中国成立前毛泽东撰写发表的一篇重要文章，它标志着人民民主专政理论正式形成。这篇文章与毛泽东在党的七届二中全会上的报告一起，奠定了建立新中国的重要思想基石，成为中国人民政治协商会议通过《共同纲领》的理论和政策基础。

逄先知在评论中说："《论人民民主专政》是一篇理论著作，但又像是一篇散文。……文章逻辑严谨，简明精炼，气势磅礴，一泻千里。""全国快要胜利了，中华民族就要彻底翻身了。毛泽东的心情是高扬的，从他的文章中可以看得出来：既有高屋建瓴、势如破竹的雄劲，又有行云流水、议论风生的韵致，刚柔相济，情文并茂。"[2]

1　《毛泽东选集》第四卷，人民出版社1991年版，第1468—1481页。
2　逄先知：《伟大旗帜：毛泽东和毛泽东思想》，生活·读书·新知三联书店2019年版，第219、220页。

找到自己的一条适合中国的路线
——读《论十大关系》

新中国成立初期，可谓是一路凯歌。但毛泽东却始终如履薄冰，他说："解放后，三年恢复时期，对搞建设，我们是懵懵懂懂的。接着搞第一个五年计划，对建设还是懵懵懂懂的，只能基本上照抄苏联的办法，但总觉得不满意，心情不舒畅。"[1]

新中国成立后，处于新民主主义到社会主义的过渡期。什么时候过渡到社会主义？过渡期有多长？毛泽东一直在思考。

1953 年 6 月 15 日晚上，毛泽东在中共中央政治局会议上对自己的思考作了完整表达："从中华人民共和国成立，到社会主义改造基本完成，这是一个过渡时期。党在过渡时期的总路线和总任务，是要在十年到十五年或者更多一些时间内，基本上完成国家工业化和对农业、手工

1　中共中央文献研究室：《毛泽东年谱（1949—1976）》第四卷，中央文献出版社 2013 年版，第 318 页。

业、资本主义工商业的社会主义改造。"[1]向社会主义过渡的主要任务，或者说过渡时期的总路线的核心内容，由此被简化为"一化三改"。向社会主义过渡，就是实行社会主义革命。

杨尚昆说："原来设想至少 10 年内不采取社会主义步骤，但是随着'三反''五反'运动的深入发展，形势发生了变化。"[2]

形势逼人，只争朝夕，历史的时针被拨快了。原计划用十几年时间进行的社会主义改造，只用三年就基本完成了。新中国，从新民主主义迈进了社会主义社会。

但是，要求过急，工作过粗，改变过快，形式也过于简单划一，又过于追求单纯的公有制，确实留下诸多遗憾和问题。

从总体上说，在一个人口规模巨大的东方大国，如此顺利地实现如此复杂、困难的社会变革，实在是一件了不起的事情。通过走社会主义和平改造道路来完成社会主义革命，无疑是中国共产党在社会主义发展史上的一个独特创造。在中华民族的历史上，其意义也不同凡响。2021年，中国共产党第十九届六中全会通过的决议作出评价："实现了中华民族有史以来最为广泛而深刻的社会变革"。

迈进社会主义，依然是"万里长征"才走完第一步，中国共产党马上面临的问题是：什么是社会主义？怎样建设社会主义？

1956 年，毛泽东希望另辟蹊径，在苏联社会主义建设模式之外，探索出一条适合中国国情的社会主义建设道路。于是，中央领导人在这

1　中共中央文献研究室：《毛泽东年谱（1949—1976）》第二卷，中央文献出版社 2013 年版，第 116 页。
2　苏维民：《杨尚昆谈新中国若干历史问题》，四川人民出版社 2014 年版，第 54 页。

一年开展了大规模的调查研究工作。

毛泽东调查研究雷厉风行。他连续作战，用他的话说是"床上地下，地下床上"。意思是说，每天起床，脚一着地，就听汇报，穿插着处理日常工作，听完汇报就上床休息。为了调查研究，他改变了在战争年代养成的夜间工作的习惯。

"床上地下，地下床上"，毛泽东的调研十分辛苦。以 2 月 15 日这一天为例。这天早晨 9 时 40 分开始，刘澜波向他汇报电力工业部的工作，13 时左右结束；17 时 20 分，去勤政殿，会见以西哈努克为首的柬埔寨王国国家代表团；19 时 10 分，会见结束，回到颐年堂，继续听汇报，一直到 22 时 10 分才结束。

毛泽东在听取汇报时，还对一些同志的文风提出批评。一些部门整理的汇报材料不那么理想，只有干巴巴的文字或数字，没有事例，让毛泽东听起来非常吃力。有一次，听一位部长同志汇报，他紧皱眉头，忽而抬起头来说：听这样的汇报，是使我强迫受训，比坐牢还厉害。坐牢脑子还自由，现在脑子也不自由，受你们指挥。你们这些条条，一定是从许多具体材料中得出来的，应把具体问题写清楚。要请我的客，又不给我肉吃，是不是自己要留一手！[1] 半个月来的汇报，都存在这个问题。

毛泽东喜欢雪，这年他还没有时间欣赏，雪花就融化了。北京的春天生机盎然，他在会议室里感受到春天，把"百花齐放"的自然景象挪用到他即将发表的演说中。毛泽东的这次调研，从 1956 年 2 月 14 日开

1　萧心力：《毛泽东与共和国重大历史事件：纪念版》，人民出版社 2019 年版，第 133 页。

始，到 4 月 24 日结束，听取国务院 35 个部门的工作汇报[1]，还有国家计委关于第二个五年计划的汇报，实际听汇报时间为 43 天，每天都是四五个小时，中间不时提出问题，发表意见，边听边分析总结。这期间，他还多次开会，主持起草《关于无产阶级专政的历史经验》，亲自修改，加写了许多话。那阵子，真的是"床上地下，地下床上"。

这次调查，是毛泽东一生中所做的规模最大、时间最长的经济工作调查。在调查研究过程中，《论十大关系》的腹稿已经成型。

"腹稿"这个词，首见于《新唐书》上的《王勃传》："勃属文，初不精思，先磨墨数升，则酣饮，引被覆面卧，及寤，援笔成篇，不易一字，时人谓勃为腹稿。"说的是王勃每作文，先磨好墨，再痛饮酒（饮酒，被后人误传为饮墨），酒后蒙头大睡，醒来，援笔成篇，不需修改，人们惊叹王勃有"腹稿"。毛泽东曾说过："调查就像'十月怀胎'，解决问题就像'一朝分娩'。"调查研究的过程就是毛泽东打腹稿的过程。

1956 年 4 月 25 日，毛泽东主持中共中央政治局扩大会议。谁也没有料到，毛泽东在会上一口气讲了"十大关系"：

（一）重工业和轻工业、农业的关系。重工业是我国建设的重点。必须优先发展生产资料的生产，这是已经定了的。但是决不可以因此忽视生活资料尤其是粮食的生产。

（二）沿海工业和内地工业的关系。沿海的工业基地必须充分利用，但是，为了平衡工业发展的布局，内地工业必须大力发展。

（三）经济建设和国防建设的关系。把军政费用降到一个适当的比

1　通常说毛泽东听取国务院 34 个部门的汇报。根据现存的档案材料，向毛泽东汇报的是 35 个部门。

例，增加经济建设费用。只有经济建设发展得更快了，国防建设才能够有更大的进步。

（四）国家、生产单位和生产者个人的关系。必须兼顾国家、集体和个人三个方面，也就是我们过去常说的"军民兼顾""公私兼顾"。

（五）中央和地方的关系。应当在巩固中央统一领导的前提下，扩大一点地方的权力，给地方更多的独立性，让地方办更多的事情。有中央和地方两个积极性，比只有一个积极性好得多。

（六）汉族和少数民族的关系。反对大汉族主义，地方民族主义也要反对。各个少数民族对中国的历史都作过贡献。我们要诚心诚意地积极帮助少数民族发展经济建设和文化建设。我们必须搞好汉族和少数民族的关系，巩固各民族的团结，来共同努力于建设伟大的社会主义祖国。

（七）党和非党的关系。究竟是一个党好，还是几个党好？现在看来，恐怕是几个党好。不但过去如此，而且将来也可以如此，就是长期共存，互相监督。我们有意识地留下民主党派，让他们有发表意见的机会。

（八）革命和反革命的关系。反革命是消极因素、破坏因素。但是，在我国的条件下，他们中间的大多数将来会有不同程度的转变。今后社会上的镇反，要少捉少杀。机关、学校、部队里面清查反革命，要坚持在延安开始的一条，就是一个不杀，大部不捉。能劳动改造的去劳动改造，不能劳动改造的就养一批。对一切反革命分子，都应当给以生活出路，使他们有自新的机会。

（九）是非关系。党内党外都要分清是非。对于犯了错误的同志，一要看，二要帮。"惩前毖后，治病救人"的方针，是团结全党的方针，我们必须坚持这个方针。

（十）中国和外国的关系。每个民族都有它的长处，也都有它的短处。我们的方针是，一切民族、一切国家的长处都要学。但是，必须有分析有批判地学，不能盲目地学，不能一切照抄，机械搬用。外国资产阶级的一切腐败制度和思想作风，我们要坚决抵制和批判。但是，这并不妨碍我们去学习资本主义国家的先进的科学技术和企业管理方法中合乎科学的方面。

毛泽东最后说：这十种关系，都是矛盾。世界是由矛盾组成的。没有矛盾就没有世界。我们的任务，是要正确处理这些矛盾。我们一定要努力把党内党外、国内国外的一切积极的因素，直接的、间接的积极因素，全部调动起来，把我国建设成为一个强大的社会主义国家。[1]

毛泽东意犹未尽，继续将他的思考向深层推进。5月2日，毛泽东在有一百多人参加的最高国务会议上又讲了一遍"十大关系"。这次讲的与一个月前讲的，纲目基本相同，内容有许多拓展和深化，也有一些不同，比如4月25日的讲话指出斯大林的错误多一些，5月2日的讲话理论分析多一些。

5月3日，周恩来根据自己的记录在国务院司局长以上干部会议上详细传达了毛泽东的《论十大关系》。随后，各地纷纷要求印发周恩来的传达记录稿。

《论十大关系》是毛泽东关于社会主义建设的经典著作。它标志着毛泽东对中国社会主义建设道路的探索已经形成一个初步而又比较系统的思路。

1　中共中央文献研究室：《毛泽东文集》第七卷，人民出版社1999年版，第24—44页。

这个讲话中，毛泽东充满自信，其中还有许多惊人的句子——

"现在春天来了嘛，一百种花都让它开放，不要只让几种花开放，还有几种花不让它开放，这就叫百花齐放。"

"你要母鸡多生蛋，又不给它米吃，又要马儿跑得好，又要马儿不吃草。世界上哪有这样的道理！"

"骂我们的……我们也要养起来，让他们骂，骂得无理，我们反驳，骂得有理，我们接受。"

"凡是历史上发生的东西，都要在历史上消灭。因此，共产党总有一天要消灭，民主党派也总有一天要消灭。消灭就是那么不舒服？我看很舒服。共产党，无产阶级专政，哪一天不要了，我看实在好。我们的任务就是要促使它们消灭得早一点。"

"一颗脑袋落地，历史证明是接不起来的，也不像韭菜那样，割了一次还可以长起来，割错了，想改正错误也没有办法。"

"不但要有更多的飞机和大炮，而且还要有原子弹。在今天的世界上，我们要不受人家欺负，就不能没有这个东西。"

……　……

从《论十大关系》开始，整个中国在新的起点上布局，中国踏上寻找符合中国国情的社会主义建设道路的征程。

1956 年 9 月，毛泽东高兴地对一位外国友人说："现在，中国的社会主义改造的工作基本上已经完成了。从前我是睡不着觉的。一切都还不上轨道，穷得很。人总是不高兴。去年下半年以来，我开始高兴了。工作比较上轨道了……"

1958 年 3 月 10 日，在成都会议上，毛泽东说："一九五六年四月的《论十大关系》，开始提出我们自己的建设路线，原则和苏联相同，但方法有所不同，有我们自己的一套内容。"[1]

1960 年 6 月，毛泽东在《十年总结》中再一次说到《论十大关系》："前八年照抄外国的经验，但从一九五六年提出十大关系起，开始找到自己的一条适合中国的路线。"[2]

当别人赞扬《论十大关系》时，毛泽东却说："你们提到的《论十大关系》，这是我和三十四个部长进行一个半月座谈的结果。我个人能提出什么意见呢？我只是总结了别人的意见，不是我的创造。制造任何东西都要有原料，也要有工厂。但我已不是一个好工厂了，旧了，要改良，要重新装备，像英国的工厂需要改装一样。"[3]

1961 年 3 月，毛泽东颇有感慨地说："建国后这十一年我做过两次调查，一次是为合作化的问题，看过一百几十篇材料，每省有几篇，编出了一本书，叫做《中国农村的社会主义高潮》。有些材料看过几遍，研究他们为什么搞得好，我调查研究合作化问题就是依靠了那些材料。还有一次是关于十大关系问题，用一个半月时间同三十四个部门的负责人讨论，每天一个部门或两天一个部门，听他们的报告，跟他们讨论，然后得出十大关系的结论。"[4]

刘少奇对《论十大关系》评价甚高，他说："主席做了调查，讲了

1　中共中央文献研究室：《毛泽东文集》第七卷，人民出版社 1999 年版，第 369—370 页。
2　中共中央文献研究室：《建国以来重要文献选编》第十三册，中央文献出版社 1996 年版，第 418 页。
3　中共中央文献研究室：《毛泽东文集》第七卷，人民出版社 1999 年版，第 128 页。
4　中共中央文献研究室：《毛泽东文集》第八卷，人民出版社 1999 年版，第 260—261 页。

十大关系，十大关系应当成为起草八大政治报告的纲。"[1]1956 年的秋天，中共第八次全国代表大会召开。刘少奇所作的《中国共产党中央委员会向第八次全国代表大会的政治报告》，周恩来所作的《关于发展国民经济第二个五年计划的建议的报告》，都贯穿和体现了毛泽东《论十大关系》的主要精神。

《论十大关系》提出了十大矛盾，但还没有提出我国社会的主要矛盾。党的八大对中国社会的主要矛盾和历史任务作出了新的判断，指出：国内主要矛盾，已经不再是工人阶级和资产阶级之间的矛盾，而是人民对于经济文化迅速发展的需要同当前经济文化不能满足人民需要的状况之间的矛盾。今后的主要任务，就是搞经济建设，发展生产力。八大决议关于我国社会主要矛盾的探索，在《论十大关系》的基础上又迈出了重大的一步。

1965 年 12 月 27 日，根据刘少奇的建议，并经毛泽东同意，中央将《论十大关系》作为党内文件印发给县、团以上党委学习。

1975 年，邓小平在主持中央日常工作期间向毛泽东建议，重新整理《论十大关系》讲话。重新整理稿于 7 月 13 日由邓小平送交毛泽东。毛泽东批示："同意。可以印发政治局同志阅。暂时不要公开，可以印发全党讨论，不登报，将来出选集再公开。"

尽管《论十大关系》在毛泽东生前没有公开发表，但它已经在中国社会主义建设中打下深刻的印记。

正式发表的《论十大关系》，是讲话的整理稿。其中，有关对苏联

1　中共中央文献研究室：《毛泽东传》第四册，中央文献出版社 2011 年版，第 1475 页。

和东欧国家处理农轻重关系和民族关系的批评、对斯大林的批评，以及过高估计战争危险、忽视发展沿海工业、某些方面照搬苏联的缺点错误等内容，还有一些具有杂文之"杂"和随笔之"随"的话语、一些貌似溢出主题或与主题关联不大的段落、一些具有毛泽东风格的句子，都没有收进去。曾经在现场记录毛泽东讲话的邓力群，晚年写作《邓力群自述（1915—1974）》，把正式版本中没有收入的毛泽东话语，抄录到书中。他说："主席讲的不少话，富有个人风格，很有意思。公开发表稿，出于种种考虑，有的话没有照原话用上去。""我把记录整理稿上的这些话留下来，只是觉得对了解主席讲话的情景，领悟主席讲话的精神、风格，会有助益，埋没掉的话太可惜了。"[1]

《论十大关系》是毛泽东关于社会主义建设问题的代表作。同时，这篇著作为新时期开创中国特色社会主义提供了理论准备。

1　邓力群：《邓力群自述（1915—1974）》，人民出版社 2015 年版，第 267、273 页。

一部新的"矛盾论"
——读《关于正确处理人民内部矛盾的问题》

"多事之秋",毛泽东用这个词形容 1956 年的形势。

"多事之秋"出自宋朝孙光宪的《北梦琐言》:"所以多事之秋,灭迹匿端,无为绿林之嚆矢也。"

毛泽东为什么说 1956 年是"多事之秋"呢?

从国际上讲,这一年发生了许多大事——

1956 年 2 月 14—25 日,苏联共产党第二十次代表大会在莫斯科举行。在大会最后,苏共中央总书记赫鲁晓夫出人意料地作了一份长达四个半小时的秘密报告《关于个人崇拜及其后果》。报告中,赫鲁晓夫对苏共中央前总书记斯大林持全盘否定的态度,指出斯大林在领导苏联进行社会主义建设过程中,犯了一系列严重的错误。这是一个"爆炸性"的讲话。

对于赫鲁晓夫这份报告,毛泽东评价说:"一是它揭了盖子,一是它捅了娄子。"[1] "揭了盖子"是说，这份报告揭露了苏联模式的弊端，正是这些弊端，导致了苏联国内生产关系和生产力之间，国家、集体、个人之间种种矛盾的产生。在毛泽东看来，赫鲁晓夫的这份报告有利于其他社会主义国家打破对斯大林模式的迷信，独立自主地探索适合本国国情的社会主义建设道路。"捅了娄子"是说，赫鲁晓夫采取突然袭击的方式作这个秘密报告，无论在内容上或方法上，对其他社会主义国家都形成了巨大冲击，是错误的。

受赫鲁晓夫秘密报告影响最大的当属波兰和匈牙利。1956年6月，波兰波兹南市采盖尔斯基工厂工人提出改革工资制度等要求。谈判破裂后，采盖尔斯基工厂1万多名工人罢工，走上街头游行示威，最终演变成为一场民众与政府之间的流血冲突事件。1956年10月的"匈牙利事件"，由最初的游行示威，演变成反政府暴乱，最终以苏联出兵镇压收场。这两件事，被称为"波匈事件"。

"波匈事件"是两国在进行社会主义建设过程中，照抄照搬斯大林模式积累的矛盾的总爆发，也是执政党在处理社会主义内部矛盾时措施失当、矛盾激化的结果。

新中国内部也出现一些矛盾，也算是"多事之秋"。

革命是"打天下""得天下"，建设是"治天下""坐天下"。新中国成立后，"治天下"取得巨大成绩的同时，也出现一些问题。特别是1956年下半年，国内出现了生产资料和生活资料供应紧张的情况；一些学生毕业、军人退役后找不到工作，再加上社会主义改造过程中存在

1 　中共中央文献研究室：《毛泽东年谱（1949—1976）》第二卷，中央文献出版社2013年版，第545页。

一些偏差，在短短的半年内，全国一些地方发生了工人罢工、学生罢课的事件。特别是从 1956 年 10 月起，还出现了部分农民要求退社的情况。对这些事件如何处理？各级党组织既没有思想准备，也没有经历和经验。有些干部认为，"好人不闹事，闹事没好人"，"凡是与政府闹事的就是敌我矛盾"。[1]有的地方采用革命战争时期对付敌人的办法来处理这些事件，导致矛盾激化。

一系列现实问题鲜明地摆在中国共产党人的面前。"打天下"的人要"治天下"，必须根据当前的形势，做出政策的变化。

社会主义社会是否存在矛盾？如果存在矛盾的话，是什么样的矛盾？如何正确处理社会主义社会的矛盾？这些矛盾与问题处理不好，"治天下"就"治"不好，"坐天下"也"坐"不稳。

当时，毛泽东正在听取国务院 35 个部委的汇报，集中调查与思考社会主义改造完成后中国的社会主义建设道路问题。他在听汇报的过程中，逐渐把察觉到的全局性矛盾概括为"十大关系"，即十大矛盾。苏共二十大对斯大林晚年错误的揭露，"波匈事件"的发生，以及国内群体事件的发生，使毛泽东认识到：无论是苏联、波兰、匈牙利，还是中国，在如何处理社会主义社会的矛盾上，既缺乏实际的经验，更缺乏理论上的研究。毛泽东敏锐地捕捉到时代变化的脉搏，开始探索如何认识和处理社会主义社会面临的矛盾问题，并开始着手酝酿做一篇"大文章"。

1957 年 2 月 27 日，最高国务会议第十一次（扩大）会议在北京开幕。毛泽东把这次会议的主题定为"人民内部矛盾的问题"。这是一个新中

1　薄一波：《若干重大决策与事件的回顾（修订本）》下卷，人民出版社 1997 年版，第 590—591 页。

国成立以来从未深入研究的问题，也是社会主义阵营中没有人探索的问题。在这次有 1800 多人参加的会议上，毛泽东以"如何处理人民内部的矛盾"为题发表长篇讲话。

他手里拿着几页讲话提纲，这是他手写的，讲话就是照着这个提纲展开的。毛泽东从下午 3 点开始讲，一直讲到将近晚上 7 点。

毛泽东主要讲了十二个问题：（一）两类矛盾：敌对阶级之间，人民内部之间；（二）肃反；（三）社会主义改造——合作化；（四）资本主义改造；（五）知识分子和青年学生；（六）增产节约，反对铺张浪费；（七）统筹兼顾，适当安排；（八）百花齐放，百家争鸣，长期共存，互相监督；（九）如何处理罢工，罢课，游行示威，请愿；（十）闹事，出乱子，都不好吗？（十一）少数民族与大汉族民族问题，西藏问题；（十二）中国可能在三四个五年计划内，初步地改变面貌。[1] 讲话的第一部分"两类不同性质的矛盾"是"纲"，其余部分是根据这个"纲"回答和解决具体的矛盾。

毛泽东深入浅出，谈笑风生，引经据典，讲了许多新观点和新思想，显示出对社会主义前途的坚定信心，对马克思真理力量的坚定信心，对人民政府的坚强信心，对人民群众的充分信赖，展现出包容百川的宽阔情怀，大家听得耳目一新。毛泽东讲到第十二个问题时，已是傍晚。大家正如痴如醉地聆听，他的讲话戛然而止。

毛泽东在上面讲，速记员在下面记录。毛泽东的秘书胡乔木将记录稿整理成文字，也是这十二个问题，只是把第六、第十一两个问题的次

1　《建国以来毛泽东文稿》第六册，中央文献出版社 1992 年版，第 310—314 页。

序对调了一下。

在有 1800 多人参加的最高国务会议扩大会议上讲过后，为了使广大干部和党外人士都能懂得，都能接受和掌握这一方针，毛泽东于 3 月在北京召开的一些会议上又讲，然后又南下到天津、济南、南京、上海讲。所以，他说自己成了一个"游说家"。

毛泽东对这篇讲话稿进行了多次修改。这是他一贯的学风和工作作风。

1957 年 4 月 25 日，毛泽东会见保加利亚驻华大使时，大使说："主席的报告十分重要。我们国内都等着看这个报告。"毛泽东说："在最高国务会议上的讲话，我正在修改。讲起来很容易，几小时就够了，写成文字就困难了。"

这篇文章，年过六旬的毛泽东前后修改了 16 遍，持续近半年时间，不仅自己改，还请身边人改，请各方人士改。大家急着看到文稿，毛泽东不许，他慢慢地修改，不经他允许谁也不能发表。这让人想起袁枚的《遣兴》："爱好由来落笔难，一诗千改始心安。阿婆还似初笄女，头未梳成不许看。"修改自己的文字，恰似白发老婆婆还像闺中少女一样，头未梳好不许看。作家精心地维护着自己的作品，自己不满意不出手，那是自珍，亦是对所讲内容的一种尊重，更是对这个话题的敬畏。

《关于正确处理人民内部矛盾的问题》的修改过程，在《建国以来毛泽东文稿》中有详细记载。

5 月 10 日，毛泽东将"草稿第一稿"送出，在小范围内印发，批示"请收到此件的同志提出修改意见"。

5 月 24 日，毛泽东要求将第二稿印发给在北京的各中央委员、候补中央委员，外加田家英、胡绳、邓力群，并批示"此件请即看，在你们认为应当修改的地方动笔加以修改"。

5月25日，毛泽东将第三稿除了批示给在北京的各中央委员、候补中央委员外，还批示给了30多位到北京开会的各省市区负责人，并提出务必于当天晚上12点前将第三稿送到各人手中，"特别是各省市来的人"，并同样请大家"在你们认为应当修改的地方即行动笔加以修改"。

5月27日，毛泽东批示将第四稿印发征求意见，并特别提示"各位同志，这是第四稿。请看'百花齐放'那一节，有一段重要的修改"。这一稿的印发范围与第三稿相同。

5月28日，毛泽东批示将第五稿在3小时内印发各省市区党委书记，"另发各政治局委员候补委员、中央书记处书记候补书记"以及田家英、邓力群、胡绳征求意见。、

6月9日，毛泽东在他自己标明的"六月八日修正稿"上批示"分送政治局、书记处各同志，及田家英"征求意见，并"即刻付翻译"。

6月9日凌晨，毛泽东改出征求意见稿第七稿。

6月14日，毛泽东改出了征求意见的第八稿，并注明是"6月14日修正稿"。

6月16日，毛泽东在作了少量文字修改后出了第九稿。

6月17日，毛泽东又作了一次修改，这一稿注明是"最后定稿"。其实，意见稿回来，排印发表前，他还有修改。[1]

修改文章、推敲文字实际上是推敲思想和情感。《关于正确处理人

1　《建国以来毛泽东文稿》第六册，中央文献出版社1992年版，第358—360页。

114

民内部矛盾的问题》公开发表前，毛泽东还不放心，把这篇文章寄给武汉大学的李达教授征求意见。李达说："毛主席真是谦逊极了！这样伟大的著作，我只能好好地学习，哪里还能谈得上提意见啊！"[1]

从 4 月到 6 月，从春天修改到夏天，最终《关于正确处理人民内部矛盾的问题》发表在 6 月 19 日的《人民日报》上。

这篇文章，是毛泽东关于社会主义社会两类不同性质的矛盾学说，特别是关于正确处理人民内部矛盾学说的系统化和全面展开。

《论十大关系》论述了如何处理国家内部政治经济结构之间的矛盾，《关于正确处理人民内部矛盾的问题》则侧重阐述如何处理国家内部人与人、干部与群众之间的矛盾。在这篇文章中，毛泽东明确提出了社会主义社会仍然存在矛盾的观点，第一次阐述了社会主义国家具有敌我矛盾和人民内部矛盾两种不同性质的矛盾。第一次提出了由"基本矛盾论""两类矛盾论""处理矛盾方法论""矛盾相互转化论"等组成的系统的社会主义社会矛盾学说，蕴含着解决矛盾、实现团结奋斗的政治智慧。

——关于"基本矛盾"。毛泽东认为，社会主义社会的基本矛盾依然是生产关系与生产力、上层建筑与经济基础之间的矛盾，并对这个基本矛盾的性质和特点作了科学论述。马克思深刻揭示了生产力与生产关系、经济基础与上层建筑之间矛盾运动的规律，指出物质生产是社会存在的基础，是人类社会发展的最终决定力量。毛泽东坚持和发展了这一思想，把生产关系与生产力、上层建筑与经济基础之间的矛盾明确地概

1　宋镜明：《李达传记》，湖北人民出版社 1986 年版，第 159 页。

括为社会基本矛盾，并把这一原理运用于分析社会主义社会。他指出：在社会主义社会中，基本的矛盾仍然是生产关系和生产力之间的矛盾，上层建筑和经济基础之间的矛盾，不过社会主义社会的这些矛盾，同旧社会的生产关系和生产力之间的矛盾、上层建筑和经济基础之间的矛盾，具有根本不同的性质和情况。资本主义社会的矛盾表现为剧烈的对抗和冲突，表现为剧烈的阶级斗争，那种矛盾不可能由资本主义制度本身来解决，而只有社会主义革命才能够加以解决。社会主义社会的矛盾是另一回事，恰恰相反，它不是对抗性的矛盾，它可以经过社会主义制度本身，不断地得到解决。社会主义社会的生产关系同生产力、上层建筑同经济基础是"又相适应又相矛盾"，因为相适应是主要的，因此我们的制度是优越的；因为还有不相适应的方面，因此必须按照具体的情况不断加以解决。

——关于"两类矛盾"。1956年12月2日，毛泽东在指导写作《再论无产阶级专政的历史经验》时说："先要分清敌我，然后在自己内部分清是非。要指出敌我矛盾和人民内部矛盾是两种性质根本不同的矛盾，要采取不同的方针、不同的办法，解决不同性质的矛盾。"[1] 这是毛泽东第一次明确提出社会主义社会存在两类不同性质的矛盾。"斯大林在很长的一段时期内，不肯承认社会主义社会有矛盾，把人民的某些不满、人民对政府的批评这些人民内部的矛盾看成是阶级矛盾，当作敌人处理，结果打错了许多人。鉴于这种教训，我们把矛盾分成两种，第一是阶级

1　中共中央文献研究室：《毛泽东年谱（1949—1976）》第三卷，中央文献出版社2013年版，第40—41页。

矛盾，……第二是人民内部的矛盾。"[1]这是毛泽东提出"两类不同性质矛盾"的思考路径。《关于正确处理人民内部矛盾的问题》强调，在我们的面前有两类社会矛盾，这就是敌我之间的矛盾和人民内部的矛盾。这是性质完全不同的两类矛盾，敌我之间的矛盾是对抗性的矛盾。人民内部的矛盾，在劳动人民之间说来，是非对抗性的；在被剥削阶级和剥削阶级之间说来，除了对抗性的一面以外，还有非对抗性的一面。一般说来，人民内部矛盾，是在人民利益根本一致的基础上的矛盾。由于矛盾性质不同，解决的方法也不同，"前者是分清敌我的问题，后者是分清是非的问题"，人民民主专政的国家政权"就是为了解决国内敌我之间的矛盾"，而"在人民内部是实行民主集中制"。二者之间不可以混淆。当然，对抗性与非对抗性的区别是相对的，不是绝对的。在一般情况下，人民内部的矛盾不是对抗性的。但是如果处理得不适当，或者失去警觉，麻痹大意，也可能发生对抗。尽管这通常只是局部的暂时的现象，也不可不加以注意。

——关于"处理矛盾方法"。1956年12月4日，毛泽东在给黄炎培的信中说："社会总是充满着矛盾。即使社会主义和共产主义社会也是如此，不过矛盾的性质和阶级社会有所不同罢了。既有矛盾就要求揭露和解决。有两种揭露和解决的方法：一种是对敌（这说的是特务破坏分子）我之间的，一种是对人民内部的（包括党派内部的，党派与党派之间的）。前者是用镇压的方法，后者是用说服的方法，即批评的方法。"[2]

---

1 中共中央文献研究室：《毛泽东年谱（1949—1976）》第三卷，中央文献出版社2013年版，第124页。
2 《建国以来毛泽东文稿》第六册，中央文献出版社1992年版，第255页。

这里所说的处理两种不同矛盾的方法，都被吸收到《关于正确处理人民内部矛盾的问题》一文中。文章中具体指明人民内部矛盾的处理方法：凡属于思想性质的问题，凡属于人民内部争论的问题，只能用民主的方法去解决，只能用讨论的方法、批评的方法、说服教育的方法去解决，而不能用强制的、压服的方法去解决。文章重申了解决人民内部矛盾的一个公式即"团结—批评—团结"：从团结的愿望出发，经过批评或者斗争使矛盾得到解决，从而在新的基础上达到新的团结。此外，文章还提出，处理人民内部利益矛盾，要采取"统筹兼顾、适当安排"的方针；处理艺术、科学方面的矛盾，要采取"百花齐放、百家争鸣"的方针；处理共产党与民主党派之间的矛盾，要采取"长期共存、互相监督"的方针；等等。

——关于"矛盾相互转化"。毛泽东指出："矛盾着的对立的双方互相斗争的结果，无不在一定条件下互相转化。"

《关于正确处理人民内部矛盾的问题》公开发表后，在国际上引起强烈反响。外国舆论指出，"毛泽东《关于正确处理人民内部矛盾的问题》的讲演震动了全世界"，"这篇文章公布刚几日就已成了整个世界注意的中心"。社会主义国家、资本主义国家的许多报刊都相继转载《关于正确处理人民内部矛盾的问题》的全文或摘要，并纷纷发表评论，大多给予积极评价，认为它是共产主义运动的一个重要文献。英国《曼彻斯特卫报》在一篇社论中指出："这篇讲话对世界共产主义的影响可能比赫鲁晓夫的秘密演说来得大。因为毛泽东的讲话完全是在积极地提出新的思想和政策，而赫鲁晓夫主要是消极地贬斥过去。"

《关于正确处理人民内部矛盾的问题》发表后，苏联哲学博士斯捷潘年发表评论，称赞"毛泽东同志文章的原理：社会主义社会的统一不排斥矛盾"，是"一个马克思主义的普遍真理"。他说："毛泽东同志的讲演是在深刻地概括中国和其他社会主义国家的丰富的新经验的基础上创造性地发展马克思列宁主义的典范。"哲学博士祖努索夫指出，毛泽东报告中所论述的领导和群众的关系问题，从来没有人作过这样辩证的全面的分析。

波兰统一工人党中央委员、《人民论坛报》总编辑卡斯曼说：中国现在在发展马克思主义。在毛泽东同志的报告里，可以看到马克思主义在中国具体情况下的应用。报告的贡献在于，它提出了以前一个时期内由于教条主义束缚而没有人提出的社会主义国家内部矛盾的问题。

捷共中央政治理论刊物发表署名的长文《中国共产党在解决新的问题》，其中指出："及时认识到社会变化的历史意义，及时认识到在新情况发展中人民内部矛盾出现的必然性和正确地解决这些矛盾的必要性，通过说服教育的道路来领导各社会阶层前进——这一切都保证了，中国将在不长的时期内变成一个强大的、日益繁荣的社会主义国家。"

匈牙利党的机关报发表《马克思列宁主义的真理》的社论，认为毛泽东的讲话是"以新的观点，创造性的方式，照耀着整个工人运动的理论和实践的讲话"。社论还着重指出，区别敌我矛盾和人民内部矛盾，在匈牙利有着重大的意义。[1]

毛泽东从新社会新实践中提炼出"内部矛盾""敌我矛盾"这样的新词，在新的历史条件下建立了一个崭新的矛盾学说体系，是继他1937

1　薄一波：《若干重大决策与事件的回顾（修订本）》下卷，人民出版社1997年版，第616—617页。

年发表《矛盾论》之后一部新的"矛盾论"。对此，毛泽东在 1957 年 4 月 8 日的一次谈话中说："这个问题，过去的经典理论家没有说过。"

毛泽东一直把能否正确处理人民内部矛盾看作是能不能把社会主义事业推向前进的主要问题。

他有殷切期待，他有美好愿景——

我们的文化、科学、经济、政治，我们的整个国家，一定可以繁荣发展起来，我们国家就会变成一个有近代农业的、工业化的国家，人民的生活会要好起来，人民的政治情绪，人民跟政府的关系，领导者跟被领导者的关系，人民与人民之间的关系，将是一种合理的、活泼的关系。[1]

我们的目标，是想造成一个又有集中又有民主，又有纪律又有自由，又有统一意志、又有个人心情舒畅、生动活泼，那样一种政治局面。[2]

1　中共中央文献研究室:《毛泽东年谱（1949—1976）》第三卷，中央文献出版社 2013 年版，第 123 页。
2　《建国以来毛泽东文稿》第六册，中央文献出版社 1992 年版，第 543 页。

建设起强大的社会主义经济，我估计要花一百年

——读《在扩大的中央工作会议上的讲话》

"过去不民主，现在陷于被动，那也不要紧，就请大家批评吧。白天出气，晚上不看戏，白天晚上都请你们批评。"毛泽东说。

1962 年 1 月，中国共产党召开自 1921 年成立以来最大规模的中央工作会议。从中央到地县级的领导干部，有七千多人参加。人数之多，规模之大，前所未有。为什么要开这么大规模的会议？目的是解决 1958 年以来党的工作路线问题。会上，有一个形象的说法，叫"出气"。

为什么叫"出气"？

1958 年的"大跃进"运动、人民公社化运动和 1959 年的"反右倾"，本来是希望给人民带来好日子。事与愿违的是粮、棉、油、猪肉产量大幅度下降，加上自然灾害，中国国民经济在 1960 年前后陷入新中国成立以来最为严重的困难局面。

为了扭转困难局面，中共中央采取一系列调整政策的措施：农村下放自留地、开放集市贸易、缩小社队规模、解散公共食堂、调整粮食收购政策等。农业生产下行的压力有所缓解，但工业生产下行的压力仍然没有调整过来，日用工业品的供应十分短缺，粮食征购计划仍无法完成。

"七千人大会"最初就是为了解决粮食紧缺这个具体难题而召开的。刘少奇和邓小平专门主持会议，请来六个中央局的第一书记商讨粮食征购办法。几位第一书记表现出畏难情绪，怕答应了中央要求的粮食征购数目后回去难以落实。中南局第一书记陶铸提出，要使粮食征购任务顺利完成，建议把全国地委第一书记都找来做工作。华北局第一书记李雪峰则提出，给大家把形势讲清楚，把思想打通。这些建议似乎印证了中央此前的一个基本判断：对粮食产量，地方干部没有完全讲老实话，只有从思想上解决分散主义和本位主义，才可能完成粮食征购计划。

开会的建议报到毛泽东那里，毛泽东不仅同意陶铸的这个意见，还决定再扩大规模，把县委书记们也请来。这就是有七千多人参加的扩大的中央工作会议的由来。

1962年1月11日，大会开幕。会议没有举行开幕式，而是直接把中央起草的大会报告稿发给与会者阅读，分组讨论，征求意见。讨论一开始，果然是议论纷纷，不少与会者明显不同意报告中提出的反对分散主义的主张。有的省说：工业上有分散主义，但非此不可，否则不能调动地方上发展工业的积极性；而农业上不仅没有分散主义，反而是集中过多，把农民搞得比较苦。有的省说，现在不是反分散主义的问题，而应该反主观主义。

看来，中央和地方的认识并不一致。

党中央发现了会议讨论中的这个重要动向。这就面临一个重要选择：是坚持按原来拟定的主旨开会，还是根据实际情况重拟报告稿？毛泽东和中央决策层没有犹豫，果断决定：充分听取地方同志的意见，重新组成报告起草委员会来起草大会报告，并要求先弄清楚当前的主要矛盾是什么，统一思想后再写稿子。这个决定，实际上使大会主题发生了重要变化，即由以反对分散主义为主，改成了以总结经验为主。为了让大家充分发表意见，毛泽东提出实行"三不主义"——不抓辫子，不打棍子，不扣帽子。

经过 8 天的讨论修改，重新起草的报告 1 月 25 日由中央政治局开会通过。1 月 27 日，大会讨论修改的报告（又称"刘少奇的书面报告"）印发与会人员。这份书面报告，对新中国成立 12 年来的经验进行了全面总结，特别是对"大跃进"以来出现的问题和教训，对如何迅速恢复和发展国民经济，作出了比较系统的总结，对今后的经济建设要注意哪些问题，应该怎么搞也提出了意见。这个报告，在动员和鼓舞全党同心同德克服当前困难，完成各项工作任务方面，统一了思想。1 月 27 日，刘少奇代表中央就大会关心的热点、难点问题对全体与会者进行了三个多小时的解答，这个"口头报告"同样收到很好的效果。

毛泽东在 1 月 30 日的讲话中评论说："报告第二稿是中央集中了七千多人议论的结果。如果没有你们的意见，这个第二稿不可能写成。在第二稿里面，第一部分和第二部分有很大的修改，这是你们的功劳。听说大家对第二稿的评价不坏，认为它是比较好的。如果不是采用这种方法，而是采用通常那种开会的方法，就是先来一篇报告，然后进行讨论，大家举手赞成，那就不可能做到这样好。"

根据大会的议程，刘少奇做完报告之后，毛泽东等几个常委再讲话，会议就结束了。这时候，中央收到地方同志的几封来信，反映县、地两级负责人，对省委领导有意见而不敢讲，不能畅所欲言。为了使上下通气，真正把这些年各级干部心中的真实想法表达出来，以团结全党共克时艰，毛泽东在会上宣布，延长会期，让大家出气。他说：

我相信能解决上下通气的问题。有一个省的办法是，白天出气，晚上看戏，两干一稀，大家满意。我建议让人家出气。不出气，统一不起来。没有民主，就不可能有集中。因为气都没有出嘛，积极性怎么能调动起来？到中央开会还不敢讲话，回到地方就更不敢讲话了。我们几个常委商量了一下，希望解决出气的问题。有什么气出什么气，有多少气出多少气。不管是正确之气、错误之气，不挂账，不打击，不报复。……如果你们想解决上下通气这个问题，就趁此机会，就在这里解决，舒舒服服回去。如果你们赞成，就这样做。每天下午有一个同志讲话，上午讨论，开出气大会。[1]

1月30日下午，毛泽东向大会发表讲话，把"出气大会"推向了高潮。大会由毛泽东自己主持，自己讲话。

与会者对毛泽东的讲话寄予很大希望。在战争年代，每当中国革命遇到困难，或者人们感到困惑、迷茫的时候，毛泽东都能高屋建瓴，及

1　中共中央文献研究室：《毛泽东传》第五册，中央文献出版社2011年版，第2163—2165页。

时指明方向，带领全党变被动为主动。如今已成为执政党的中国共产党，在社会主义新时期遭遇挫折，人们有着这样那样的迷茫与困惑，大家期待毛泽东再一次拨开云雾。

毛泽东讲话时，没有讲话稿，连个提纲也没有。他上来就说，要讲六个问题：这次会议的开会方法；民主集中制问题；我们应当联合哪些阶级，改造哪些阶级；关于认识客观世界的问题；关于国际共产主义运动；要团结全党和全体人民。这几个方面，是毛泽东根据几年来的工作体会和与会者的情绪有感而发的。

关于民主集中制，毛泽东说："不论党内党外，都要有充分的民主生活，就是说，都要认真实行民主集中制。""没有民主，不可能有正确的集中，因为大家意见分歧，没有统一的认识，集中制就建立不起来。""没有民主，意见不是从群众中来，就不可能制定出好的路线、方针、政策和办法。""如果没有民主，不了解下情，情况不明，不充分搜集各方面的意见，不使上下通气，只由上级领导机关凭着片面的或者不真实的材料决定问题，那就难免不是主观主义的，也就不可能达到统一认识，统一行动，不可能实现真正的集中。""我们的集中制，是建立在民主基础上的集中制。无产阶级的集中，是在广泛民主基础上的集中。""在我们国家，如果不充分发扬人民民主和党内民主，不充分实行无产阶级的民主制，就不可能有真正的无产阶级的集中制。没有高度的民主，不可能有高度的集中，而没有高度的集中，就不可能建立社会主义经济。"从这些话语中可以看出，与其说强调集中，不如说更强调民主。

他们怕群众，怕群众讲话，怕群众批评。哪有马克思列宁主义者怕

群众的道理呢？有了错误，自己不讲，又怕群众讲。越怕，就越有鬼。

现在有些同志，很怕群众开展讨论，怕他们提出同领导机关、领导者意见不同的意见。一讨论问题，就压抑群众的积极性，不许人家讲话。这种态度非常恶劣。

我们现在有些第一书记，连封建时代的刘邦都不如，倒有点像项羽。这些同志如果不改，最后要垮台的。不是有一出戏叫《霸王别姬》吗？这些同志如果总是不改，难免有一天要"别姬"就是了。

不负责任，怕负责任，不许人讲话，老虎屁股摸不得，凡是采取这种态度的人，十个就有十个要失败。人家总是要讲的，你老虎屁股真是摸不得吗？偏要摸！

让人讲话，天不会塌下来，自己也不会垮台。不让人讲话呢？那就难免有一天要垮台。[1]

毛泽东这样讲民主集中制问题，引起强烈反响，受到与会者的热烈拥护。

刘少奇的主报告里没有这个内容，他听了毛泽东的讲话后说："我在扩大的中央工作会议上的报告要修改一下，把主席讲的民主集中制的意思加进去。这个问题，在各组讨论我那个报告的时候，就反映出来了，

1　中共中央文献研究室：《毛泽东文集》第八卷，人民出版社 1999 年版，第 291—310 页。

但是我们起草委员会没有接受这个意见。""过去这几年，有集中过多的倾向。这种集中过多，不是真集中，不是无产阶级的集中制，而是独断专行。我感觉，我们这几年的主要经验之一是这一条。""过去我们在这方面不让他们畅所欲言，我们堵了言路，这是一条很大的教训。所以，毛主席就讲了一篇民主集中制。"

毛泽东讲话的另一个重点是，关于认识客观世界的问题。他详细地回顾了中国共产党对于如何进行民主革命，是经过了 24 年全党的认识才完全统一起来的这一历史过程。他说："我讲我们中国共产党人在民主革命时期艰难地但是成功地认识中国革命规律这一段历史情况的目的，是想引导同志们理解这样一件事：对于建设社会主义的规律的认识，必须有一个过程。必须从实践出发，从没有经验到有经验，从有较少的经验，到有较多的经验，从建设社会主义这个未被认识的必然王国，到逐步地克服盲目性、认识客观规律、从而获得自由，在认识上出现一个飞跃，到达自由王国。"他坦诚地说："在社会主义建设上，我们还有很大的盲目性。社会主义经济，对于我们来说，还有许多未被认识的必然王国。拿我来说，经济建设工作中间的许多问题，还不懂得。工业、商业，我就不大懂。对于农业，我懂得一点。但是也只是比较地懂得，还是懂得不多。""我注意得较多的是制度方面的问题，生产关系方面的问题。至于生产力方面，我的知识很少。社会主义建设，从我们全党来说，知识都非常不够。我们应当在今后一段时间内，积累经验，努力学习，在实践中间逐步地加深对它的认识，弄清楚它的规律。"

毛泽东指出了建设社会主义的长期性、复杂性和艰巨性。他说："从现在起，五十年内外到一百年内外，是世界上社会制度彻底变化的伟大时代，是一个翻天覆地的时代，是过去任何一个历史时代都不能比拟的。处在这样一个时代，我们必须准备进行同过去时代的斗争形式有着许多不同特点的伟大的斗争。为了这个事业，我们必须把马克思列宁主义的普遍真理同中国社会主义建设的具体实际，并且同今后世界革命的具体实际，尽可能好一些地结合起来，从实践中一步一步地认识斗争的客观规律。要准备着由于盲目性而遭受到许多的失败和挫折，从而取得经验，取得最后的胜利。由这点出发，把时间设想得长一点，是有许多好处的，设想得短了反而有害。"

在发动"大跃进"的时候，毛泽东和他的同事们曾经信心十足地认为，只要有几年、十几年的时间，就可以赶上和超过世界上最发达的资本主义国家。而毛泽东在这个讲话中冷静多了，他说："要赶上和超过世界上最先进的资本主义国家，没有一百多年的时间，我看是不行的。"这同他曾经认为很快就可以建成社会主义并且向共产主义过渡的估计，真是有天壤之别了。从这里可以理解，毛泽东为什么特别强调对于建设社会主义的规律的认识，从没有经验到有经验，从有较少的经验到有较多的经验，必须有一个过程。

毛泽东鲜明地提出："工、农、商、学、兵、政、党这七个方面，党是领导一切的。"

毛泽东对近几年工作中出现的缺点、错误主动承担了责任，作了自我批评。他说："去年六月十二号，在中央北京工作会议的最后一天，我讲了自己的缺点和错误。我说，请同志们传达到各省、各地方去。事后知道，许多地方没有传达。似乎我的错误就可以隐瞒，而且应当隐瞒。同志们，不能隐瞒。凡是中央犯的错误，直接的归我负责，间接的我也有份，因为我是中央主席。我不是要别人推卸责任，其他一些同志也有责任，但是第一个负责的应当是我。"党的最高领导人在如此大的范围内作诚恳的自我批评，深深地感动了全体与会者。各省市自治区负责人和中央各主要部门负责人，也都在这次会上作了自我批评。

毛泽东的讲话，不是围绕具体问题来讲，而是从大的方面，从制度方面、思想方法、工作方法的高度来讲，使大家有一种登高望远的感觉。

七千人大会，是一次总结大会，又是一次动员大会。通过这次会议，大家精神振奋，团结一致，积极投入到恢复和发展生产、克服经济困难的斗争中去。在七千人大会前后起草或修改的工业企业七十条、农业六十条、商业四十条、高教六十条、科学十四条、文艺八条等陆续下发，这些总结经验、修正错误、完善政策进而贯彻于实践的重要举措，开启了新的局面，呈现出新的气象。

七千人大会也有缺点和历史局限性。林彪在大会上有一个与众不同的讲话，他在讲到这几年的困难时说："这些困难在某些方面、在某种程度上，恰恰是由于我们没有照着毛主席的指示、毛主席的警告、毛主席的思想去做。""毛主席的优点是多方面的，不是一方面的。我个人几十年来体会到，毛主席最突出的优点是实际。他总比较人家实际一些，总是八九不离十的。""我深深感觉到，我们的工作搞得好一些的时候，是毛主席的思想能够顺利贯彻的时候，毛主席的思想不受干扰的时候。如果毛主席的意见受不到尊重，或者受到很大的干扰的时候，事情就要出毛病。"表面上是高举旗帜，实际上鼓吹了个人崇拜，干扰了会议的主题。

毛泽东的《在扩大的中央工作会议上的讲话》这篇文章，由最初的口头讲话，到经过整理而成为经典文献，其间修改过程非常耐人寻味——

1962 年初扩大的中央工作会议结束后，毛泽东去了外地，让他的秘书田家英在北京整理他的这个讲话。2 月下旬，田家英带着整理稿来到杭州。毛泽东看了这个稿子不太满意，让人把原始讲话的录音记录从北京送来，他花了一天工夫改出一稿，请田家英"看一遍，看还有什么错误没有"。从这时起到 3 月 20 日，毛泽东先后改了七遍。但他仍然不放心，又把改出来的稿子分送刘少奇、周恩来、邓小平等人，请他们"提出修改意见"。4 月 10 日，毛泽东感到稿子修改得可以了，作为内部文件印发各地。四年后的 1966 年 2 月，毛泽东又召集一些领导同志和笔杆子对《在扩大的中央工作会议上的讲话》进行修改，再一次作为内部文件下发。一篇文章，时隔四年，两番集中修改，两次作为内部文件印发，实属罕见，足见毛泽东对文稿的审慎严肃的态度。

邓力群说："事过几十年后，感觉他的讲话确实深刻，经得起时间的考验，实践的检验。"[1]《在扩大的中央工作会议上的讲话》是毛泽东探索中国社会主义建设道路的代表性著作，也是集中阐述党的民主集中制原则的代表作。

---

1 邓力群：《邓力群自述（1915—1974）》，人民出版社 2015 年版，第 357 页。

毛泽东关于社会主义革命和社会主义建设的理论，有很多内容。大致说来，包括以下这些——

　　提出了人民民主专政理论，即把对人民内部的民主方面和对反动派的专政方面互相结合起来；提出了一条中国社会主义和平改造道路，创造了社会主义革命的新途径；提出了把党和国家的工作重点转到社会主义建设和技术革命上来；提出了走自己的路，独立自主探索中国社会主义建设道路的思想；提出中国社会主义的发展可以分为两个阶段，第一个阶段是不发达的社会主义，第二个阶段是比较发达的社会主义；系统阐发社会主义社会的基本矛盾和主要矛盾，确立社会主义社会的根本任务；提出以农业为基础，正确处理重工业同农业、轻工业的关系，走出一条中国工业化道路；提出社会主义现代化建设分两个步骤，第一步建立独立的比较完整的工业体系和国民经济体系，第二步建成一个具有现代农业、现代工业、现代国防和现代科学技术的社会主义强国；提出社会主义社会还存在商品生产和商品交换，要大力发展商品生产，尊重价值法则；提出社会主义建设要统筹兼顾，处理好一系列重大关系；提出正确处理人民内部矛盾的重要命题；提出搞好民主集中制，造成又有集中又有民主的生动活泼的政治局面；提出"百花齐放，百家争鸣""古为今用、洋为中用"的文化建设方针；提出坚持"两个务必"、密切党同人民群众的血肉联系等一系列加强执政条件下党的建设的重要思想。

1961 年 9 月，英国元帅蒙哥马利访问中国时问毛泽东："主席遇到难题的时候，是不是同马克思联系？"毛泽东回答说："他只有理论，他没有办过社会主义。社会主义，列宁办过。所以遇到实际问题，要问自己，问苏联。"[1]中国在社会主义建设中很快发现苏联社会主义建设模式中还有许多弊端，最后，只能是"问自己"。问自己，实际上就是在实践中自己去摸索。这样一来，就出现了四种情况：第一，理论富有创造性，理论正确，实践上也正确，因此取得了巨大成效。这是最主要的。第二，理论和实践上都开了个好头，但后来没有很好地继续做下去。第三，有的理论认识是正确的，可惜实践上没有能够坚持和落实。第四，也有的在认识上发生偏差，落实在实践中，自然就错了。走前人没有走过的路，出现一些歧路也是不可避免的。

毛泽东曾自信地说："再过四十五年，就是二千零一年，也就是进到二十一世纪的时候，中国的面目更要大变。中国将变为一个强大的社

1　中共中央文献研究室：《毛泽东年谱（1949—1976）》第五卷，中央文献出版社 2013 年版，第 28 页。

会主义工业国。中国应当这样。因为中国是一个具有九百六十万平方公里土地和六万万人口的国家，中国应当对于人类有较大的贡献。"[1] 历史的进程大致如毛泽东所预言。

毛泽东的社会主义革命和社会主义建设理论及其实践，是在走前人没有走过的道路，有失误，更有大成功。一代人的探索及其成果，为新的历史时期开创中国特色社会主义提供了宝贵经验、理论准备和物质基础。

---

[1] 中共中央文献研究室：《毛泽东年谱（1949—1976）》第三卷，中央文献出版社 2013 年版，第 29—30 页。

CHAPTER 3

第三章

枪杆子里面
出政权

关于革命军队建设和军事战略的思想

美国的罗斯·特里尔在他著名的《毛泽东传》中说："枪和笔，永远是毛泽东的两样武器。"[1]

毛泽东有句名言，"枪杆子里面出政权"。他一生指挥千军万马，却没有摸过几回枪。据说井冈山时期，陈士榘缴获了一支女式袖珍手枪，精巧绝伦，可置于掌心。他把这支手枪送给林彪，林彪转送给毛泽东。毛泽东一见，随手往地上一扔，说："待我用它之际，红军完矣。"[2]

毛泽东说："我这一辈子就是在打仗中过的，一共打了二十二年。从没有打仗的决心到有了打仗的决心，从不会打仗到学会了打仗。"[3]

从一介书生到军委主席，从不会打仗到指挥千军万马，毛泽东亲自组织指挥战役战斗的数量之多、胜率之高，在世界军事史上屈指可数。有资料统计，仅在土地革命战争时期和解放战争时期，毛泽东亲自组织指挥和参与组织指挥的战役战斗就多达 239 次。还有资料统计，毛泽东一生直接或间接指挥了 400 多个堪称经典的战役和战斗。[4]

---

1 [美]特里尔：《毛泽东传：典藏本》，何宇光、刘加英译，中国人民大学出版社 2013 年版，第 356 页。

2 吴东峰：《开国将军轶事》，解放军文艺出版社 2002 年版，第 137 页。

3 《建国以来毛泽东军事文稿》下卷，军事科学出版社、中央文献出版社 2010 年版，第 199 页。

4 陈宇：《毛泽东军事战略》，解放军出版社 2015 年版，第 4 页。

上马横槊，下马作赋。毛泽东在指挥打仗的同时，以笔为枪，书写"毛氏兵法"。他下笔之时，常常是把政治、经济、军事与哲学合于一炉而治之，每每写出经天纬地、胜义纷陈的军事经典，形成光耀千古的毛泽东军事思想。

毛泽东关注军事，始于第一次国共合作时期。中共一大通过的第一个纲领，提出了用革命手段推翻旧政权的历史任务，但并没有采取军事上的实际行动。1924年国共两党合作以后，中国共产党派周恩来等人帮助孙中山建立黄埔军校和革命军队，并先后参加了广东战争和北伐战争，这是中国共产党参与组织武装、参加战争的重要尝试。1926年3月蒋介石制造"中山舰事件"，打压黄埔军校里的共产党人时，毛泽东即同周恩来等人商议，利用其他几支武装力量的进步官兵进行军事反击。1926年12月中旬，毛泽东在中央特别会议上说："右派有兵，左派没有兵，即右派有一排兵也比左派有力量。"[1]长沙发生"马日事变"，共产党人遭到屠杀，逃出湖南的共产党人跑到武汉找毛泽东想办法，毛泽东告诉他们，拿起枪，上山的上山，下湖的下湖。可以说，在中共党内，书生出身的毛泽东，是最早意

1　中共中央文献研究室：《毛泽东年谱（1893—1949）》上册，中央文献出版社2013年版，第172页。

识到武装力量重要性的人之一。

1927 年秋收起义到遵义会议前，是毛泽东军事思想萌生时期。大革命失败后，毛泽东提出了"上山"以"造成军事势力的基础"的主张。在八七会议上，他进一步提出"政权是由枪杆子中取得的"重要论断，这一论断，后来被简化为"枪杆子里面出政权"，成为毛泽东军事思想的创造起点。9 月，毛泽东组织领导了湘赣边界秋收起义，这是毛泽东军事实践的创造起点。尔后，在井冈山斗争中，和朱德一起提出了"十六字诀"——游击战争的基本作战原则。1928 年至 1930 年初，在《中国的红色政权为什么能够存在？》《井冈山的斗争》等著作中，提出了中国革命必须走农村包围城市道路的理论。古田会议决议是一个里程碑，它明确了建设新型的人民军队的建军原则。在 1930 年至 1931 年的反"围剿"作战中，红军取得了丰富的作战经验，提出了诱敌深入的方针，形成了红军的全部作战原则。这一阶段，毛泽东军事思想的基本内容已经产生，为其后来形成科学体系奠定了坚实的基础。

遵义会议至新中国成立，是毛泽东军事思想形成完整科学体系的时期。1936 年 12 月毛泽东写了《中国革命战争的战略问题》一文，运用辩证唯物主义和历史唯物主义的观点，深刻地阐明了无产阶级研究战争和指导战争的立场、观点和方法，系统地论述了中国革命战争的战略指导问题。全民族抗日战争爆发后，毛泽东相继发表《抗日游击战争的战略问题》《论持久战》《论新阶段》《战争和战略问题》等著作，系统地论述了人民军队、人民战争的战略战术的理论和原则，以及研究和指导战争的认识论和方法论。这一时期，毛泽东军事思想已发展成为系统的理论，并经受了战争实践的考验。

新中国成立后，毛泽东军事思想进入更加完善和丰富阶段。毛泽东提出国防建设理论，系统阐述了人民军队的革命化、现代化、正规化建设，国防建设要以现代化为中心，国防建设与经济建设的关系，建立完整的国防科研和国防工业体系等。这是毛泽东军事思想在新中国成立后的重大发展。

思想建党政治建军的纲领
——读《关于纠正党内的错误思想》

1927 年大革命失败初期，中共中央干了两件大事。一是派周恩来等人到南昌组织暴动，一是在武汉召开八七会议。毛泽东就是在八七会议上提出"枪杆子里面出政权"的。一个打响第一枪的军事实践，一个横空出世的军事论断，拉开了中国共产党领导的革命新路的大幕。

毛泽东一介书生，靠一支笔起家。1924 年 1 月，中国国民党第一次全国代表大会召开，第一次国共合作开始。国共合作，蒋介石拿到了枪，他在由苏联人资助建立的中国国民党陆军军官学校，即黄埔军校中任校长，兼国民革命军第一军军长；毛泽东拿到了笔，他任中国国民党候补中央执行委员，1925 年 10 月还兼任国民党宣传部代理部长。拿枪的蒋介石用手中的枪，血洗了共产党。拿笔的毛泽东被迫拿起了枪。

"一九二七年我在武汉时还是个白面书生。"[1] 毛泽东说，"在一九二七年以前，我是没有准备打仗的。……他们用恐怖的杀人办法，

1　中共中央文献研究室：《毛泽东文集》第四卷，人民出版社 1996 年版，第 326 页。

逼得我和许多同志向敌人学习，蒋介石可以拿枪杀伤我们，我们也可以拿枪杀伤他们。"[1]

"白面书生"毛泽东与军旅没有联系，他除了当过半年兵，没有带领部队的任何经验，他的早期朋友圈中也无军旅行家。1927 年 9 月，毛泽东领导湘赣边界秋收起义，这是初次领兵。秋收起义失败后，他开始反思部队战斗力不强、官兵思想混乱的原因，着手对部队进行革命性改造。在这样一个关系一支部队生死存亡的时候，毛泽东只手擎天，显示出天才般的创造精神。

他创造性地通过"三湾改编""支部建在连上"，实现了党对军队的领导，把在基层士兵看来遥远而抽象的"党"，变成基层士兵日常可见的"党"。

他针对以农民为主要成分的队伍纪律松散、作风散漫以及主要靠野蛮的体罚来强制执行纪律的问题，提出军事民主，制定"三大纪律六项注意"，建立起新型官兵关系。

他看到旧军队欺压百姓，军民基本上处于对立关系，提出"军民一致"的原则，密切军民关系。

这些前无古人的治军举措，开始打造一支中国历史上前所未有的军队。毛泽东带领着这支经过初步改造、重新铸魂的部队开辟出中国革命的第一块农村根据地。

1928 年 4 月下旬，朱德、陈毅率领南昌起义余部来到井冈山，与毛泽东胜利会师。美国著名女作家史沫特莱称赞，"这次会见是中国历

---

[1] 中共中央文献研究室：《毛泽东年谱（1949—1976）》第五卷，中央文献出版社 2013 年版，第 352 页。

史上最重要的事件之一"。"朱毛会师",直接影响中国革命的进程,影响了中国历史的进程。

"不周山下红旗乱。"5月25日,中共中央颁布《军事工作大纲》,其中规定:"在割据区域所建立之军队,可正式定名为红军,取消以前工农革命军的名义。"6月16日,毛泽东在《给湖南江西省委转中央的信》中说,"改造军队变成真正的红军"。毛泽东提出把工农革命军的名称改为"红军"。据此工农革命军正式改称工农红军。

毛泽东后来说到红军:"中国历史上没有红军,要说有就是明朝朱洪武起过一次'红军',他们打的旗子是红旗。有的人以为红军这个名称一定是外国来的,我说不一定,你就只知道外国的事情,中国祖宗的事情就不知道。一九二七年以后,国民党反动派压迫和屠杀人民,中国又产生了红军。"[1]毛泽东这一席话,说明了红军名为"红军"的原因与历史源头。

毛泽东当时的职务是中央任命的前敌委员会书记,简称前委书记。这是中国共产党创建人民军队后设立的一个重要领导岗位,全面负责一个区域、一支军队在对敌斗争中的军政事务。红四军成立,朱德出任军长,毛泽东担任党代表(后来改称政委),陈毅任政治部主任。从此,人民军队有了"朱毛组合",中国革命史上有了值得大书特书的"朱毛"传奇。"朱毛"成为中共军队的代名词。

1929年1月,毛泽东和朱德率红四军主力离开井冈山,转战赣南、闽西,实行"工农武装割据",红四军发展成为影响全国的革命部队。

1　中共中央文献研究室:《毛泽东文集》第三卷,人民出版社1996年版,第434页。

这时候，红军失去根据地的依托，连续作战，部队思想有些混乱。红军的大部分成员是从旧军队来的，参加红军的时间又短，旧军队的思想作风依然相当严重。由于以上种种原因，红军中有不少同志轻视党对军队的领导，崇尚传统的军事领导一切；有的认为红军的任务就是打仗，反对红军做群众工作；有的不遵守群众纪律，有过激的行为；有的存在军阀主义，打骂下级和枪毙逃兵等现象也时有发生。

红四军领导层在大的政治路线问题上思想一致，但在如何建设这支部队上出现了一些分歧。作为政治领导的毛泽东跟作为军事领导的朱德，工作中产生了一些矛盾，出现了一些争论。

红四军内部的建构模式受苏联红军的影响，军事主官即军长掌军部，行使军事指挥权（也就是所谓的军权）；政治主官即党代表掌政治部，行使政治领导权（即党权）；政治部职权与军部平衡，形成军政分权。这都是仿照的苏联红军体制。军政分权的现象，导致发生政治组织与军事组织职权上的纠纷、政治工作人员与军官之间的纠纷。"结发夫妻"式的军政平等，"结果天天要吵嘴"。[1]于是，军事观点和政治观点的争执，军权和党权的争执，以及"朱毛"之间的争执，也就不可避免地发生了。

朱德曾是赫赫有名的滇军旅长，在护国讨袁战争中屡立战功，闻名遐迩；在十月革命和五四运动的影响下，他抛官弃禄，远涉重洋，义无反顾地踏上探寻救国救民真理的道路，经周恩来介绍加入了中国共产党。在德国、苏联等地研究军事，学习马克思主义。不久前，参与领导了震撼全国的南昌起义。

1　蒋洪斌：《陈毅传》，上海人民出版社 1992 年版，第 311 页。

毛泽东是中国共产党的创始人之一，农民运动的专家，中共中央临时政治局候补委员，他在井冈山建立了中国革命的第一块农村根据地。

毛泽东与朱德从前没有在一起工作磨合过，两人在战略选择、军队管理乃至个人风格上存在差异。加上红四军的组织有些叠床架屋：红四军党部之上设立前敌委员会（简称"前委"），下面还有红四军军事委员会（简称"军委"），军委管理军内各级党部（团委、营委、联支部）及地方赤卫队；前委除指挥打仗外，还有对地方党部进行指导的任务。这种组织架构，打起仗来，不方便决策。

军情紧急，为了更好地掌控部队，以毛泽东为书记的前委研究决定：为了适应游击时代"军队指导需要集中而敏捷"的要求，军委停止办公，权力集中于前委。这个举措有利于加强党的领导和机断决策，却没有顾及军委书记朱德的感受，对此朱德不那么满意。

更为糟糕的是，4月初，红四军收到位于上海的中央的"二月来信"，该信对形势作出悲观估计，提出红四军应该分散活动，"决定朱毛两同志有离开部队来中央的需要"。[1]毛泽东不同意部队分散行动，因为好不容易拉起一支队伍，一分散，容易被强大的敌人各个击破。"二月来信"动摇了部队的凝聚力，队伍不好带了。

5月初，留学苏联红军高级射击学校的刘安恭受中央委派，作为中共中央特派员，来到红四军工作。对这样一位军事人才，毛泽东、朱德等红军领导人都非常欢迎。在毛泽东建议下，成立了红四军临时军委，由刘安恭任书记。

1　中共中央文献研究室、中央档案馆：《建党以来重要文献选编（1921—1949）》第六册，中央文献出版社 2011 年版，第 37 页。

刘安恭认为：红四军的规章制度在马克思列宁主义经典著作上都没有记载，一个字都对不上号，不合规范，土里土气，农民意识太强，应该统统废除。他上纲上线地认为，红四军有两派，一派拥护中央，一派反对中央。刘安恭这样一说，官兵们的思想更加混乱。

刘安恭在军委会议上作出一条决定："前委只讨论行动"，不要管其他事。这等于是下级决定上级的权力范围。这引起毛泽东等人的不满。刘安恭说，苏联红军就是这样的。

红四军成立以来的一场大争论不可避免地爆发了。这是古田会议决议"出生"前的"阵痛"。

红四军争论的问题归结起来主要是：前委和军委如何分权？在前委领导下各级党组织的作用如何发挥？个人领导和党的领导如何区别？党的领导是否只能管政治工作，不能管其他？红军的任务是否只是单纯打仗，流动游击？建立根据地是否只是地方的任务？红军内部是实行民主集中制还是长官说了算？

6月8日，红四军前委召开扩大会议，想解决这些争论。毛泽东在会议上发表书面意见，他态度鲜明地指出：军委和前委分权后，"前委不好放手工作，但责任又要担负，陷于不生不死的状态"。有人"反对党管一切""反对一切归支部""反对党员的个人自由受限制"，这些都是错误的。"我不能担负这种不生不死的责任，请求马上调换书记，让我离开前委。"

这次会议争论一番，对一些原则问题没有统一认识，会议开得不了了之。6月14日，毛泽东给林彪回信说："党内有争论问题发生是党的进步，不是退步。只有赶快调和敷衍了事，抹去了两方的界线，以归到庸俗的所谓大事化为小事才是退步……"他去意已决："我之请求离开前委……希望经过中央送到莫斯科去留学兼休息一个时期。在没有得到中央允许以前，由前委派我到地方做些事……"[1]

这场争议中，毛泽东和林彪等人意见相同，是当事一方；朱德与刘安恭意见相近，是争论的另一方。亲历争议现场的曾志说："当时，军事干部中有位刘姓干部……与朱军长是同乡，在军阀部队时又是同事，两人关系较好。……他在军长面前挑拨离间，说毛委员对你怎么能这样，说前委书记在政治上干预太多了。军队是司令部对外，政治部门不能对外，政治部门不能直接干预军队的事，等等。"[2]

为了解决红四军出现的党内矛盾，只好委托陈毅主持前委工作，筹备红四军第七次党代会。临危受命的陈毅主持前委工作，左右为难。他只好让毛泽东、朱德、刘安恭各写一篇文章申明自己的观点，并把三个人的文章发给各党支部，号召"同志们努力来争论吧"。

6月22日，红四军七大在龙岩召开。会上，毛泽东、朱德、刘安恭各自讲明观点，也对别人的质疑做些解释。党代表们则自由讨论，对几位领导人提出很多意见，有些意见是中肯的，有些意见则偏激夸大。最后，通过了由陈毅起草的《红军第四军第七次代表大会决议案——党内争论问题及分兵问题》。

决议对毛泽东的批评是七条：英雄主义；固执己见，过分自信；虚荣心重，不接受批评；在党内用手段排除异己，惯用报复主义；对同志有成见；工作态度不好；小资产阶级色彩浓厚。上述错误，使同志们怕

1　中共中央文献研究室：《毛泽东文集》第一卷，人民出版社 1993 年版，第 64、75 页。
2　曾志：《百战归来认此身——曾志回忆录》，人民文学出版社 2011 年版，第 74 页。

说话，造成个人信仰，使小团体观念加重。

决议对朱德的批评也是七条：用旧军阀的手段，相信私人；有迎合群众造成个人信仰的倾向；无形间有游民无产阶级行动的表现；工作不科学，无条件（理），无计划，马马虎虎；无形中夸大英雄思想的表现；不能坚决执行党的决议；不注意军事训练，不注意维持军纪。以上错误，造成军纪松懈，使士兵具有流氓习气，小团体观念极深。

决议的结论说："此次争论，朱毛两同志都有同等的错误，但毛同志因负党代表与书记之工作，对此次之争论应负较大的责任。"决议通过："给毛泽东以严重警告处分，给朱德以书面警告处分。"

陈毅在大会报告中，还对毛泽东和朱德进行了批评，各打五十大板。

陈毅在总结中对毛泽东提出四条批评意见：一是对马列主义的信仰不够，因为毛泽东常讲马列主义只规定世界革命和中国革命的原则，具体做法要靠自己来创造；二是有个人英雄主义，因为毛泽东总讲党管一切，实际上是说没有你这个前委书记来领导红四军就不行；三是有家长制作风，朱毛两个人吵架，我们这些人不好办；四是毛泽东说"没有调查就没有发言权"是不对的，共产党员在党内怎么会没有发言权呢？说错话可以改嘛。

毛泽东说：陈毅对我的批评，我现在不辩，如果对我有好处，我会考虑，不正确的，将来自然会证明他这个不正确。

因为毛泽东曾经说过"我不能担负这种不生不死的责任，请求马上调换书记"，会议改选了前委，陈毅当选书记。毛泽东成为少数派，落选了。

红四军七大没有真正解决问题，反而把矛盾弄得复杂化了。这是一个不成功的会议。

毛泽东从前委书记岗位上落选了，便带着几个人到闽西上杭去指导地方工作。与毛泽东同一观点的谭震林、江华、蔡协民、贺子珍等人也离开红四军，跟着毛泽东一起到了上杭。[1]江华回忆说："我们离开部队，由龙岩出发时，把我们的马也扣留了。那时候我们一行人真有些灰溜溜的样子。"

毛泽东后来说，这是遭到内部同志不理解，把他赶出红军，去当老百姓。其心之憋屈，可想而知。他积郁成疾，大病一场，一度化名"杨先生"住进山洞。国民党报纸造谣说，毛泽东因病死掉了。

远在莫斯科的共产国际也相信了毛泽东病逝的消息。1930年3月20日，共产国际主办的《国际新闻通讯》发表讣告，沉痛宣布毛泽东因患肺结核在福建前线去世。讣告称："中国共产党的奠基者、中国游击队的创建者和中国红军的缔造者之一的毛泽东同志，因长期患肺结核而在福建前线逝世。毛泽东同志是大地主和大资产阶级最害怕的仇敌。自1927年起，代表大地主大资产阶级利益的国民党就以重金悬赏他的头颅。毛泽东同志因病情不断恶化而去世。这是中国共产党、中国红军和中国革命事业的重大损失。当然，毫无疑问，敌人会因此而感到高兴……作为国际社会的一名布尔什维克，作为中国共产党的坚强战士，毛泽东同志完成了他的历史使命。中国工农群众将永远铭记他的业绩，并将完成他未竟的事业。"[2]

毛泽东不会死，他的历史使命还远远没有完成。

那段时间，毛泽东心里实在不好受。9月9日重阳节那天他写了一

1　曾志：《百战归来认此身——曾志回忆录》，人民文学出版社2011年版，第74页。

2　罗平汉：《回看毛泽东》，人民出版社2013年版，第383页。

首《采桑子·重阳》，上阙是："人生易老天难老，岁岁重阳。今又重阳，但看黄花不用伤。"因为真伤心了，才说"不用伤"；说"不用伤"，也凸显出他在用极大的毅力控制自己的伤心。毛泽东后来把"但看黄花不用伤"改为"战地黄花分外香"，词句豪迈了，历史的细节与背景也变得模糊了。

毛泽东离开红四军后，红四军的日子更不好过。先是陈毅主持大局，很快感到前委工作之难，他后来回忆说，"我挂了几天帅，感到自己不行。事情就是这样，你不在那个位子上干不知道，一干前后一比较，就觉察出来了"。[1] 不久，中央来信，要求红四军派领导干部去上海参加政治局的军事会议，汇报红四军的情况。前委决定让陈毅去上海开会，汇报工作。

陈毅辗转到上海时已是 8 月下旬。

8 月 29 日，政治局专门听取陈毅汇报，总书记向忠发，政治局委员李立三、周恩来、项英、关向应出席会议。陈毅襟怀坦白，公正无私，如实地汇报了红四军各方面的详情，他还写了《关于朱毛军的历史及其状况的报告》《关于朱毛红军的党务概况报告》《关于朱毛争论的报告》等五份书面材料。

中共中央这时也有意改变红军中分权制的权力布局。政治局认为，在红四军的这场争论中，毛泽东在政治上比较正确。中央成立了由李立三、周恩来、陈毅三人组成的"三人委员会"，中央政治局常委、分管军事工作的周恩来为召集人，专门研究红四军的问题。

周恩来对毛泽东、朱德和陈毅都比较了解。在欧洲时他就认识了陈

1　罗英才：《陈毅的非常之路》，人民出版社 2004 年版，第 43 页。

毅和朱德，他还是朱德的入党介绍人，他们一起参加了南昌起义。陈毅比周恩来小 3 岁，喜爱文学，为人正直坦荡，在军事上、政治上的经验都不如朱、毛两人。"三人委员会"经过近一个多月的深入讨论，形成了给红四军的"九月来信"的基本内容。

"九月来信"由陈毅代中央起草，最后由周恩来审定。据有关文献记载，陈毅将文稿送交周恩来后，周恩来仔细审阅一遍，只字未改，高兴地说："很好，就是这个意思。"在陈毅离开上海前，周恩来嘱咐说："你将中央的指示带回去，最主要的是请回毛泽东同志复职。请你转告朱德同志，请他与毛泽东同志团结协作，共同领导好四军的工作。"[1]

陈毅去上海后，红四军这一大摊子工作留给朱德来处理。朱德既要管军事，又要管政治，还要管地方，而部队极端民主化的倾向日益严重，他实在是应付不过来。9 月间，朱德在上杭主持召开红四军第八次党代会，还是像此前召开的七大那样搞自下而上的民主讨论。会议本来是要解决政治和思想问题的，可是由于没有中心思想，没有正确引导，代表们各说各的，谁都做不了主。无组织状态下开了三天会，大家争论不休，对一切问题都没有"争"出结果，最后还是要请示中央再定。八大开成了一个把事情弄得更为糟糕的会议。

朱德等人在会前通知毛泽东回来参加八大。毛泽东疟疾正在发作，加上个性倔强，他回信说："我平生精密考察事情，严正督促工作，这是'陈毅主义'的眼中之钉。陈毅要我当'八边美人，四方面讨好'，我办不到。我反对敷衍调和、模棱两可的陈毅主义……红四军党内是非

---

1 舒龙、凌步机：《岁岁重阳》，海南出版社 1993 年版，第 46—47 页。

不解决，不打倒陈毅主义，我不能随便回来；再者身体不好，就不参加八次大会了。"[1]那时的毛泽东，宛如初出的宝剑锋利无比，还带着咄咄逼人的火气。毛泽东曾自我评价说："论理执极端，论人喜苛评。""不愿牺牲真我，不愿自己以自己做傀儡。"[2]他的个性就是这样。

收到毛泽东的回信，前委给了毛泽东一个党内警告处分，并要求他马上赶来参加会议。毕竟是组织中的人，毛泽东挨处分后，立即赶赴会议。因为病得支不起身板，无法骑马，只好躺在担架上赶路。山路崎岖，还要绕开敌人，毛泽东坐着担架到上杭时，会议已经结束。大家见他身体虚弱，浑身浮肿，让他继续休息养病。

红四军第八次党代会之后，朱德执行中央的不切实际的命令，率红四军"冒进东江"，结果吃了败仗。

朱德体会到做"当家"的难处，越发觉得红四军离不开毛泽东。

陈毅从上海带着中央的"九月来信"回到红四军军部时，已是 10 月下旬。

"九月来信"肯定红四军建立以来的成绩和经验，对红四军工作任务作了一系列明确的指示。指出：从你们过去的艰苦经验中就可以证明，"先有农村红军，后有城市政权，这是中国革命的特征，这是中国经济基础的产物"。指明"党的一切权力集中于前委指导机关，这是正确的，绝不能动摇。不能机械地引用'家长制'这个名词来削弱指导机关的权力，来作极端民主化的掩护"。提出"前委对日常行政事务不要去管理，

---

1 黄少群：《毛泽东与红军》第一卷，中央文献出版社 2007 年版，第 202 页。

2 中共中央文献研究室：《毛泽东年谱（1893—1949）》上卷，中央文献出版社 2013 年版，第 79 页。

应交由行政机关去办"。强调对于红军中的种种错误观念，"前委应坚决以斗争的态度来肃清之"。

"九月来信"对红四军党的七大及前委扩大会议存在的缺点提出批评："红军是生长在与敌人肉搏中的，他的精神主要的应是对付敌人。前委对于朱、毛两同志问题，没有引导群众注意对外斗争，自己不先提办法，而交下级自由讨论，客观上有放任内部斗争关门闹纠纷的精神，前委自己铸成这个错误，这是第一点。第二，没有从政治上指出正确路线，使同志们得到一个政治领导来判别谁是谁非，只是在组织来回答一些个人问题，这是第二个缺点。第三，这次扩大会及代表大会的办法是削弱了前委的权力，客观上助长极端民主化的发展。第四，对朱、毛问题没有顾及他们在政治上的责任之重要，公开提到群众中没有指导的任意批评，使朱、毛两同志在群众中的信仰发生影响。再则一般同志对朱、毛的批评大半是一些唯心的推测，没有从政治上去检查他们的错误，这样不但不能解决纠纷而且只有使纠纷加重。"

"九月来信"明确指出："前委应立即负责挽回上面的一些错误：第一，应该团结全体同志努力向敌人斗争，实现红军所负的任务；第二，前委要加强指导机关的威信与一切非无产阶级意识作坚决的斗争；第三，前委应纠正朱、毛两同志的错误，要恢复朱、毛两同志在群众中的信仰；第四，朱、毛两同志仍留前委工作。经过前委会议，朱、毛两同志诚恳接受中央指示后，毛同志应仍为前委书记，并须使红军全体同志了解而接受。"[1]

---

1 中共中央文献研究室：《毛泽东年谱（1893—1949）》上卷，中央文献出版社 2013 年版，第 284—285 页。

朱德把毛泽东那封骂"陈毅主义"的信给陈毅看了。陈毅很受震动。他诚恳地对朱德说："我赞成这封信。这封信是对的，我陈毅七次大会是犯了错误，犯了政治上的大错误，七次大会削弱了毛泽东的正确路线，助长了错误思想。我这次回来，准备向他作检讨。"[1]陈毅11月23日还给毛泽东写信说："这次到中央去一趟，我们争论的问题都解决了。七次大会是我本人犯了一次严重错误。中央承认你的领导是正确的。此间同志也盼望你回队。"[2]

1929年11月26日，毛泽东回到红四军。陈毅向毛泽东当面作了检讨。毛泽东的火气已经消解，他诚恳接受中央来信中对他的批评。他向朱德、陈毅等人说：红四军开八大时因为身体不好，情绪不佳，写了一些伤感情的话。他指的是批评"陈毅主义"的那封信。陈毅说："我赞成这个批评。"毛泽东爽朗地说："这个问题算解决了。"

冬日晴朗，天上飘着白云。11月28日，毛泽东分别给中共中央和李立三写信说，"我病已好。……四军党内的团结，在中央正确指导之下，完全不成问题"。[3]

毛泽东曾经说过："吾人惟有主义之争，而无私人之争，主义之争，出于不得不争，所争者主义，非私人也。"[4]正是如此。

火中涅槃。毛泽东、朱德、陈毅三人坦然释怀，隔阂消失，思想统一，红四军内部的激烈争论圆满解决，这才有红四军九大的召开，才有

1 白云涛：《中共党史珍闻录》，四川人民出版社2012年版，第54页。
2 舒龙、凌步机：《岁岁重阳》，海南出版社1993年版，第50页。
3 《毛泽东书信选集》，人民出版社1983年版，第26页。
4 中共中央文献研究室：《毛泽东年谱（1893—1949）》上卷，中央文献出版社2013年版，第79页。

"瓜熟蒂落"的古田会议决议。

古田会议召开前的半个多月，毛泽东带着罗荣桓等几个同志走访部队和地方，进行调查研究，进行会议准备。

1929 年 12 月 28 日，大雪纷飞。红四军党的第九次代表大会（古田会议）在福建上杭召开。这是一次解决问题的会议。

会上，毛泽东作政治报告，朱德作军事报告，陈毅传达中央"九月来信"，一致通过了毛泽东起草的八个决议案（总称《中国共产党红军第四军第九次代表大会决议案》，即古田会议决议）。决议的第一部分是核心，后来命名为《关于纠正党内的错误思想》，收入《毛泽东选集》，其主要内容是：

（一）规定红军的性质和任务。决议指出，"红军是一个执行革命的政治任务的武装集团"，"除了打仗消灭敌人军事力量之外，还要负担宣传群众、组织群众、武装群众、帮助群众建立革命政权以至于建立共产党的组织等项重大的任务"。决议批判了不重视根据地建设的流寇思想和不愿做群众工作的错误倾向。

（二）规定了党对红军实行绝对领导的原则。"一切工作，在党的讨论和决议之后，再经过群众去执行。"决议强调必须从思想上政治上进行党的建设，还必须加强党的组织建设，指出要在红军中健全党的各级组织，"厉行集中指导下的民主生活"。决议批判了极端民主化思想和非组织观点等错误倾向。

（三）明确军事和政治的关系。决议指出，"军事只是完成政治任务的工具之一"。决议批判了"军事好，政治自然会好"和"司令部对外"以及认为政治机关隶属于军事机关的单纯军事观点。

（四）强调进行马克思主义和党的正确路线教育。决议指出，红军党内"存在着各种非无产阶级的思想"，最迫切的问题是教育的问题，要从教育上提高党内的政治水平，使党员的思想和党内的生活都政治化、科学化。决议对各种错误思想的表现、根源作了分析，指明了纠正的方法。

（五）确立红军处理军内关系、军民关系和瓦解敌军的原则。决议指出，红军官兵平等，官长应爱护士兵，保障士兵的民主权利，纠正打骂士兵等旧军队的管教方法，士兵要尊重官长，自觉接受管理，遵守纪律。决议重申红军必须遵守"三大纪律"和"六项注意"的规定，坚持军民团结。决议规定，优待俘虏兵，不准没收他们个人的财物，有伤给予医治，不愿当红军的发给路费释放。

（六）规定红军宣传工作的任务。决议指出："红军宣传工作的任务，就是扩大政治影响争取广大群众。由这个宣传任务之实现，才可以达到组织群众、武装群众、建立政权、消灭反动势力、促进革命高潮等红军的总任务。"

（七）论述红军政治工作的作风和方法。决议指出，要"用马克思列宁主义的方法去作政治形势的分析和阶级势力的估量，以代替主观主义的分析和估量"，要注意对实际情况的调查研究，"党内批评要防止主观武断和把批评庸俗化"。

决议解决了以农民为主要成分的革命军队如何建成无产阶级性质的新型人民军队的问题，是红军建设的纲领性文件乃至党的建设的纲领性文件。

古田会议决议最鲜明的特色是强调坚持党对军队的绝对领导，坚持政治建军、思想建军。陈毅在中共七大发言时说："毛主席在建军问题上的伟大,就是力争党的领导权,力争改造旧军队,力争反对军阀残余。"[1]
作为亲历者,陈毅讲得比较到位。可以说,古田会议决议为人民军队立魂,
为革命军人立心,为这支军队培植了攻必克、守必固,打不烂、拖不垮,
胜不骄、败不馁的强大基因。

从此以后,"朱毛"相知相赏,并肩战斗。井冈山三次反"围剿"
战争,是"朱毛"合作的杰作。"朱毛",一个政治建军,一个老成带兵;
一个才华横溢,一个厚重踏实。两人患难相扶,彼此都从对方身上汲取
力量。"朱毛红军"名扬天下,以至于国内外许多人把"朱毛"当成了
一个传奇人物的名字。

美国记者斯诺说:"共产党所以能够对红军保持严密的控制,朱德
对'文职'领导的忠诚和服从,是原因之一。从朱、毛以下直到各级指
挥员和政治委员没有发生军政势力之间的斗争。朱、毛的联合不是互相
竞争的,而是相辅相成的。朱德没有任何政治野心,他能接受命令,因
此也能发布命令——这是革命军队的领导的一个很有价值的因素。"[2]斯
诺说出了一部分道理。更根本的是,"党对军队绝对领导"的制度与观
念已经深入军心,融化在每个革命军人的血液中。

从"三湾改编"开始,毛泽东开创了"党指挥枪"的原则及程序;
古田会议决议奠定"党指挥枪"的坚强基石。古田会议决议等报送中央后,
作为党内文件和学习材料发放到各个革命根据地,1930年连偏远的西

1　中共中央文献研究室、中央档案馆《建党以来重要文献选编(1921—1949)》第二十二册,
　　中央文献出版社 2011 年版,第 349 页。
2　[美]埃德加·斯诺:《西行漫记》,董乐山译,东方出版社 2005 年版,第 366 页。

北红军都看到了古田会议决议等，并且据此进行军政训练。[1] 正是有了古田会议决议及党对军队绝对领导等一系列举措，中国共产党领导的各个"山头"——根据地，没有变成"梁山泊""瓦岗寨"，一支以农民为主要成分的部队成为有信仰、守纪律、爱民众、能打仗的人民军队。

红军长征到达陕北后，毛泽东还要求："将四军九次大会决议多印数千份，发至留守部队及晋西北部队，发至连长为止，每人一本，并发一通知，叫他们当作课材加以熟读。"[2] 人民军队在党的领导下，一步步发展壮大。

1976 年元旦，毛泽东的《水调歌头·重上井冈山》公开发表，这首词激发起朱德对井冈山的回忆。朱德吟读再三，写下诗作《喜读主席词二首》，其中一首写道："昔上井冈山，革命得摇篮。千流归大海，奔腾涌巨澜。罗霄大旗举，红透半边天。路线成众志，工农有政权。无产者必胜，领袖砥柱坚。几度危难急，赖之转为安。布下星星火，南北东西燃。而今势更旺，能不忆当年……"

这是对"朱毛"共同战斗过的井冈山的回忆，也是对那一段"路线"之争的诗意表达。

1　李向华、张锋：《万里之外的西北红军是怎么得到中央文件的？》，《延安文学》2022 年第 5 期。
2　《毛泽东书信选集》，人民出版社 1983 年版，第 192 页。

毛泽东"以文人而主持中共红军的战略"
——读《中国革命战争的战略问题》

中国革命取得胜利之后，在美国的胡适老想弄清一个问题：毛泽东为何能够带领中国共产党取得成功？他找来毛泽东的论著阅读，有所感觉，有所发现，他在1951年5月31日给蒋介石的信中献策："盼我公多读一点近年中共出版的书报"，《中国革命战争的战略问题》"作于红军'长征'之后，最可看出毛泽东以文人而主持中共红军的战略"。

胡适看出了《中国革命战争的战略问题》的理论和实践价值。而毛泽东这篇军事论著的产生，却是与一段冷暖自知的非常岁月连在一起的。

1934年，在国民党军队的强力"围剿"下，加上中共领导层在政治、军事上应对失误，中国共产党再一次遭受全局性的失败，被迫撤离苦心经营的中央革命根据地，踏上坚苦卓绝的长征之路。

其间，中共党内对军事问题展开了一场大争论。这场争论开始于长征之前，毛泽东的军事路线遭到否定。遵义会议上，张闻天、毛泽东等人批判了"左"倾教条主义，毛泽东重新走上了中央领导的岗位。红军长征落脚陕北之后，计划东征。"军事顾问"李德不同意瓦窑堡会议通过的东进的军事战略方针。他在1936年1月向中共中央提出书面意见，重复他导致第五次反"围剿"战争失败的那种单纯防御战略。3月，中共中央政治局在晋西开会时，讨论了李德的意见书，许多人在发言中批评李德的错误主张，并且作出决议："战略决定由毛泽东写。"

这时候，毛泽东下决心系统地总结十年内战时期在军事斗争上的经验教训，作出新的理论概括。为此，他做了十分认真的准备。他反复地阅读马克思主义的军事著作，认真研究德国克劳塞维茨的《战争论》，日本人写的关于外线作战的书籍等，还研读了中国古代的《孙子兵法》等。

说到毛泽东与《孙子兵法》，还有一段嵌入革命历史的故事。

中国共产党从成立开始，党的领导人中懂理论的比较多，在苏联留过学的比较多，喝过洋墨水的比较多，重视"理论"成为它的一个风格与特色。而毛泽东没有出过国，不懂外文，一直被认为是理论不足的人。他的"游击战十六字诀"被人认为来自《孙子兵法》；他打了胜仗，有人讥笑他是靠《三国演义》打仗的。遵义会议上，凯丰挖苦毛泽东说："你懂什么马列主义，顶多是看《孙子兵法》《三国演义》打仗！"毛泽东反问："想必你读过《孙子兵法》？你知道《孙子兵法》一共有几章几节？"弄得凯丰哑口无言——其实，他没有读过《孙子兵法》。[1]

凯丰对毛泽东的挖苦，其实代表了一些领导人对毛泽东的看法。那时中央有人在《革命与战争》等刊物上讽刺毛泽东，"把古代的《三国演义》无条件地当作现代的战术；古时的《孙子兵法》无条件地当

---

[1] 中共中央文献研究室：《毛泽东传》第一册，中央文献出版社2011年版，第346—347页。

作现代战略"。

毛泽东 1913 年的上课笔记《讲堂录》中，记录有《孙子兵法》的内容，那是听课记录，并没有系统地研读《孙子兵法》。毛泽东后来对身边的机要秘书说："我那时候讲打游击战的十六字诀时，并没有看过《孙子兵法》。王明'左'倾领导讥讽说，十六字诀来自过时的《孙子兵法》，而反'围剿'打的是现代战争。"[1]

1960 年 12 月 25 日，毛泽东对身边工作人员说："说实在的，我在山上搞了几年，比他们多了点山上的经验。他们说我一贯右倾机会主义、狭隘经验主义、枪杆子主义等。那时我没有事情做，走路坐在担架上，做什么？我看书！他抬他的担架，我看我的书。他们又批评我，说我凭着《三国演义》和《孙子兵法》指挥打仗。其实《孙子兵法》当时我并没有看过；《三国演义》我看过几遍，但指挥打仗时，谁还记得什么《三国演义》，统统忘了。我就反问他们：你们既然说我是按照《孙子兵法》指挥作战的，想必你们一定是熟读的了，那么请问：《孙子兵法》一共有几章？第一章开头讲的是什么？他们哑口无言。原来他们也根本没有看过！后来到陕北，我看了八本书，看了《孙子兵法》，克劳塞维茨的书看了，日本人写的军事操典也看了，还看了苏联人写的论战略、几种兵种配合作战的书等。那时看这些，是为写论革命战争的战略问题，是为了总结革命战争的经验。"[2]

在经过精心的理论准备后，1936 年 12 月，毛泽东在红军大学作了《中国革命战争的战略问题》的报告，授课对象主要是红军的高级干部。

1　高智、张聂尔：《机要秘书的思念》，中共中央党校出版社 1993 年版，第 142 页。
2　陈晋：《毛泽东之魂》，东方出版社 2014 年版，第 38—39 页。

曾在陕北担任毛泽东警卫员的老红军陈万明回忆："红军大学那时候还没有专门教室，上课就在露天的空地上。毛主席就坐在一张板凳上，下面听课的罗荣桓、陈光他们都坐在地上。"陈万明说，当时他的任务就是每天在毛主席讲课前，把凳子准备好，打好一壶开水，摆好水杯。

毛泽东在报告中，阐明了马克思主义的战争观，系统地总结了土地革命战争的经验，批判了1931年至1934年党内在革命战争问题上的"左"倾错误，分析了中国革命战争的特点和适应这些特点的战略战术，明确了积极防御的战略思想等。特别分专题就如何研究战争、战争的目的、战略问题、中国革命战争的特点、战略战术、战略防御、战略退却、战略反攻、集中兵力、运动战、速决战、歼灭战等问题，进行了精辟的阐述。

毛泽东是从辩证法和认识论开始讲起的。

第一章"如何研究战争"，其中的四节，环环相扣，逻辑严谨："战争规律是发展的"—"战争的目的在于消灭战争"—"战略问题是研究战争全局的规律的东西"—"重要的问题在善于学习"。毛泽东授人以渔，讲的是"方法论"。

怎样才能学会正确地指导战争？毛泽东有一句名言："读书是学习，使用也是学习，而且是更重要的学习。从战争学习战争——这是我们的主要方法。"他批评说："做一个真正能干的高级指挥员，不是初出茅庐或仅仅善于在纸上谈兵的角色所能办到的，必须在战争中学习才能办得到。"[1]这时候的毛泽东，久经战火的锤炼，长于战略，精于战术，成为红军的灵魂。

1　《毛泽东选集》第一卷，人民出版社1991年版，第181页。

"指挥员的正确的部署来源于正确的决心，正确的决心来源于正确的判断，正确的判断来源于周到的和必要的侦察，和对于各种侦察材料的联贯起来的思索。"[1] 这里讲的是决策程序。

"指挥员使用一切可能的和必要的侦察手段，将侦察得来的敌方情况的各种材料加以去粗取精、去伪存真、由此及彼、由表及里的思索，然后将自己方面的情况加上去，研究双方的对比和相互的关系，因而构成判断，定下决心，作出计划，——这是军事家在作出每一个战略、战役或战斗的计划之前的一个整个的认识情况的过程。"[2] 这是决策程序的细化，详细地描述了一个军事家正确地指导战争时的整个认识过程。其中"去粗取精、去伪存真、由此及彼、由表及里"的概括，可谓"认识世界十六字诀"。

"军事家不能超过物质条件许可的范围外企图战争的胜利，然而军事家可以而且必须在物质条件许可的范围内争取战争的胜利。军事家活动的舞台建筑在客观物质条件的上面，然而军事家凭着这个舞台，却可以导演出许多有声有色威武雄壮的活剧来。"[3] 这里，毛泽东创造出"活剧"一词。

第二章"中国共产党和中国革命战争"，论述了中国共产党对中国革命战争绝对领导的重要性和迫切性，着重批判了1931年至1934年党内在革命战争问题上的"左"倾错误，对中国革命战争的经验教训进行回顾与反思，为第三章的叙述进行铺垫。

---

1 《毛泽东选集》第一卷，人民出版社1991年版，第179页。
2 《毛泽东选集》第一卷，人民出版社1991年版，第179—180页。
3 《毛泽东选集》第一卷，人民出版社1991年版，第182页。

第三章"中国革命战争的特点"。中国革命战争的特点是什么呢？毛泽东指出：第一，中国是一个政治经济发展不平衡的半殖民地的大国，而又经过了 1924 年至 1927 年的革命；第二，敌人的强大；第三，红军的弱小；第四，共产党的领导和土地革命。第一个特点和第四个特点，规定了中国红军的可能发展和可能战胜其敌人，第二个特点和第三个特点，规定了中国红军的不可能很快发展和不可能很快战胜其敌人，即是规定了战争的持久，而且如果弄得不好的话，还可能失败。正是从"中国革命战争的特点"出发，"由此产生我们的战略战术"。我们的"战略战术"是什么呢？下面几章进行回答。

第四章"'围剿'和反'围剿'——中国内战的主要形式"。红军反"围剿"的基本战略方针是诱敌深入。

第五章"战略防御"。毛泽东回顾了十年内战中以"围剿"和反"围剿"为主要形式的战争的历史经验，并且就九个问题作了说明：积极防御和消极防御；反"围剿"的准备；战略退却；战略反攻；反攻开始问题；集中兵力问题；运动战；速决战；歼灭战。

在"积极防御和消极防御"一节中，他指出："积极防御，又叫攻势防御，又叫决战防御。消极防御，又叫专守防御，又叫单纯防御。消极防御实际上是假防御，只有积极防御才是真防御，才是为了反攻和进攻的防御。据我所知，任何一本有价值的军事书，任何一个比较聪明的军事家，而且无论古今中外，无论战略战术，没有不反对消极防御的。只有最愚蠢的人，或者最狂妄的人，才捧了消极防御当法宝。然而世上偏有这样的人，做出这样的事。这是战争中的过失，是保守主义在军事上的表现，我们应该坚决地反对它。"[1]

在"战略退却"一节中，他写道："战略退却，是劣势军队处在优势军队进攻面前，因为顾到不能迅速地击破其进攻，为了保存军力，待机破敌，而采取的一个有计划的战略步骤。可是，军事冒险主义者则坚决反对此种步骤，他们的主张是所谓'御敌于国门之外'。""谁人不知，两个拳师放对，聪明的拳师往往退让一步，而蠢人则其势汹汹，劈头就使出全副本领，结果却往往被退让者打倒。"[2]

毛泽东还重点总结红军的主要作战原则——

关于"十六字诀"。毛泽东浓笔描述："从一九二八年五月开始，适应当时情况的带着朴素性质的游击战争基本原则，已经产生出来了，那就是所谓'敌进我退，敌驻我扰，敌疲我打，敌退我追'的十六字诀。……这时是军事原则的新发展阶段，内容大大丰富起来，形式也有了许多改变，主要地是超越了从前的朴素性，然而基本的原则，仍然是那个十六字诀。十六字诀包举了反'围剿'的基本原则，包举了战略防御和战略进攻的两个阶段……"[3]这"十六字诀"在抗日战争中大放光彩。

关于"集中兵力问题"。毛泽东写道："集中兵力看来容易，实行颇难。人人皆知以多胜少是最好的办法，然而很多人不能做，相反地每每分散兵力，原因就在于指导者缺乏战略头脑，为复杂的环境所迷惑，因而被环境所支配，失掉自主能力，采取了应付主义。""无论处于怎样复杂、严重、惨苦的环境，军事指导者首先需要的是独立自主地组织和使用自

1　《毛泽东选集》第一卷，人民出版社 1991 年版，第 198—199 页。

2　《毛泽东选集》第一卷，人民出版社 1991 年版，第 203 页。

3　《毛泽东选集》第一卷，人民出版社 1991 年版，第 204—205 页。

己的力量。被敌逼迫到被动地位的事是常有的，重要的是要迅速地恢复主动地位。如果不能恢复到这种地位，下文就是失败。""主动地位不是空想的，而是具体的，物质的。这里最重要的，是保存并集结最大而有活力的军队。"他还着重地指出："我们的战略是'以一当十'，我们的战术是'以十当一'，这是我们制胜敌人的根本法则之一。"[1]"集中兵力"是毛泽东"兵法"的重要一招。

关于"运动战"，毛泽东写道："'打得赢就打，打不赢就走'，这就是今天我们的运动战的通俗的解释。""一切的'走'都是为着'打'，我们的一切战略战役方针都是建立在'打'的一个基本点上。然而在我们面前有几种不好打的情形：第一是当面的敌人多了不好打；第二是当面敌人虽不多，但它和邻近敌人十分密接，也有时不好打；第三，一般地说来，凡不孤立而占有十分巩固阵地之敌都不好打；第四是打而不能解决战斗时，不好再继续打。以上这些时候，我们都是准备走的。这样的走是许可的，是必须的。因为我们承认必须的走，是在首先承认必须的打的条件之下。红军的运动战的基本特点，就在这里。"[2]毛泽东强调，"运动战"是红军的主要作战形式，"打得赢就打，打不赢就走"是毛泽东对"运动战"的生动表达。

关于"歼灭战"，毛泽东写道："'拚（拼）消耗'的主张，对于中国红军来说是不适时宜的。'比宝'不是龙王向龙王比，而是乞丐向龙王比，未免滑稽。对于几乎一切都取给于敌方的红军，基本的方针是歼灭战。""击溃战，对于雄厚之敌不是基本上决定胜负的东西。歼灭战，

1　《毛泽东选集》第一卷，人民出版社1991年版，第222、223、225页。

2　《毛泽东选集》第一卷，人民出版社1991年版，第230页。

则对任何敌人都立即起了重大的影响。对于人，伤其十指不如断其一指；对于敌，击溃其十个师不如歼灭其一个师。""歼灭战和集中优势兵力、采取包围迂回战术，同一意义。没有后者，就没有前者。人民赞助、良好阵地、好打之敌、出其不意等条件，都是达到歼灭目的所不可缺少的。"[1]

《中国革命战争的战略问题》包含着丰富的哲学思想，特别是辩证法和认识论，其中论述的认识过程，实际上已超越军事科学的范围，而具有一般的认识论和方法论的意义。它距《实践论》中的论述，只有一步之隔了。

这部著作于 1937 年 5 月首次以油印本印行，1941 年由八路军军政杂志社在延安出版单行本，影响广泛，成为中国共产党人的独家"兵法"。

刘亚楼在红军大学聆听了毛泽东《中国革命战争的战略问题》的报告。刘亚楼是 1929 年在闽西参加农民暴动后，加入"朱毛"领导的红四军的。几年里，他由士兵升任红军师政委，参加了中央苏区历次反"围剿"和长征中的主要战役。听了毛泽东的《中国革命战争的战略问题》报告，他感触良多，过去一系列想不通的问题迎刃而解。他协助毛泽东整理了《中国革命战争的战略问题》这部文稿。1938 年 3 月初，党中央决定派刘亚楼去苏联学习。毛泽东除了嘱咐刘亚楼努力学习现代军事外，还交给他一项重要任务：把我党历史上几次"左"倾错误及其危害，以及我党在抗日民族统一战线中的主张和原则，直接向共产国际执委会总书记季米特洛夫作汇报。为使共产国际更多地了解中国共产党的情况，毛泽东让刘亚楼带着《论反对日本帝国主义的策略》《中国革命战争的

---

1   《毛泽东选集》第一卷，人民出版社 1991 年版，第 236—237 页。

战略问题》等几篇重要文章，叮嘱他一定要当面交给季米特洛夫，并请其转呈斯大林。共产国际通过《中国革命战争的战略问题》等著作，加深了对毛泽东的了解，这对于毛泽东在中共党内领袖地位的巩固起到了重要作用。

《中国革命战争的战略问题》第一次系统地论述中国革命战争的规律，以其开创性的风标，成为毛泽东军事思想体系形成的重要标志。这部著作战略视野宏大，充满着实事求是的创造精神，具有鲜明的中国气派和特色。

许多人不知道的是，毛泽东的《中国革命战争的战略问题》是个"未完成"的著作。毛泽东曾说：这部著作只完成五章，尚有战略进攻、政治工作及其他问题，因为西安事变发生，没有工夫再写，就搁笔了。

"游击战争"四个字，是制敌的一个锦囊妙计
——读《抗日游击战争的战略问题》

打阵地战，还是打游击战？

全民族抗战之初，毛泽东一直在宣传、强调、推动他的"游击战"思想。那时候，蒋介石承认共产党合法，在北方的红军改编为八路军。红军指战员要求与日军作战的情绪十分强烈，急欲打几场硬仗胜仗，以扬军威。

1937年8月1日，毛泽东与张闻天致电正在同国民党谈判的周恩来、博古、林伯渠等人，要他们向国民党明确提出红军的作战原则："在整个战略方针下执行独立自主的分散作战的游击战争，而不是阵地战，也不是集中作战，因此不能在战役战术上受束缚。只有如此才能发挥红军特长，给日寇以相当打击。"8月4日，毛泽东与张闻天又致电在山西云阳镇的周恩来、朱德等人，再次提出共产党军队应"执行侧面的游击

战"，并强调，"对此方针游移是必败之道"。[1]

毛泽东为什么如此强调进行游击战、反对阵地战呢？

他想起苏区失败的沉痛教训，担心红军像第五次反"围剿"那样犯"乞丐和龙王比宝"的错误，结果丧失了除陕甘革命根据地以外的一切革命根据地。失败的教训不能再重新上演了。

毛泽东格外关心八路军出战后的安全。日军比"围剿"苏区的国军更为强大。日军每个小队都配有几挺"歪把子"轻机枪，还配有掷弹筒；连进攻有山炮、野炮掩护；营团进攻有坦克。相对于红军，国民党军队装备可谓精良，与日军作战，一战即溃，一败再败，损兵折将。共产党的军队，区区三五万人，平均每人手中不到一支步枪，来源广泛的步枪常常没有子弹，看上去鼓囊囊的子弹袋里只有几粒子弹，里面装的都是高粱秆，是用来唬人的。有的枪来复线都磨平了，子弹能够从枪口里塞进去，又打枪膛里磕出来。重型武器几乎为零。这样的装备不能与国民党军队相比，更无法与日军相比，即使红军全部出动，在华北战场上也不过是杯水车薪。鸡蛋碰石头的傻事是不能干的。毛泽东说："处在强敌的进攻面前，若不退让一步，则必危及军力的保存。"他念念不忘保存红军的血脉元气。

毛泽东亦深知战争的规律和中国古老的兵家辩证法。必须以现实利害为依据，反对用任何情感上的喜怒爱憎来影响和替代理智的判断。在敌强我弱、打持久战的情况下，必须避免与日军打阵地战，而应避实就虚，绕到日军后方，打山地游击战，建立敌后抗日游击根据地。

1　中共中央文献研究室：《毛泽东年谱（1893—1949）》中卷，中央文献出版社2013年版，第8—10页。

在推进抗日民族统一战线的初期，毛泽东军事话语的主题词、关键词就是"独立自主"和"山地游击战"。

八路军即将开赴前线。1937 年 8 月 22 日至 25 日，讨论抗战重大军事问题的洛川会议召开。毛泽东从延安赶到洛川。会上，毛泽东提出红军的战略方针是"独立自主的山地游击战争（包括有利条件下消灭敌人兵团与在平原发展游击战争，但着重于山地）"。游击战争的作战原则是"分散以发动群众，集中以消灭敌人，打得赢就打，打不赢就走"。[1]

与会人员的抗日信念高度一致，坚持党对军队领导的认识高度一致。但是，对于毛泽东提出的"山地游击战"，产生了争议。周恩来提出，应采取"运动游击战"军事战略方针。他认为，如果避开日军进攻，只进行游击战，那会给党的声誉带来损害，似乎中共没有全力抗日。

会议通过的《抗日救国十大纲领》关于游击战的表述为"武装人民，发展抗日的游击战争，配合主力军作战"，明显地带有一定的折中性质，不同的人对它的理解会有比较大的差别。彭德怀在后来的回忆中说："当时军分会的同志，都没有把敌后游击战争提到战略上来认识，对于毛泽东同志在洛川会议上提出的'以游击战为主，不放松有利条件下的运动战'这个方针，认识也是模糊的。……我当时对于'运动战'和'游击战'这两个概念主次是模糊的。如时而提'运动游击战'，又时而提'游击运动战'。"[2]

毕竟，全民族抗战刚刚开始，敌人是新的，战争是新的，党内对抗

1　中共中央文献研究室：《毛泽东传》第二册，中央文献出版社 2011 年版，第 468 页。
2　彭德怀：《彭德怀自述》，人民出版社 1981 年版，第 223 页。

战的规律、游击战地位作用的认识，有些不一致，都是正常现象。

洛川会议之后，朱德、任弼时等率八路军到达山西前线，毛泽东依然反复强调"山地游击战"。

为了使全党在认识上尽快达成一致，不失时机地展开游击战，开辟根据地，发展共产党领导的抗日力量，毛泽东不断发电报指示各地的八路军。

9月21日，毛泽东致电彭德怀："今日红军在决战问题上不起任何决定作用，而有一种自己的拿手好戏，在这种拿手戏中一定能起决定作用，这就是真正独立自主的山地游击战（不是运动战）。要实行这样的方针，就要战略上有有力部队处于敌之翼侧，就要以创造根据地发动群众为主，就要分散兵力，而不是以集中打仗为主。集中打仗则不能做群众工作，作群众工作则不能集中打仗，二者不能并举。然而，只有分散做群众工作，才是决定地制胜敌人、援助友军的唯一无二的办法，集中打仗在目前是毫无结果可言的。"[1]

在原则性问题上，毛泽东是从来不会让步的，这就是毛泽东的风格与性格。

毛泽东频繁地讲话、发电，一次又一次地强调"山地游击战"，苦口婆心，不厌其烦，生怕将领们不理解他的意图。他甚至手把手地教部属说话：在与友军"各方接洽"时，"不可隐瞒红军若干不应该隐瞒的缺点，例如只会打游击战，不会打阵地战，只会打山地战，不会打平原战，只宜于在总的战略下进行独立自主的指挥，不宜于以战役

1　中共中央文献研究室：《毛泽东文集》第二卷，人民出版社1993年版，第19—20页。

战术上的集中指挥去束缚，以致失去其长处"。[1]

尽管如此，大多数将领仍然没有完全理解毛泽东的良苦用心。

1937 年 9 月 25 日，八路军一一五师主力在山西省大同市灵丘县平型关附近歼灭日军一个汽车中队和一支辎重联队，并阻击日本的一支增援部队，歼灭日军第五师团第二十一旅团一部 1000 余人，击毁汽车 100 余辆、马车 200 余辆，缴获火炮 1 门、机枪 20 余挺、步枪 1000 余支、战马 50 余匹及其他大批军用物资。一一五师也付出巨大牺牲：伤亡 1000 余人。有一个连 150 名战士，战斗结束时只剩下 18 人，连长负伤，3 个排长壮烈牺牲。[2]

这是八路军开赴前线后打的第一个大胜仗。

在平型关大捷的喜悦中，毛泽东和八路军将领更多的是总结和反思。这一战，我方是精心准备，提前设伏，日军是没有准备，仓促应战；我方是主力部队，日方是非主力部队；我方投入兵力也大于日军。

参战的杨成武在《为了平型关的胜利》一文中说："与日军的第一场战斗结束了，这是场胜仗，也是一场恶仗。"

指挥平型关伏击战的林彪一直主张集中兵力打大规模运动战。平型关伏击战，他指挥八路军打败了日军，也通过自我反省，回到毛泽东的游击战主张上。他说："敌人确是有战斗力的，也可以说，我们过去从北伐到苏维埃战争中还不曾碰过这样强的敌人。我所说的强，是说他们的步兵也有战斗力，能各自为战，虽战败负伤了亦有不肯缴枪的。战后

1　中共中央文献研究室：《毛泽东文集》第二卷，人民出版社 1993 年版，第 6 页。
2　王秀鑫、郭德宏：《中华民族抗日战争史（1931—1945）》，中共党史出版社、浙江科学技术出版社 2005 年版，第 149 页。

只见战场上敌人尸骸遍野，却捉不着活的。敌人射击的准确，运动的隐蔽，部队的掌握，都颇见长。对此种敌人作战，如稍存轻敌观念，作浮躁行动，必易受损失。"通过这一战，林彪认识到："我军（八路军）在目前兵力与技术条件下，基本上应以在敌后袭击其后路为主。断敌后路是我们阻敌前进争取持久的最好方法。如经常集中大的兵力与敌人作运动战，是不适宜的。"

全民族抗战之初，许多军事领导人总是想打几个大仗，展示八路军的力量。可是，一个平型关战斗打下来，他们开始知道实力上的巨大差距。以几万装备落后的八路军去正面抗击装备精良的日军，显然是以卵击石，自取灭亡。

通过平型关一战，毛泽东完善了他的山地游击战思想。10月25日，毛泽东同英国记者贝特兰谈话时说："现在八路军采用的战法，我们名之为独立自主的游击战和运动战。"

1937年11月8日，日军占领太原，国民党军队纷纷撤离。国民党军队败退之际，地方政府垮台，有钱的地主绅士携带家财南逃，广大后方处于无政府状态，老百姓处于水深火热之中。这空虚的敌后，并非全为日军占领，日军占领的只是城市与交通要道，而广大的农村地区，日本人管不了，国民党不敢去，只有共产党八路军敢去。在毛泽东抗日理论的指导下，八路军进入敌后，把敌占区变成游击区，把游击区变为抗日根据地，建立革命政权，发展壮大自己。这时候，大家深刻体会到毛泽东反复强调"山地游击战"的良苦用心。

毛泽东游击战的思想得到了贯彻和实施。但在1937年11月王明从苏联回国后，党内对战略问题的一些分歧又扩大了。

　　王明是共产国际一手扶植起来的中共领导人，他在中共六届四中全会被选为政治局委员，1931 年 11 月离开中国到莫斯科后，任中共驻共产国际代表团负责人。他还是共产国际执委会委员和政治书记处候补书记、东方部部长。王明是著名的抗日《八一宣言》的起草者，这个宣言义正词严，痛斥卖国行径，立足民族大义，呼吁放弃旧仇宿怨，团结御侮，殷殷诚恳，影响很大。苏联派出军用专机送王明回到中国，可见苏联和共产国际对他的重视，自然包含着苏联方面对中共的某些不放心……

　　1937 年 12 月 9—14 日，中共中央召开政治局会议。王明在会上作了一个报告，题目是《如何继续全国抗战和争取抗战胜利呢？》，接着还作了一个口头报告。王明说要"在国民政府基础上建立真正全中国统一的国防政府"，"我们不能说是谁领导谁"，"我们要拥护统一指挥，八路军也要统一受蒋指挥"，"红军的改编不仅是名义改变，而且内容也改变了"。[1]

　　王明没有看到游击战在抗日战争中的战略地位和作用，也基本上放弃了中共在统一战线中独立自主的策略。由于王明的特殊身份，再加上抗日战争的一些特点还没有充分显现出来，与会的不少人对王明的主张表示赞同，或不表态。彭德怀后来说，当时对毛主席和王明的主张，在认识上"模糊不清"，"采取了一种模棱两可的态度。这种态度，在客观上等于支持了错误路线"，"回去传达就只好是，毛主席怎么讲，王明又怎么讲，让它在实践中去证明吧"。[2]

1　郭德宏：《王明年谱》，社会科学文献出版社 2014 年版，第 351 页。
2　彭德怀：《彭德怀自述》，人民出版社 1981 年版，第 225、226 页。

1938年2月27日至3月1日，中共中央召开政治局会议。王明的报告《目前抗战形势与如何继续抗战和争取抗战胜利》成为会议的中心议题。王明提出要"建立真正统一的政治坚定的战斗力强的国民革命军"，建立这样的军队的基本条件是：（一）统一指挥；（二）统一编制；（三）统一武装；（四）统一纪律；（五）统一待遇；（六）统一作战计划；（七）统一作战行动。会后，王明回到武汉在《群众》周刊上公开发表题为《三月政治局会议的总结》的长篇文章。他也提到了游击战，但仅仅是从作为战术方式配合正面作战的角度来看待游击战，对于游击战在整个抗日战争全局上所具有的战略性地位，他一点都没有认识到。

王明的报告及其公开发表的文章，在党内引起了思想上的混乱。如何使中共领导层对游击战的认识达成一致，成为迫切需要解决的问题。

毛泽东清楚地看到，消除对游击战在认识上的差别，对继续全面地展开和发展游击战争，创建抗日根据地至关重要。他一方面不断发电报给各地军政领导，要求在日军占领区域不断扩大的情况下展开游击战和创建根据地；一方面着手深入思考抗日战争的特点和抗日战争中游击战的地位，由此写下了《抗日游击战争的战略问题》。

《抗日游击战争的战略问题》发表在1938年5月30日延安出版的《解放》周刊第40期上。与此同时，他还发表了《论持久战》。这两篇文章，10万来字，可见毛泽东思考与写作的勤奋和刻苦。这两篇文章，一篇着重讲中国共产党的抗战战略，一篇着重讲全国的抗战战略。

《抗日游击战争的战略问题》强调，抗日游击战争有不同于一般游击战争的特殊作用，它的全面展开和长期坚持，对于中国共产党力量的发展壮大，对抗日战争的持久进行，对整个中日战争局势的改变，对最终取得抗日战争的胜利，既是必需的，也是完全可能和可行的，是在实际中可以采取的战略性路径。

文章指出，游击战争的战略问题是在这样的情况下发生的：中国既不是小国，又不像苏联，是一个大而弱的国家。这一个大而弱的国家被另一个小而强的国家所攻击，但是这个大而弱的国家却处于进步的时代，全部问题就从这里发生了。由于中国大而弱，但有共产党及其领导的军队和广大人民群众；日本小而强，但兵力不足，必将在其占领区留下很多空虚的地方，这就使共产党领导的八路军和抗日人民武装发展敌后游击战争获得广阔的天地。抗日游击战争就不仅仅是战术和战役上的问题，而且具有战略地位。

毛泽东指出，战争的基本原则是保存自己消灭敌人。这是一切军事原则的根据，是指导整个军事行动的必须遵循的基本原则。应该采取些什么方针或原则才能达到保存或发展自己和消灭敌人的目的呢？文章阐明了抗日游击战争的六个具体战略问题：（一）主动地、灵活地、有计划地执行防御战中的进攻战，持久战中的速决战和内线作战中的外线作战；（二）和正规战争相配合；（三）建立根据地；（四）战略防御和战略进攻；（五）向运动战发展；（六）正确的指挥关系。文章强调：这六项，是全部抗日游击战争的战略纲领，是达到保存和发展自己，消灭和驱逐敌人，配合正规战争，争取最后胜利的必要途径。

文章指出敌军虽强，但是数量不多，我军虽弱，但是数量甚多，加上敌人是异民族侵入我国，我们是在本国反抗异民族侵入这个条件，这样就决定了下列的战略方针：能够而且必须在战略的防御战之中采取战役和战斗的进攻战，在战略的持久战之中采取战役和战斗的速决战，在战略的内线作战之中采取战役和战斗的外线作战。这是整个抗日战争应该采取的战略方针。

文章强调建立根据地的重要性，指出：处于敌后的游击战争，没有根据地是不能支持的。游击战争的根据地是游击战争赖以执行自己的战略任务，达到保存和发展自己、消灭和驱逐敌人之目的的战略基地。没有这种战略基地，一切战略任务的执行和战争目的的实现就失掉了依托。无后方作战，本来是敌后游击战争的特点，因为它是同国家的总后方脱离的。然而，没有根据地，游击战争是不能够长期地生存和发展的，这种根据地也就是游击战争的后方。

这篇文章中，有两个关键词给人印象深刻。

一个关键词是"游击"。

"游击"这个词，在汉语中历史悠久。中国古代的武官名中，有一个叫"游击将军"，简称"游击"。如清代的"游击将军"，从三品，次于参将一级。

古之"游击"一词，也包含着"或东或西，流动袭击"之意。比如，唐代沈亚之的《万胜冈新城录》曰："是时李时亮为先锋将，使百骑游击左右。"清代姚锡光《东方兵事纪略》云："〔聂士成〕电请于诸帅，谓愿亲率精锐千人直出敌后，往来游击，截饷道，焚积聚，多方扰之，令彼首尾兼顾，然后以大军蹙之，倭可克也。"《握奇经·八阵总述》"游军"中说："游军之形，乍动乍静。避实击虚，视嬴挠盛。结陈趋地，断绕四径。后贤审之，势无常定。"这些都是对"游击"的生动描述。

毛泽东早年就是以"游击"起家的，著名的"游击战十六字诀"，使"游击战争"名扬四海。

全民族抗战开始后，毛泽东反复说"游击"："七七事变后抓住游击战争。"[1] 他"告诉全党，今后没有别的工作，唯一的就是游击战争"[2]。红军的作战原则是"在整个战略方针下执行独立自主的分散作战的游击战争"[3]。"游击战争的作战原则是分散以发动群众，集中以消灭敌人，打得赢就打，打不赢就走"[4]。全民族抗战初期，国民党正规军节节败退，之后"正规战争结束，剩下的只是红军为主的游击战争了"[5]。

结论："'游击战争'四个字，是制敌的一个锦囊妙计。"[6]

"游击战"成为毛泽东创立的世界性"名牌"。有人称毛泽东为"中国游击战之父""现代游击战之父"，他担当得起。

这篇文章的另一个关键词是"战略"。

游击战，作为一种作战方式，历来是被当作战术方式，在大规模的战役行动中，以个别、零星、分散的行动方式对敌方形成牵制，对己方的正面行动予以配合和支持。因此，一般地说，它只是一种战术手段或方式，不具有战略性质。

1 中共中央文献研究室：《毛泽东年谱（1893—1949）》中卷，中央文献出版社 2013 年版，第 58 页。
2 中共中央文献研究室：《毛泽东年谱（1893—1949）》中卷，中央文献出版社 2013 年版，第 25 页。
3 中共中央文献研究室：《毛泽东年谱（1893—1949）》中卷，中央文献出版社 2013 年版，第 8 页。
4 中共中央文献研究室：《毛泽东年谱（1893—1949）》中卷，中央文献出版社 2013 年版，第 16 页。
5 中共中央文献研究室：《毛泽东年谱（1893—1949）》中卷，中央文献出版社 2013 年版，第 39 页。
6 中共中央文献研究室：《毛泽东年谱（1893—1949）》中卷，中央文献出版社 2013 年版，第 87 页。

毛泽东是第一个将游击战提升到战略地位的人。他说："游击战争在民族革命战争中有极大战略上的作用。""在半殖民地的民族解放战争中，特别是地域广大的国家，游击战无疑在战略上占着重大的地位。"

从游击战的战略作用出发，毛泽东把"战略意识"灌输到全党和全军指战员的头脑中。毛泽东强调要"提高战略空气"。他说：只有了解大局的人才能合理而恰当地安置小东西。即使当个排长也应该有全局的图画，也才有大的发展。

《抗日游击战争的战略问题》是毛泽东军事思想的代表作之一，科学地解答了敌后游击战争在抗日战争中的战略地位问题，为中国共产党独立自主地领导敌后军民夺取抗日战争的伟大胜利指明了正确的道路。同时，它还是用军事问题诠释哲学问题的范本，可以当作哲学著作来读。

发表《抗日游击战争的战略问题》之后，毛泽东依然不厌其烦地强调"游击战"。1939 年 7 月，在延安，毛泽东对陕北公学即将开赴华北抗日前线的学生说：《封神演义》中，"当年姜子牙下昆仑山，元始天尊赠了他杏黄旗、四不像和打神鞭三样法宝。现在你们出发上前线，我也赠送你们三样法宝。第一个法宝是统一战线……第二个法宝是游击战争。你们不要看轻这'游击战争'四个字，这是我们十八年艰苦奋斗中得来的法宝。……第三个法宝是革命中心的团结"。

游击战，成为中国共产党人的共识。贺绿汀作词作曲的《游击队歌》唱道——

我们都是神枪手，每一颗子弹消灭一个敌人。我们都是飞行军，哪怕那山高水又深。在密密的树林里，到处都安排同志们的宿营地，在高高的山冈上，有我们无数的好兄弟。没有吃，没有穿，自有那敌人送上前，没有枪，没有炮，敌人给我们造。我们生长在这里，每一寸土地都是我们自己的，无论谁要强占去，我们就和他拼到底！

哪怕日本强盗凶，我们的队伍打起仗来真英勇，哪怕敌人枪炮狠，找不到我们的踪和影。让敌人乱冲撞，我们的阵地建在敌人侧后方，敌人战线愈延长，我们的队伍愈扩张。不分穷，不分富，四万万同胞齐武装，不论党，不论派，大家都来抵抗。我们愈打愈坚强，日本的强盗自己走向灭亡，看最后的胜利日，世界的和平现曙光！

隐如鼠，威如虎，动如龙，快如风。山上山下、地上地下、水中林间，破袭战、地雷战、地道战、麻雀战、伏击战，雁翎队、铁道游击队……不分昼夜，无论男女老少，游击战遍布一切时空、利用一切手段，演绎出村自为战、人自为战，无处不战、无时不战的全民抗战场景，成为日军的噩梦。走在路上路上响，进了村子村里响，推门门响，上炕炕响，打水水响，烧火灶响，山上也响，河里也响，到处都是枪弹地雷的响声……敌后战场的游击战、持久战与正面战场的阵地战、消耗战遥相呼应，给日军以沉重打击。

美国军事评论家威尔纳在《日本大陆战略的危机》中说："在第二次世界大战中，没有一个地方的游击战能够担当游击战在中国将要而且能够担负的战略任务。"日军大本营参谋山崎重三郎在题为《毛泽东游击战略把百万帝国陆军弄得团团转》的文章中写道："毛泽东的抗日游击战，堪称世界历史上规模最大、质量最高的游击战。它是一种全民总动员的攻势战略。"日本军事评论家池野清躬指出：把游击战"加以系统化、战略化、普遍化的始祖，无论怎么说也是中国的毛泽东。他是现代游击战之父"。

判断山河、凌云瞰世的大战略
——读《论持久战》

"如果对于整个抗日战争变化发展的行程没有一个大概的估计，我们就只能跟着战争打圈子，让战争把自己束缚起来，而不能将其放在自己的控制之下，加之以调节整理，造出为战争所必需的条件，引导战争向我们所要求的方向走去。"毛泽东在《论新阶段》（1938 年 10 月）中如是说。他说的是：认识战争，把握战争，控制战争，引导战争。

毛泽东在全民族抗战进行到第 10 个月的时候，推出了石破天惊的"抗战预言"——《论持久战》。

日本大举侵略中国，凶横直进，造成中国社会的剧烈变动。一时间，乱纷纷，乱哄哄，乱糟糟，天下大乱。铁蹄之下，百围冰碎、千寻瓦裂，茫茫一派残山剩水。失败主义者跑出来悲观地说：中国打不过日本，日本飞机大炮厉害，中国非亡国不可。盲目乐观主义者跑出来说：小日本算什么，中国很快就能胜利。

1937 年 8 月 13 日，淞沪会战开始。蒋介石期望英、法、美等国出面干预，并多次请求苏联政府出兵。由于过度强调和宣传国际因素，国内许多人都推测苏联会参战，有的说，"只要打三个月，国际局势一定变化，苏联一定出兵，战争就可以解决"。结果是，苏军没有出兵，国民党军队大败，日军长驱直入。1937 年 12 月，南京沦陷。国民党高层中议和之论甚嚣尘上。蒋介石在日记中写道，"近日各方人士与重要同志皆以为军事失败非速求和不可，几乎众口一词"，"文人老朽，以军事失利，皆倡和议，高级将领皆多落魄望和"。

1938 年 4 月，台儿庄战役，国民党军歼灭日军近 2 万人，取得正面战场抗战以来最大的一次胜利。蒋介石速胜心理膨胀，调集 60 多万军队到徐州附近，部署与日军"准决战"。"速胜论"一时高调频起。不久，国民党军队被日军分割包围，陷入败局。于是，国民党内的失败主义情绪猛烈反弹，"再战必亡"的"亡国论"泛滥起来。

铁蹄之下恐慌的人们甚至迷信起《推背图》和《烧饼歌》。1937 年 7 月 27 日，日军进攻北平南苑。当晚，清华大学教授吴宓以《易经》占卜中国命运，得"解"卦；他请教陈寅恪这一卦预示着什么，陈说"此是吉卦"，吴宓稍感安慰，整衣而卧，"以静待天命"。1937 年 10 月，冯玉祥在《我们一定胜利》一文中列举了"中国必胜"的 11 项依据，其中第 8 项依据是：《推背图》"已经预定"。1938 年，有人将《推背图》与《烧饼歌》预言一并分析，称抗战"最后之胜利，必属于我，民族复兴，可操左券"，到 1941 年"伪满运终"。[1]

中国是亡是存？是"速胜论"还是消极的"亡国论"？即使是"持

1　李俊领：《抗战时期的〈推背图〉预言与民众心态困境》，《福建论坛》2021 年第 8 期。

久战",又靠什么来"持久"？这些问题，蒋介石没有拿出令人信服的回答。官员和百姓，军官和士兵，内心满是困惑跟焦虑。

预判战争，需要大智慧。毛泽东一边指挥中国共产党领导的军队进行游击战，一边研究全国战局。他详察中国与日本两国的特点，分析中国的政治格局和人心倾向，总结中国革命战争中以弱战强的经验，研究敌后抗日游击战的战略战术，坚定地把目光聚焦在"持久战"上。

别人还在彷徨，他已心中有数；别人还是吞吞吐吐，他已经大声发言；别人还停留在概念上，他已经形成系统理论。

瓦窑堡会议后，1935 年 12 月，毛泽东在党的活动分子会上作《论反对日本帝国主义的策略》报告时就提出："要打倒敌人必须准备作持久战。"1936 年 7 月 16 日，在陕北保安的窑洞里，毛泽东同美国记者埃德加·斯诺谈话时说，我们"已经一般地估计了中日战争的形势，并提出了争取胜利的各种方针"。后来，斯诺在《西行漫记》一书的注释中特别提到，这些观点"形成了他此后一些著作的雏形"，其中就包括《论持久战》。

全民族抗战之初，毛泽东的思索就聚焦在"持久战"上，认为"有着重地研究持久战的必要"。在毛泽东提议下，延安成立了抗日战争研究会。毛泽东和中央其他领导人、驻延安的重要军事干部、一些理论工作者，都参加了这个研究会。研究会专门研究抗日战争的重大战略问题，以及当时国内外的大事，以期形成正确的战略认识。大家共同读书，共同研究问题，提出不同看法互相启发，有时对某种认识一直讨论到深夜，大家肚子饿了，就在毛泽东的住处弄点吃的，吃完了继续讨论。

毛泽东还组织了克劳塞维茨《战争论》读书研究小组，加强军事理论特别是外国军事理论的学习吸收。莫文骅 1938 年在抗日军政大学政治部工作，参加了这个小组。他回忆说，《战争论》研究小组"采取的方式是每周讨论一次，晚上七八点钟开始，讨论到深夜十一二点钟"。"《战争论》的学习讨论采用边读边议的方法，当时只有一本书，是国民党陆军大学出版的文言文译本，译文又很粗劣，读起来很不好懂。后来由何思敬同志直接从德文原版译出来，译一章介绍研究一章，并发了讲义。记得当时讨论得最多最热烈的是集中兵力问题。毛泽东同志说：'克劳塞维茨的作战指挥实践不多，但集中兵力问题讲得好。拿破仑用兵重要的一条也是集中兵力。我们以少胜多也是在战术上集中比敌人多五倍到十倍的兵力。当然，这里也有个政治问题。我们是正义战争，得到人民群众的拥护和支援。凡是非正义战争就不得不分兵把口。'"[1]

在繁忙的工作之余，毛泽东还挤时间拼命地研究哲学。在全民族抗日战争开始后的十个月时间内，读了大量马克思主义哲学著作，包括国内研究、介绍马克思主义哲学的书籍。艾思奇的《哲学与生活》，他读了不止一遍，还写下了约三千字的辑录。李达的《社会学大纲》，他用了两个月的时间读完，读后感到"颇为新鲜"。

哲学和军事的结合，使毛泽东站在人们罕至的思想高地上。他要站在这个高地上，写出自己的"战争论"。

毛泽东对"持久战"的思考逐渐成熟。

1938 年 1 月，国民政府国防最高会议参议员梁漱溟访问延安。梁漱溟是著名的哲学家、教育家、社会活动家，一直关心时局，心系国家

1　陈晋：《毛泽东读书笔记精讲壹·战略卷》，广西人民出版社 2017 年版，第 291 页。

民族命运。上海、南京沦陷后，他随国民党政府搬到武汉，一路上看见，百姓流离失所、争相逃难，国民党大员无信心抗战，只顾逃难，甚至有人把资产、妻儿送往国外……满眼崩溃之象，令梁漱溟对抗战的前途十分悲观。毛泽东 1918 年在北京认识了梁漱溟，那时毛泽东还是北京大学图书馆的图书管理员。

在延安，一见到毛泽东，梁漱溟就开门见山地问："中国前途如何？中华民族会亡吗？"毛泽东的回答斩钉截铁："中国的前途大可不必悲观，应该非常乐观！最终中国必胜，日本必败，只能是这个结局，别的可能没有！" 毛泽东从国际、中方、日方三个方面分析，向梁漱溟介绍了他的"中国的团结 + 世界的援助 + 日本国内的困难 = 中国的胜利"的"抗战公式"。40 多年后，梁漱溟回忆当年，这样说道："毛泽东在谈话的一开头语气这样肯定，神态这样坚决，我至今记忆犹新。接着他分析了国内，国外，敌、我、友三方力量的对比，强弱的转化，战争的性质，人民的力量，等等，最终又回到中国必胜，日本必败的光明结局上。他说得头头是道，入情入理，使我很是佩服。可以这样说，几年来对于抗战必胜，以至如何抗日，怎样发展，还没有人对我作过这样使我信服的谈话，也没有看到过这样的文章。"[1]毛泽东坚定的语气和严密的分析一扫梁漱溟的悲观情绪，他后来说，毛泽东的观点"转换我的悲观见解不少"，"确使我头脑开窍，一扫悲观情绪，受益良多"。

1938 年 5 月，全民族抗战进行到第 10 个月。毛泽东深感有必要对抗战 10 个月的经验"做个总结性的解释"，特别是"有着重地研究持久

---

[1] 汪东村：《梁漱溟问答录》，湖南人民出版社 1988 年版，第 61—62 页。

战的必要"。

5月上旬，在延安凤凰山下的一孔普通窑洞里，毛泽东开始写《论持久战》。他在写作过程中，一个问题接一个问题地分析，一层层地剖析，逐步深入。写稿的同时，他还要对八路军的战略行动进行及时分析和正确指导，对边区建设中的各种重大问题拿出解决方案，还要起草电报等。

烛光摇荡。毛泽东脸色苍白灰暗，这是连续工作、缺乏睡眠的表现。毛泽东集中精力写作的时候，不允许有任何干扰，谁要影响到他，他就容易发脾气，把谁骂出去。吃饭也是食不知味，有时刚吃一口，忽然想起什么，马上放下饭碗，捉笔书写，所以一餐饭常常是冷了再热，热了又冷。有时在写作过程中遇到特别棘手的问题，他会显得很烦躁，一烦躁就全身出汗，出汗了就用冷毛巾擦擦汗，接着写；连续写作，捏笔的手麻木了，就攥攥凉的石头，活动一下手指。当时，江青刚刚调到毛泽东办公室做秘书，她按毛泽东的要求，拦阻来访者，一些被拒之门外的军政大员以为毛泽东生病了，江青只好解释说，主席在写东西，不让任何人打扰。毛泽东笔疾如风，写得太快太潦草了，有的地方修改得也比较乱，江青就重新誊写一遍，毛泽东再在誊好的稿子上修改……

担任毛泽东警卫员的翟作军，对毛泽东的废寝忘食印象极其深刻。翟作军回忆道："起初，我不知道主席在写什么，只是看他已经两天两夜没有睡觉了，还一个劲儿伏在桌子上写啊写的。实在太累太困的时候，就叫我们给他打盆水洗洗脸，清醒清醒，或者到院子里转一转，要不就躺在床上闭上眼睛养一会儿神，又继续写。饭吃得很少，脸色灰灰的很不好……"

毛泽东这样连续写作五六天后，翟作军看到，毛泽东的"两只眼睛布满了红丝，宽阔的面颊明显地消瘦下去，颧骨凸了出来"。到了第七天，又轮到翟作军值班，这天晚上窑洞格外冷，西北风刮得窗户纸"哗哗"直响，他弄了一盆炭火搁在毛泽东的脚边。没想到，毛泽东写作时过于专注，棉鞋被烧着了都不知道，就连袜子都被烧了个窟窿。在换了一双鞋子之后，毛泽东继续写稿。

连续写作到第八天，毛泽东头疼，感觉虚弱，医生赶来劝他休息，他把医生赶了出去，又埋头写下去。

经过八天九夜的奋笔疾书，毛泽东终于完成了这篇判断山河、凌云瞰世的文稿。

1938年5月26日至6月3日，毛泽东在延安抗日战争研究会用了近十天的时间，讲演了"论持久战"的基本内容。演讲的题目定得很长：《论抗日战争为什么是持久战与最后胜利为什么是中国的及怎样进行持久战与怎样争取最后胜利》。

毛泽东的演讲以"问题的提起"小标题开篇，采用设问的手法，接连提出七个问题：

身受战争灾难、为着自己民族的生存而奋斗的每一个中国人，无日不在渴望战争的胜利。然而战争的过程究竟会要怎么样？能胜利还是不能胜利？能速胜还是不能速胜？很多人都说持久战，但是为什么是持久战？怎样进行持久战？很多人都说最后胜利，但是为什么会有最后胜利？怎样争取最后胜利？这些问题，不是每个人都解决了的，甚至是大多数人至今没有解决的。[1]

1　《毛泽东选集》第二卷，人民出版社1991年版，第439页。

这 7 个问题，正是自 1937 年 7 月全面抗战 10 个月来大家最关心的问题，也是思想上时常困惑和经常打架的问题。毛泽东问题抓得准，提得尖锐，因此一下子抓住了现场的听众。

毛泽东首先驳斥了"亡国论"和"速胜论"。毛泽东指出："中日战争不是任何别的战争，乃是半殖民地半封建的中国和帝国主义的日本之间在二十世纪三十年代进行的一个决死的战争。"日本是一个强大的帝国主义国家，但它的侵略战争是退步的、野蛮的；中国的国力虽然比较弱，但它的反侵略战争是进步的、正义的，而且还有中国共产党及其领导下的军队这种进步因素的代表。日本战争力量虽强，但它是一个小国，军力、财力都缺乏，经不起长期的战争；而中国是一个大国，地大人多，能够支持长期的战争。日本的侵略行为损害并威胁其他国家的利益，因此得不到国际的同情与援助；而中国的反侵略战争能获得世界上广泛的支持与同情。毛泽东总结道：这些特点"规定了和规定着战争的持久性和最后胜利属于中国而不属于日本。战争就是这些特点的比赛。这些特点在战争过程中将各依其本性发生变化，一切东西就都从这里发生出来"。他得出结论："中国会亡吗？答复：不会亡，最后胜利是中国的。中国能够速胜吗？答复：不能速胜，抗日战争是持久战。"

毛泽东论述了持久战的三个阶段。他说："这种持久战，将具体地表现于三个阶段之中。第一个阶段，是敌之战略进攻、我之战略防御的时期。第二个阶段，是敌之战略保守、我之准备反攻的时期。第三个阶段，是我之战略反攻、敌之战略退却的时期。"

毛泽东论述了实现持久战的总方针。这个总方针把重点放在第一阶段和第二阶段上。毛泽东指出：在第一阶段和第二阶段中主动地、灵活地、有计划地执行防御战中的进攻战，持久战中的速决战，内线作战中的外线作战，"我之战略作战上的内线和防御，在战役和战斗的作战上就变成了外线和进攻"。毛泽东着重指出，第二阶段是整个战争的过渡阶段，"将是中国很痛苦的时期"。然而，它又是敌强我弱形势"转变的枢纽"。毛泽东强调"此阶段中我之作战形式主要的是游击战，而以运动战辅助之"。"此阶段的战争是残酷的，地方将遇到严重的破坏。但是游击战争能够胜利。"在第三阶段中，则是战略反攻战，主要任务是收复失地。收复失地，主要地依靠中国自己在前阶段中准备着的和在本阶段中继续地生长着的力量，但"还须依靠国际力量和敌国内部变化的援助"。

毛泽东强调"兵民是胜利之本"，系统阐述了人民战争思想。他说："武器是战争的重要的因素，但不是决定的因素，决定的因素是人不是物。""战争的伟力之最深厚的根源，存在于民众之中。"只要"动员了全国的老百姓，就造成了陷敌于灭顶之灾的汪洋大海，造成了弥补武器等等缺陷的补救条件，造成了克服一切战争困难的前提"。

毛泽东还阐明能动性在战争中的作用，战争和政治的关系，实行持久战总方针所应采取的具体作战方针、作战原则和作战形式等。概括总结人民军队政治工作的三大原则：官兵一致，军民一致，瓦解敌军。

毛泽东汲取克劳塞维茨的《战争论》的合理成分，结合中国革命战争的实际予以创造性发挥：首先，对克氏"战争是政治的特殊手段的继续"的观点予以深化，指出战争是特殊的政治手段，"战争是流血的政治"；其次，对"保存自己，消灭敌人"的战争目的论予以补充和发展，指出这一目的"就是战争的本质，就是一切战争行动的根据"；再次，对战争"盖然性"问题予以改造和发展，把战争的不确定性与确定性、偶然性与必然性最大限度地辩证统一，解决战争的主观认识与客观规律之间的矛盾。

"战争指挥员活动的舞台，必须建筑在客观条件的许可之上，然而他们凭借这个舞台，却可以导演出很多有声有色、威武雄壮的戏剧来。"毛泽东像是一位洞悉未来战争进程中所有情节的预言家，又像一位掌控历史剧如何一幕一幕演下去的天才导演，他对持久战三个阶段进行推演，对抗战的结果进行判定，几乎像自然科学家进行精确计算一样。这是全民族抗战打了 10 个月的总结以及对战争前景的全方位展望，他回答了人们最关心而又看不清楚的问题。听众们佩服得五体投地。

演讲完《论持久战》后，毛泽东最初并没有想到出版或发表这篇文章。时任中共中央组织部部长的陈云同志听了讲演，觉得讲得很透彻，非常有说服力，便对毛泽东说："是不是可以在更大一点的范围内给干部讲讲？"毛泽东考虑后，接受了陈云的建议。但是，毛泽东考虑到，在更大范围去讲，只能是分别到抗大等学校和延安各党政机关去讲，一则时间不够用，二则即便是到许多单位去讲，听者仍然有限。毛泽东决定，把讲稿整理出来，先在党内印发。这样，《论持久战》先在延安油印出来，在党内传阅。延安油印的《论持久战》数量有限，仍然有许多干部看不到，特别是在前线的干部，得到油印的《论持久战》更难。于是，毛泽东又决定，印成书，公开发表，不光在根据地发行，也可以在国统区发行。

1938 年 7 月 1 日，中共中央机关刊物《解放》周刊第 43 期、44 期合刊，正式刊出了这篇彪炳史册的名著《论持久战——论抗日战争为什么是持久战与最后胜利为什么是中国的及怎样进行持久战与怎样争取最后胜利》。这是《论持久战》最早公开发表的版本。文章的副标题有点长，但这个标题提炼了整篇文章的要义。不久，毛泽东把副标题画掉了，就叫《论持久战》。

《论持久战》公开发表后，各根据地乃至汉口、重庆、桂林、西安等国统区都相继出版了单行本，在国内外产生了重大影响，成为社会各界争相阅读的抗战"宝典"，洛阳纸贵，一册难求。

王震将军回忆："我们这些在抗日战场上直接参加战斗的人，在战斗的间隙，土炕油灯，如饥似渴，欣然阅读，倍受鼓舞。完全可以说一部光辉的《论持久战》，鼓舞和指引我们夺取了抗日战争的伟大胜利。"

陈云在 1941 年 10 月 8 日的中央书记处工作会议上发言说："过去我认为毛泽东在军事上很行，因为长征中遵义会议后的行动方针是毛泽东出的主意。毛泽东写出《论持久战》后，我了解到毛泽东在政治上也是很行的。"

吴玉章在其回忆录里说："《论持久战》的发表，使毛泽东赢得了全党同志发自内心的、五体投地的赞许、佩服甚至崇拜，从而最终确立了在党内无可替代的领袖地位和崇高威望。"在这之前，毛泽东在全党的领导地位"并不十分巩固"，"教条主义者们认为，毛泽东马列主义理论修养不足，内心并不服气，《论持久战》的发表，毛泽东以他对马克思主义哲学的娴熟应用和对抗日战争的透彻分析，征服了全党同志特别是高级干部的心。全党感到十多年曲折的历史，终于锻炼并筛选出自己的领袖。这种感情上对毛泽东领袖地位的认同与拥戴，与一般的组织安排绝不可同日而语"[1]。

文艺理论家林默涵回忆在《解放》周刊读到《论持久战》的情景时说："我看到的时间也就是 1938 年 7、8 月的样子，我是在武汉郊区的山上一口气读完的。越看心里越亮堂，越看越高兴。中国不会亡，但也不会速胜，我从心底里呼出了这句话。"他坦承当时的心情，"奇怪得很，仿佛自己换了个人一样，由茫然变得有信心了"。正是因为看了《论持久战》，林默涵萌发了去延安的愿望，并在延安加入了中国共产党。

1938 年底至 1939 年初，《论持久战》辗转传入东北地区，它的理论光芒迅速照亮了抗联战士们的心。跟随杨靖宇直至最后的警卫员黄生发回忆："靖宇将军善于学习。我印象最深的是，他有一本《论持久战》，油印本，经常阅读。"

周保中将军的夫人王一知回忆当年周保中组织大家学习《论持久战》的情景："记得是 1938 年的一个夜晚，部队刚刚宿营，保中便在篝火旁召集大家开会，只见他手里拿着两张旧报纸，激动地说：'同志们，这是《新华日报》，上面登着毛主席的《论持久战》，有了党中央和毛主席的指示，我们的斗争就更有办法了！'"

这部著作，不仅对八路军和新四军在抗日战争中有着重要的指导意义，而且极大地影响了国民党高层的抗日认识和抗日战略，对国民党产生了非常大的影响。

时任国民政府军事委员会军训部长、第五战区代理司令长官的白崇禧对《论持久战》深为赞赏，认为这是克敌制胜的最高战略方针。程思远回忆道：毛泽东《论持久战》刚发表，周恩来就把它的基本精神向白崇禧作了介绍。白崇禧深为赞赏，认为这是克敌制胜的最高战略方针。后来白崇禧又把它向蒋介石转达，蒋也十分赞成。在蒋介石的支持下，白崇禧把《论持久战》的精神归纳成两句话："积小胜为大胜，以空间换时间。"[1]

国民党不少将领直接从《论持久战》中得到启迪，被称为国民党军队"五虎将"之一的卫立煌就是一个例子。时任第一战区司令长官卫立煌的秘书赵荣声回忆说：卫立煌"最突出的一件事就是叫我陪他细读七月七日发表的毛泽东同志的名著《论持久战》。这本书不但对于卫立煌的'速胜论''唯武器论'等顽症有很好的疗效……卫立煌对于八路军打独立自主的游击战，深入敌后建立根据地有所理解、有所同情了"[2]。

第八战区副司令长官傅作义认为自己对抗战重大问题的疑惑，在《论持久战》里得到了明确的答案，所以"他爱不忍释，反复阅读"，并且让军官们阅读，指示其部的军政干部学校组织研究学习。

担任武汉会战主要指挥职责的第九战区司令长官陈诚，也被《论持久战》深深打动。1938 年 10 月下旬，武汉失守，抗战的形势发展确如毛泽东所预示的那样，陈诚才意识到抗战的艰苦性、复杂性、持久性。于是向周恩来要了一本《论持久战》，认真研读，并写了许多批注，特地请周恩来到湖南衡山给他的军官训练班学员讲授毛泽东的《论持久战》和《抗日游击战争的战略问题》。

蒋经国也曾熟读过《论持久战》。蒋经国私人留下的一份材料里面

1　程思远：《政海秘辛——百年中国风云实录》，北方文艺出版社 2011 年版，第 142 页。
2　赵荣声：《回忆卫立煌》，中国文史出版社 2014 年版，第 92 页。

提到：聊天时，蒋经国突然把话锋转到毛泽东的《论持久战》，他还说，他已阅读过七八遍了，有时间还要下功夫去钻研。同时，他从书架上取出一本《论持久战》的单行本，全书已翻阅得很旧了，书上红蓝铅笔画的道道、圈圈，密密麻麻，书边周围写满了中文和俄文。

国民党大员对毛泽东《论持久战》的重视、学习和产生的思想震撼，潜移默化地对国民党抗日战略及其军事活动产生了影响。

《论持久战》印刷出来不久，周恩来就从武汉把书寄到香港，委托宋庆龄找人翻译成英文。宋庆龄收到这部书后，认真地读了两遍，她深为毛泽东的深刻分析和高远眼光所折服。于是立即找自己亲近的朋友爱泼斯坦等人进行翻译。1938 年 11 月，一本英文杂志悄然出现在上海的外国侨民手中。杂志上，赫然印着《论持久战》的英译稿 *Prolonged War*，作者署名为 Mao Tse Tung（毛泽东）。这本杂志就是项美丽主编的 *Candid Comment*（中文译为《公正评论》），正文前还有一段编者按："近十年来在中国出版的书中，没有别的书比这本书更能引起大家的注意了……它不仅仅预示战争在威胁着我们，而且这个预言乃至种种情节都惊人地得到了证实。中国每个有识之士都熟悉这本书，但还是在这个连载中它才首次以英文出现……"

《论持久战》译成英文，准备在海外出版。毛泽东得知这件事后，特意为英文本写了序言。他在序言中写道："希望此书能在英语各国间唤起若干的同情，为了中国利益，也为了世界利益。"

毛泽东的这一期望得到回应。《论持久战》的英文本在海外发行后，得到国际上的积极响应和高度评价。据说，丘吉尔、罗斯福的案头上，都放着《论持久战》英文本，斯大林的案头上则放着他专门让人译成俄

194

文的《论持久战》。共产国际总书记季米特洛夫高度赞扬《论持久战》是一部划时代的著作。研究中国近现代思想史的东京大学教授近藤邦康宣称："我们佩服《论持久战》。日本被中国打败是必然的，这种以哲学为基础的宏远战略眼光，日本没有。"许多西方的军事家看了《论持久战》后，都认为中国已经有最正确的科学的战略指导，中日战争中国已经打赢了一半。

没有受过军事专业教育的毛泽东，发出划破时空的预言，写出堪称天才之作的《论持久战》。这部论著最可宝贵之处，在于它超前于战争进程，深刻揭示了中华民族外御强敌的胜战之道。

随着抗战形势的发展，历史几乎完全应验了毛泽东在《论持久战》中的预测——

1937 年 7 月至 1938 年 10 月，是抗日战争的战略防御阶段。

1938 年 10 月到 1943 年底，是抗日战争中时间最为漫长的战略相持阶段。

1944 年初至 1945 年 8 月，是从局部反攻到抗日战争胜利结束的阶段。

中国人民自 1840 年以来第一次在反对外国侵略的斗争中取得完全胜利，中华民族伟大复兴的历史进程迎来转折。

《论持久战》是毛泽东的预测，亦是毛泽东的"阳谋"，把战争的经过和结果事先告诉所有中国人民，同时也告诉全世界，包括日本人。日本侵略者只能看着自己按毛泽东画好的"路径"一步一步走下去，无可挽回地走向自己的失败。

新中国成立后，毛泽东很看重他的《论持久战》。据何其芳回忆，

1961年1月23日，应毛泽东之邀，何其芳到中南海毛泽东住处讨论写《不怕鬼的故事》的序文，其间毛泽东谈起国家大事时说："第一次大革命为什么没有成功，是因为缺少舆论准备。抗日战争时期，有《论持久战》和《新民主主义论》，就有了准备。"

曾经有一阵喧哗，有人提出毛泽东并不是第一个提出"持久战"的人。并且举证说，蒋百里、陈诚等国民党官员都提过"持久战"的说法，蒋百里的《国防论》《陈诚将军持久抗战论》都发表在《论持久战》之前。有人甚至诬称毛泽东是"抄袭"。是不是"抄袭"？其实，稍微作一点考证就真相大白了。

毛泽东在1935年12月作《论反对日本帝国主义的策略》报告时就提出："要打倒敌人必须准备作持久战。"从"持久战"的提出，到《论持久战》的问世，印迹和脉络十分清晰。再对比一下《论持久战》与《国防论》《陈诚将军持久抗战论》的内容。《国防论》的主要内容是论国防而不是论持久战，虽谈到若干持久战的观点，但没有系统论述为什么要进行持久战、怎样进行持久战，更不可能论及持久战中的游击战问题。《陈诚将军持久抗战论》是一本文章汇编本，其中收录了郭沫若的《持久抗战的必要条件》、张闻天的《论抗日民族革命战争的持久性》、史良的《持久抗战的目的——最后胜利》等文章，其中有陈诚的3篇文章。陈诚的确提到了持久战与消耗战，但其所谓"持久战"的内涵，说的是"拖到一年半载，三年五年的时候，敌人军事耗尽，经济崩溃，国本动摇，一定要在我们面前屈膝的"。两相对比，判然有别，高下立见。

博采众长，吸收有益的学术观点，这对任何一部学术著作都是正常的。《论持久战》在"为永久和平而战"一节中，暗引了康德"永久和平"的概念。毛泽东在使用"永久和平"概念时说，'那时将不要军队，也不要兵船，不要军用飞机，也不要毒气。从此以后，人类将亿万斯年看不见战争"。这里面与《道德经》第八十章"使有什伯之器而不用，……虽有舟舆，无所乘之；虽有甲兵，无所陈之"相通。采纳和引用各种观点，为毛泽东继承吸收，不仅无损于著作的伟大，更增添了著作的魅力。

每个共产党员都应懂得这个真理：
枪杆子里面出政权
——读《战争和战略问题》

共产党员不争个人的兵权（决不能争，再也不要学张国焘），但要争党的兵权，要争人民的兵权。……每个共产党员都应懂得这个真理："枪杆子里面出政权"。我们的原则是党指挥枪，而决不容许枪指挥党。[1]

这是毛泽东在《战争和战略问题》中的一段话。"党指挥枪"这个概念诞生。"党指挥枪"与"枪指挥党"，毛泽东通过词序的调动，以突出两者的对立及原则上的分别。党指挥枪，是毛泽东的制度安排和政治设计。

《战争和战略问题》是毛泽东在中共六届六中全会上所作结论的一

1　《毛泽东选集》第二卷，人民出版社 1991 年版，第 546—547 页。

部分。毛泽东说，"六中全会是决定中国之命运的"[1]。在 1938 年 9—11 月召开的六届六中全会上，毛泽东的领袖地位进一步巩固。

毛泽东在《战争和战略问题》中，从中国历史的角度进一步强调武装斗争在中国革命中的重要性。他回顾了"中国国民党的战争史""中国共产党的战争史"，强调指出，在半殖民地半封建的中国，革命的特点是武装的革命反对武装的反革命，主要的斗争形式是战争，主要的组织形式是军队。文章中还论述了国内战争和民族战争中中国共产党的军事战略的转变和抗日游击战争的战略等问题。毛泽东说："在中国，离开了武装斗争，就没有无产阶级和共产党的地位，就不能完成任何的革命任务。"因此，"全党都要注重战争，学习军事，准备打仗"。

毛泽东反复强调的是"枪杆子"。早在 1927 年 6 月，大革命还没有完全失败，首先觉悟了的毛泽东就提出"以枪杆子对付枪杆子"[2]。大革命刚一失败，他就喊出"须知政权是由枪杆子中取得的"[3]。闻名中外的名言"枪杆子里面出政权"由此而来。如今，他又要求，"每个共产党员都应懂得这个真理：'枪杆子里面出政权'"。

"枪杆子里面出政权"，振聋发聩。它在一个关键的时刻，用最通俗最尖锐的话说出来，唤醒了共产党人，打醒了历史，打响了天地。

从建立井冈山革命根据地开始，毛泽东一直抓住枪杆子，建设"枪

1　中共中央文献研究室：《毛泽东在七大的报告和讲话集》，中央文献出版社 1995 年版，第 231 页。

2　中共中央文献研究室：《毛泽东年谱（1893—1949）》上卷，中央文献出版社 2013 年版，第 202 页。

3　中共中央文献研究室：《毛泽东文集》第一卷，人民出版社 1993 年版，第 47 页。

杆子"。如今，他又说："在兵权问题上患幼稚病，必定得不到一点东西。"[1]

"枪杆子里面出政权"，经典著作中没有这样的说法，这个观点当时被共产国际和中共党内的教条主义者认为是离经叛道的，毛泽东因此受到责难。'那个时候，给我安了一个名字叫'枪杆子主义'，因为我说了一句'枪杆子里头出政权'。他们说政权哪里是枪杆子里头出来的呢？马克思没有讲过，书上没有那么一句现成的话，因此就说我犯了错误，就封我一个'枪杆子主义'。"[2]尽管受到方方面面的批评，甚至受到组织处理，毛泽东并没有止步，他坚定不移地实践着用"枪杆子"改造世界的信念。

毛泽东抓枪杆子，有理论，有纪律，有权威，有谋略，天下无双！

毛泽东对枪杆子的论述多多，比较集中地体现在《战争和战略问题》的一段话中：

我们的原则是党指挥枪，而决不容许枪指挥党。但是有了枪确实又可以造党，八路军在华北就造了一个大党。还可以造干部，造学校，造文化，造民众运动。延安的一切就是枪杆子造出来的。枪杆子里面出一切东西。从马克思主义关于国家学说的观点看来，军队是国家政权的主要成分。谁想夺取国家政权，并想保持它，谁就应有强大的军队。……帝国主义时代的阶级斗争的经验告诉我们：工人阶级和劳动群众，只有用枪杆子的力量才能战胜武装的资产阶级和地主；在这个意义上，我们可以说，整个世界只有用枪杆子才可能改造。我们是战争消灭论者，我

1　《毛泽东选集》第二卷，人民出版社1991年版，第546页。
2　中共中央文献研究室：《毛泽东文集》第十卷，人民出版社1999年版，第105页。

们是不要战争的；但是只能经过战争去消灭战争，不要枪杆子必须拿起枪杆子。[1]

这一段话，概括起来就是：一个论断，两种视角。

一个论断是"枪杆子里面出政权"。这是历史的论断，这是历史经验的总结。

两种视角：一个是从政治家、政党领袖的视角来讲的。党要掌握枪杆子，限制枪杆子，防止枪杆子不听话，杜绝枪杆子造反。党指挥枪，这是原则，具有唯一性、排他性，不允许枪指挥党，不允许枪指挥政治，不允许其他党指挥枪，不允许枪指挥枪，必须是"党指挥枪"。一个是从军事家的视角讲的。他说"有了枪确实又可以造党"，"枪杆子里面出一切东西"，指出了枪杆子之大用。政治建军，思想领军，这是共产党军队与国民党军队的一个重要区别。

党与枪的关系、枪与方方面面的关系，深刻、复杂而幽深，唯有毛泽东才敢说，才可以说，才能够科学全面地说，才说得清澈透亮。

毛泽东在《战争和战略问题》中说——

蒋介石代替孙中山，创造了国民党的全盛的军事时代。他看军队如生命，经历了北伐、内战和抗日三个时期。过去十年的蒋介石是反革命的。为了反革命，他创造了一个庞大的"中央军"。有军则有权，战争解决一切，这个基点，他是抓得很紧的。对于这点，我们应向他学习。在这点上，

1　《毛泽东选集》第二卷，人民出版社1991年版，第547页。

孙中山和蒋介石都是我们的先生。

辛亥革命后，一切军阀，都爱兵如命，他们都看重了"有军则有权"的原则。

谭延闿是一个聪明的官僚，他在湖南几起几覆，从来不做寡头省长，要做督军兼省长。他后来做了广东和武汉的国民政府主席，还是兼了第二军军长。中国有很多这样的军阀，他们都懂得中国的特点。

中国也有些不要军队的政党，其中主要的一个是进步党，但是它也懂得必须靠一个军阀才有官做。袁世凯、段祺瑞、蒋介石（附蒋的是进步党之一部转变而成的政学系）就成了它的靠山。

历史不长的几个小党，如青年党等，没有军队，因此就闹不出什么名堂来。

外国的资产阶级政党不需要各自直接管领一部分军队。中国则不同，由于封建的分割，地主或资产阶级的集团或政党，谁有枪谁就有势，谁枪多谁就势大。处在这样环境中的无产阶级政党，应该看清问题的中心。

…… ……

谁想夺取国家政权，并想保持它，谁就应有强大的军队。有人笑我们是"战争万能论"，对，我们是革命战争万能论者，这不是坏的，是好的，是马克思主义的。[1]

与此同时，毛泽东在抗大讲课时，也讲了同样的道理，与《战争和战略问题》中的讲述相映生辉——

1　《毛泽东选集》第二卷，人民山版社 1991 年版，第 545—547 页。

中国且是半封建的国家，就是说没有民主的国家。民主就是讲话、开会、讨论，中国这些是没有的，所以我们国家的特点，是对外不独立，对内不民主。根据这一特点，我们的革命是怎样呢？历史证明着，是战争第一，军事第一。

太平天国战争……为什么有十三年？因为有枪杆子。……康有为和梁启超便"溜之大吉"。为什么这样？因为手里没有枪，人家（指清廷）有枪，于是就被枪杆子压倒。

中国在大革命时代，未注意到这个问题（枪杆子），那时江西有二百多万的农民协会会员，湖南有一千多万农会会员，工人十几万，在二七年五月二十一日，"马日"事变，一边来一个杀，一边就来一个垮，所有的农会工会都垮了台。

我们共产党就得出这一条：枪杆子里出农会，枪杆子里出工会，枪杆子里出政权，又出共产党，枪杆子里出一切，这是真理。[1]

全民族抗战开始之后，蒋介石一直希望中共放弃枪杆子，一直想收编"共军"。毛泽东一直在保护共产党的枪杆子。洛川会议上，毛泽东强调："在持久战中领土与军队什么最重要？军队较重要。军队失败，领土不能保"，因此"保存军队是最基本的"。他在枪杆子问题上寸步不让，不仅抓紧枪杆子不放，还一直扩大枪杆子的队伍，直到建立起一支可以

---

[1] 中央档案馆：《毛泽东同志在抗大讲话记录稿介绍（下）》，《中央档案馆丛刊》1986年第 2 期。

与国民党军抗衡进而战而胜之的军队。

党指挥枪，最重要的组织保证是在军队各级建立党的组织，特别是设置政治委员，构成两长制。红军改编为八路军后，一度取消政治委员，改设为军事副职，政治工作人员的职权被降低了。1937 年 10 月，朱德致电中共中央，建议恢复军队政治制度。毛泽东、张闻天立即复电："关于恢复政治委员及政治机关原有制度，我们完全同意，请即速令执行。"同月，八路军恢复政治委员制度。毛泽东说："因受国民党干涉而取消的政治委员制度，因受国民党干涉而改为政训处的政治部的名称，现在已经恢复了。"[1] 毛泽东后来还说："有些人就是反对政委制，说政委不搞军事，只能搞政治工作，经过多次斗争才纠正过来了，政委不只可以管政治，也管训练，也管干部，也管打仗。中间也曾试过一阵一长制，李德就是一长制，结果就是光打败仗，败得只剩下个陕北根据地。"[2]

毛泽东通过"党指挥枪"一系列制度的落实，彻底改变了中国旧式军队的历史传统，彻底改造了这支有着旧军队底色的军队。通过这样的文化改造和文化建设，共产党领导的军队成为一支新型的革命军队。

抗战中，美国总统特使赫尔利介入国共两党谈判。1944 年 11 月，他到延安，带去一份由他亲自起草并经国民党方面修改认可的国共两党关系协定草案。草案中，以国民党政府承认中共合法地位为条件，要求中共交出自己的军队。毛泽东尖锐地批评说："这一条主要地恐怕是蒋先生自己写的。我以为应当改组的是丧失战斗力、不听命令、腐败不堪、

1　《毛泽东选集》第二卷，人民出版社 1991 年版，第 393 页。
2　中共中央文献研究室：《毛泽东年谱（1949—1976）》第二卷，中央文献出版社 2013 年版，第 330 页。

一打就散的军队，如汤恩伯、胡宗南的军队，而不是英勇善战的八路军、新四军。"[1]

抗战胜利后，毛泽东前往重庆与蒋介石进行和平谈判，他千方百计地保存和壮大自己的力量，保全枪杆子，为"把中国拿下"做准备。他说："要我们交出军队去做官。军队我们当然是不交的。"[2] 在重庆期间，他从前的老师胡适给他写了一封信，信中说：既然日本已经投降，那么中国共产党已经没有什么合法的理由继续保有一支庞大的私人军队。他还举了英国劳动党的例子：战争胜利之后，该党取缔了自己的军队，不留一兵一卒，却在刚刚结束的大选中以压倒性优势获取了国家政权……中共应当效法英国劳动党的先例。[3]

胡适有胡适的道理，但他讲的是欧洲的道理，书生的道理，是有利于蒋介石的道理。毛泽东有毛泽东的道理。毛泽东知道中国不同于英国，中国历来是靠枪杆子说话的。中国共产党还有 1927 年被血洗的惨痛教训，胡适他没有感同身受，最终，他讲的就没有道理。

1945 年底，美国总统特使马歇尔将军受命调处国共冲突。他面对的局面是：蒋介石要求取消中共军队，中共要求取消国民党的一党政府。此时，美、苏两个对中国国共两党最有影响力的大国，都想把国共两党统在一个政府之中，两大国分别给国共两党施加压力，国共双方达成和平协议。毛泽东还是准备了另一手，即参加联合政府之后共产党军队的安置问题。中共中央指示："为了准备将来国民党内的反动派对我举行

1 中共中央文献研究室：《毛泽东文集》第三卷，人民出版社 1996 年版，第 224 页。
2 中共中央文献研究室：《毛泽东在七大的报告和讲话集》，中央文献出版社 1995 年版，第 102 页。
3 ［美］司徒雷登：《在华五十年》，常江译，海南出版社 2010 年版，第 11—12 页。

突然袭击时，我仍能有效的组织自卫斗争起见"，"除将二分之一的主力部队编为保安部队外，再保留一部分（大约三分之一）好的军事政治干部在各解放区隐蔽起来，不要去请求国民党加委"。[1]

手中握有枪杆子，试看天下谁能敌。

党指挥枪，是"党对军队绝对领导"的代名词，是毛泽东的制度安排和政治设计。它足以防止兵为将有，防止军队反水，防止兵乱扰民，防止部队溃散，防止军内出现大奸大伪之人，保证军队成为一道坚固防线。

党指挥枪，是毛泽东建军思想最显著的"文化特征"之一。"中国自东汉以降为无兵的文化。"所谓无兵，是说"好男不当兵"，兵匪不分，军民互相仇视，或因无兵可用而利用异族外兵的那种变态局面。梁漱溟把"中国自东汉以降为无兵的文化"作为中国文化十四大特征之第十二特征。晚清以来的中国军队，基本上采取"自募勇营"的模式，兵必自招，将必亲选，粮饷自筹，导致"兵为将有"局面。下级对上级、士兵对长官是人身依附关系，国家的武装力量呈现私人武装的特征。国民党实现军队党化，试图克服军队私有弊端和军阀政治的问题，但蒋介石最终也是建立起一支以黄埔师生关系为纽带的有亲有疏的军队，名为国家养有，实则仍是"兵为将有"。

毛泽东走了一条"以党建军"的路子，建设了一支全新的军队。

自古以来，兵骄则逐帅，帅强则叛上；自古以来，有叛军而无叛郡，有叛将而无叛州。"党指挥枪"有效地管控了军队，防止了内讧或是兵变，

1　中共中央文献研究室：《刘少奇年谱（1898—1969）》下卷，中央文献出版社1996年版，第23页。

部队"跑不了",阴谋家"反不了",旗帜"变不了",强大的敌人也消灭不了它。张国焘带过一支几万人的大军,结果他要脱离共产党投身国民党时,他连一个警卫员都带不走。

人民军队文化的最大特色是"党指挥枪"。《战争和战略问题》对"党指挥枪"做了最为充分的论述和论证。

在毛泽东军事思想的指导下，中国共产党建立了人民军队，进行了土地革命战争、抗日战争、解放战争，取得了新民主主义革命的全国性胜利，建立起中华人民共和国。毛泽东军事思想在新中国成立之后，得到新的充实和发展。

毛泽东军事思想，是以毛泽东为主要代表的中国共产党人，关于中国革命战争、人民军队和国防建设以及军事领域一般规律问题的科学理论体系。毛泽东军事思想揭示了中国革命战争、人民军队建设和国防现代化建设的客观规律，是一个具有中国特色的完整的科学理论体系。主要内容包括：

——创立无产阶级的战争观。认为战争是政治的特殊形式的继续，是流血的政治；战争的性质有正义和非正义之分，支持正义的战争，反对非正义的战争；战争与和平是可以互相转化的，用革命战争反对反革命战争，争取和平；战争的目的是保存自己消灭敌人；战争的决定因素是人不是物；研究战争规律和军事科学，提高驾驭战争的能力。这是毛泽东研究和指导战争的立场、观点和方法，是毛泽东军事思想的理论基础。

——提出人民军队建设的理论，把创建人民军队作为进行武装革命的首要问题。毛泽东强调没有一个人民的军队，便没有人民的一切，并制定全心全意为人民服务为唯一宗旨、坚持党对军队的绝对领导和政治工作是人民军队的生命线的建军基本原则。

——提出人民战争思想。论述了实行人民战争的必要性、可能性和如何进行人民战争的问题。兵民是胜利之本，只有动员和依靠群众才能进行战争；不但要有强大的正规军，还要有地方武装和民兵；实行全民皆兵，大办民兵师；以革命根据地为依托，开展人民战争。这是毛泽东军事思想的核心，是中国共产党领导革命战争的根本指导路线。

——创立一整套中国革命战争的战略战术。把唯物辩证法运用于作战指导，强调根据中国革命战争的特点规定战争的指导路线和战略战术；提出力争战争的主动权，加强战争的计划性和灵活性；强调战略上藐视敌人，战术上重视敌人；提出持久战的战略总方针；总结出十大军事原则；还对战略和战役、战斗，以及游击战、运动战和阵地战作出了理论阐述。

——提出军队和国防建设理论。确立了国防现代化的目标；系统阐述了人民军队的革命化、现代化、正规化建设；强调国防建设要以现代化为中心，国防建设与经济建设的关系，建立完整的国防科研和国防工业体系等；要求抓紧研制尖端武器，掌握先进的军事科学和技术装备，提高在现代战争中取胜的能力。这是毛泽东军事思想在新中国成立后的重大发展。

毛泽东军事思想，极大地发展和丰富了马克思列宁主义军事理论，树立了无产阶级军事理论发展的新的里程碑。人们把毛泽东军事思想形象地称为"毛泽东兵法""毛泽东战争论"。人民军队在中国共产党的领导下，在中国革命与社会主义建设的实践中，成为一支听党指挥的军队，一支为人民服务的军队，一支以弱胜强的军队，一支军政军民关系和谐的军队，一支所向披靡、无坚不摧的军队，一支足以粉碎任何外来侵略、为维护世界和平贡献力量的正义之师。

CHAPTER 4

第四章

政策和策略
是党的生命

关于政策和策略的思想

共产党人现在已经不是小孩子了，他们能够善处自己，又能够善处同盟者。日本帝国主义者和蒋介石能够用纵横捭阖的手段来对付革命队伍，共产党也能够用纵横捭阖的手段对付反革命队伍。[1]

这是毛泽东 1935 年 12 月在陕北瓦窑堡党的活动分子会议上说的一段话。所谓"纵横捭阖的手段"，说到底，就是党的政策和策略。

"须知政策与策略是我党我军的生命。""政策和策略是党的生命，各级领导同志务必充分注意，万万不可粗心大意。"[2] 这是毛泽东在 1948 年 3 月 20 日这一天，在两篇文章中写下的两句话。

重视政策和策略，是毛泽东治党治国治军的一大特色。

政策与策略是在"谁是我们的敌人？谁是我们的朋友？"的提问之后产生的。"守正出奇，通权达变"，目的是"发展进步势力、争取中间势力、反对顽固势力"，使自己的朋友越来越多，使自己的敌人越来越少。

掌握政策和策略，必须处理好原则性与灵活性、机动性的关系，就是要把最高的革命性与最大的灵活性统一起来，有时"把一枝草作丈六金身"，有时"把丈六金身却作一枝草用"，在坚持革命原则的基础上，灵活机动

1 《毛泽东选集》第一卷，人民出版社 1991 年版，第 157—158 页。
2 中共中央文献研究室：《毛泽东年谱（1893—1949）》下卷，中央文献出版社 2013 年版，第 296、297 页。

地处理一切问题。

毛泽东说:"伟大的革命任务的完成不是简单容易的,它全靠无产阶级政党的斗争策略的正确和坚决。倘若无产阶级政党的斗争策略是错误的,或者是动摇犹豫的,那末,革命就非走向暂时的失败不可。须知资产阶级政党也是天天在那里讨论斗争策略的,……在这样日益走向尖锐的短兵相接的阶级斗争的形势之下,无产阶级要取得胜利,就完全要靠他的政党——共产党的斗争策略的正确和坚决。"[1]

政策与策略,生死攸关。毛泽东把政治工作比作"生命线",把政策和策略直接称为"党的生命",宝贵如斯,珍重如斯。

毛泽东为什么把政策和策略看得如此重要呢?他有个形象比喻:"我曾经两次过黄河,一次是1936年红军东征,一次就是这次。过黄河你们注意了吗?黄河上掌舵的老艄公,在急流险滩、惊涛骇浪中,眼睛总是注视着对岸,遥望远方,端正航向,把舵掌稳当。如果老艄工只看脚下的浪花,就会手忙脚乱,把船弄翻。"

实行正确的政策和策略,遥望远方,端正航向,可以防止迷失方向,可以防止左右摇摆,可以纠正前进中的偏向,可以防止"手忙脚乱,把船弄翻",从而保证革命的航船安全顺利地抵达彼岸。

1　《毛泽东农村调查文集》,人民出版社1982年版,第7—8页。

有理有利有节
——读《目前抗日统一战线中的策略问题》

    《目前抗日统一战线中的策略问题》是毛泽东 1940 年 3 月 11 日在延安党的高级干部会上所作报告的提纲。这个提纲是对打退国民党第一次反共高潮的深刻总结，全面地发展了统一战线的理论和策略，堪称中国共产党统一战线的经典文献。

    统一战线，是策略还是战略？延安时代，中央党校曾经争论过这个问题，这样胶着于字面意义并无意义，争论自然也没有结果。毛泽东把统一战线与武装斗争、党的建设并称为"三大法宝"，后来又把政策和策略称为"党的生命"，提高到"生命"的高度，除了信仰没有比这更高的了。

    回顾中国共产党的历史，实行统一战线与否，关系到党的兴与衰——

    1921 年 7 月，中共召开一大，参加会议的有 13 位代表，代表全国 50 多名党员。1922 年二大召开时，全国只有 195 名党员。1923 年三大召开，全国一共 420 名党员。1925 年召开四大，全国党员有 994 人。

1926 年，中共党员人数超过万人，到 1927 年 4 月达 57967 人。

为什么 1925 年至 1927 年 4 月间中国共产党得以迅速发展？得益于在第一次国共合作中实行了统一战线政策。中共帮助国民党推动国民革命，也创造了自己的生存空间，发展和壮大了自己。

苏区为什么失败？一个重要原因是放弃统一战线政策，不争取中间势力甚至把他们当作敌人，把自己变成了"孤家寡人"。不过三四年时间，在国民党的"围剿"下，"（军队）三十万剩下不到三万，只有二万五千左右有组织的党员"。[1]

1937 年，国共二度合作，抗日民族统一战线形成。统一战线的理论既来自马列主义，也根源于中国传统的"合纵连横""纵横捭阖"。毛泽东深得个中三昧，用起来得心应手。结果，政策和策略"显灵"，共产党由 1937 年的 4 万多名党员，发展到 1939 年底的 80 万之众。

面对着共产党领导的抗日武装力量的壮大和抗日民主根据地的发展，蒋介石的仇共、反共心理日益加剧。

这一时期，日本对华政策由军事打击为主、政治诱降为辅改变为政治诱降为主、军事打击为辅。1938 年 12 月汪精卫叛国投敌，并于 1940 年 3 月在南京成立伪政府。日本方面加紧对蒋介石开展诱降活动。这一时期，英、法、美对日本的策略也由牺牲中国利益换取日本妥协的"绥靖主义"，转而为拉拢蒋介石加入他们的联盟，以遏制日本南进。一时间，蒋介石感到身价陡增。

蒋介石越来越倾向于用军事手段向中国共产党发起进攻。1939 年

216

11 月 1 日，他在日记中写道："中国共产党之跋扈枭张，全无国家民族观念，只知乘机扩张势力，今后必益加甚。叛乱之期，当不在远。"实际上是，蒋介石使用军事手段向共产党进攻的日期"当不在远"了。这个月的 12 日至 20 日，国民党召开五届六中全会，将 1939 年 1 月国民党五届五中全会制定的政治上"溶共""防共""限共""反共"方针升级为军事上反共，制定《处理异党问题实施方案》。

1939 年冬，蒋介石掀起第一次反共高潮。国民党顽固派在共产党领导的抗日根据地周围接连制造武装摩擦事件，袭击和打击共产党领导的人民抗日力量。国共之间的摩擦与斗争日趋复杂与激烈。国共合作的统一战线受到挑战。以毛泽东为代表的中共中央领导集体遇到了统一战线发展史上前所未有的复杂局面。

其间，山西的阎锡山充当了第一次反共高潮的急先锋，发动十二月事变（又称晋西事变），攻击山西新军抗敌决死队第二纵队。这一事件在当时较为严重。

山西新军以山西青年抗敌决死队为骨干，是国共合作条件下在 1937 年 8 月建立起来的。这支由中国共产党领导的革命军队，很快发展到 50 个团，引起山西"土皇帝"阎锡山的恐慌。十二月事变，造成新军和地方抗日政权的重大损失，在八路军和新军的反击下，阎锡山的旧军也受到重创。

十二月事变发生后，有些同志主张和阎锡山完全决裂。

晋西地区是连接华北和西北的枢纽，是在延安的中共中央同华北、华南等敌后抗日根据地往来的必经通道，战略地位重要。

"晋西斗争之胜利，依靠于正确政治方针，正确战略战术，强兵良将，缺一不可。"[1] 毛泽东说。

十二月事变发生后，中共中央曾多次发出指示，分析国内和山西的形势，提出对策。这些分析，概括起来主要有以下几点：（1）尽管蒋介石、阎锡山掀起反共高潮，但在他们还没有最后投降日本以前，国内主要矛盾仍然是民族矛盾。（2）阎锡山虽然是大地主大资产阶级的代表，并且在这次反共高潮中充当了可耻的急先锋的角色，但和以蒋介石为首的顽固派仍有所不同。他是个地方实力派，同国民党中央势力有矛盾，还属于可争取的中间派。（3）十二月事变以后，经过我们坚决有力的斗争，阎锡山反动倒退的行动已经不能得逞。在这种情况下，留阎锡山在山西合作抗日，比国民党顽固势力插进山西对我们有利。（4）我们的基本政策应该是继续团结阎锡山，巩固旧军力量于阎锡山的指挥下，不使发生不利于我们的分化。保存阎在吕梁山脉的地盘，不使国民党中央顽固势力进驻，八路军与新军亦不进驻。恢复新军与阎之指挥隶属关系，以利华北与西北之抗战。（5）我们对阎的团结，要经过有理、有利、有节的斗争，既向他显示我们有充足的力量，又对他采取正确的政策，尊重他的利益。团结的目的达到以后，还要看到他发生动摇的可能。[2]

毛泽东还亲笔致信阎锡山，派萧劲光、王若飞与阎锡山谈判，争取阎锡山，与他斗而不破，确保了抗日根据地的发展和人民武装的壮大。

《目前抗日统一战线中的策略问题》就是对中国抗战史上各方关系最为错综复杂、内外形势变化最为扑朔迷离的岁月的总结，更是对如何

1　中共中央文献研究室：《毛泽东年谱（1893—1949）》中卷，中央文献出版社 2013 年版，第 154 页。
2　薄一波：《七十年奋斗与思考》上卷，中共党史出版社 1996 年版，第 286 页。

搞好统一战线进行极富有创造性与操作性的理论概括。

毛泽东说："必须采取发展进步势力、争取中间势力、反对顽固势力的策略。"[1]他还提出了"包括联合和斗争两方面的（两面性的）民族统一战线"，即"又斗争又团结"的政策。

早在1939年2月5日，毛泽东在中央党校发表反对投降主义的讲演，就从哲学高度指出："统一里有斗争，天下万物皆然。同志们如果能找得到只讲团结，没有斗争，那我就不姓毛。如果有人认为只有团结没有斗争的，那他还没有学过马克思主义。联合与斗争是统一战线的原则问题，但两者既不是半斤与八两，也不是斗争更重于联合。抗日民族统一战线的第一个基本原则便是联合、统一、团结，但还有一个原则就是斗争。这是不可缺少的，是谁都不能也不应忘记的。"

在《目前抗日统一战线中的策略问题》中，毛泽东对又团结又斗争的关系作了进一步总结，提出一段名言：

在抗日统一战线时期中，斗争是团结的手段，团结是斗争的目的。以斗争求团结则团结存，以退让求团结则团结亡。[2]

又团结又斗争，针对的是国民党政府又抗日又反共的两面性，对应的是英美派的大地主大资产阶级对中共"一打一拉"的两面政策。毛泽东说："这就是我们对付顽固派两面政策的革命的两面政策。"

世事不过"正""奇"二字，政策须"正"，策略可"奇"。1940

1　《毛泽东选集》第二卷，人民出版社1991年版，第745页。
2　《毛泽东选集》第二卷，人民出版社1991年版，第745页。

年 7 月 13 日，毛泽东在延安干部会议上具体详细地阐述了团结与斗争的关系：（1）我们历来是强调团结的，今后还是一样——对付一切抗战派。（2）我们历来是强调斗争的，今后还是一样——对付一切投降派。（3）我们又强调团结又强调斗争——对付一切又抗日又反共的顽固派。（4）有时强调团结，有时强调斗争——依顽固派的态度是团结为主还是反共为主而定。（5）斗争为了团结——为了延长合作时间。（6）不论哪一方面（政治、军事、文化），目前时期都以团结为主，但不论哪一方面，都同时有斗争。因为国民党顽固派的反共政策是没有变化的……[1]

如何又联合又斗争？这既是一个坚定的政治原则，也是充满原则性与灵活性辩证法的政治艺术。毛泽东在《目前抗日统一战线中的策略问题》中重申和强调"三项原则"——

"第一是自卫原则。人不犯我，我不犯人，人若犯我，我必犯人。这就是说，决不可无故进攻人家，也决不可在被人家攻击时不予还击。这就是斗争的防御性。对于顽固派的军事进攻，必须坚决、彻底、干净、全部地消灭之。"[2]

这一思想毛泽东早有阐述。1938 年底，国民党政府要调第八十四师高桂滋部进驻陕北。12 月 4 日，毛泽东电告彭德怀等，明确指出：绝对不许可任何部队借名进驻，实行破坏边区之企图。过去已打过八九仗，都是执行人不犯我，我不犯人，人若犯我，我必犯人的方针。1939年 1 月以后，国民党在陕甘宁边区制造的摩擦事件日益增多，毛泽东进一步阐释了这个思想。这一年 5 月 5 日，毛泽东在延安后方留守兵团的

1　中共中央文献研究室：《毛泽东文集》第二卷，人民出版社 1993 年版，第 290—291 页。

2　《毛泽东选集》第二卷，人民出版社 1991 年版，第 749 页。

军事会议上指出：巩固边区有一个方针、两条原则。一个方针就是"一步不让"，对于他们的捣乱给以无情的打击，决不让步。两条原则的第一条便是"人不犯我，我不犯人"，同他讲亲爱、讲团结；要是他对我们不客气，我们就来第二条，就是"人若犯我，我必犯人"，这叫摩擦，人家摩擦来，我们摩擦去，也就是孔夫子所谓的"来而不往非礼也"，否则不叫"礼尚往来"。这是圣人之言，天经地义，我们一定要摩擦去。

毛泽东强调的是，我不先越过这个线，你也别越过，双方相安无事；如果你越过这个界线，将战争强加于我，我将以更大的强度收拾你。毛泽东的"人不犯我，我不犯人，人若犯我，我必犯人"16个字，包含着极大的宽容与忍耐、最大的不宽容与不耐烦，以及最大的决心跟力量，很坚决，很霸气，很强大，有底气，有战斗力，有战斗意志。

"第二是胜利原则。不斗则已，斗则必胜，决不可举行无计划无准备无把握的斗争。应懂得利用顽固派的矛盾，决不可同时打击许多顽固派，应择其最反动者首先打击之。这就是斗争的局部性。"[1]

敢于斗争，敢于胜利，不要四面出击，善于擒贼擒王。

"第三是休战原则。在一个时期内把顽固派的进攻打退之后，在他们没有举行新的进攻之前，我们应该适可而止，使这一斗争告一段落。在接着的一个时期中，双方实行休战。这时，我们应该主动地又同顽固派讲团结，在对方同意之下，和他们订立和平协定。决不可无止境地每日每时地斗下去，决不可被胜利冲昏自己的头脑。这就是每一斗争的暂时性。在他们举行新的进攻之时，我们才又用新的斗争对待之。"[2]

1　《毛泽东选集》第二卷，人民出版社1991年版，第749页。
2　《毛泽东选集》第二卷，人民出版社1991年版，第749—750页。

一张一弛，步步为营，斗争与团结交替，原则性与灵活性并施。

毛泽东把"三项原则"归纳为一句话，就是"有理""有利""有节"。[1]

有理有利有节，三个"有"是平等的复合句，这是一个发明。"要有理、有利、有节。就是斗争要有道理，要有胜利的把握，取得适当胜利的时候要有节制。"[2]

"有理"是自卫原则，体现了斗争的正义性；"有利"是胜利原则，体现了斗争的把握性；"有节"是休战原则，体现了斗争的节制性。

有理，赢得了更多人的同情跟支持。有利，保存和发展了自己。有节，在与对手摩擦中生存，斗而不破，摩而不裂，防止一着不慎而酿成无穷后患。我之"有理有利有节"与敌之"无理无利无节"成为鲜明对比时，我的优秀与敌的恶劣就显现出来，民心向背就分明了。"有理有利有节"这个位置，于政治、于军事、于道义、于观瞻皆有利，是个最佳位置。这个位置，足以置对方于困难、尴尬、无奈及万般气短之中。

正如毛泽东在《目前抗日统一战线中的策略问题》中指出的那样："坚持这种有理、有利、有节的斗争，就能发展进步势力，争取中间势力，孤立顽固派，并使顽固派尔后不敢轻易向我们进攻，不敢轻易同敌人妥协，不敢轻易举行大内战。这样，就有争取时局走向好转的可能。"[3]

这样的政策与策略，恰如中国共产党在复杂斗争中纵横捭阖的"宝典"。

1　《毛泽东选集》第二卷，人民出版社 1991 年版，第 750 页。
2　中共中央文献研究室：《毛泽东文集》第七卷，人民出版社 1999 年版，第 135 页。
3　《毛泽东选集》第二卷，人民出版社 1991 年版，第 750 页。

利用矛盾、争取多数、反对少数、各个击破
——读《论政策》

"革命党是群众的向导，在革命中未有革命党领错了路而革命不失败的。我们的革命要有不领错路和一定成功的把握，不可不注意团结我们的真正的朋友，以攻击我们的真正的敌人。"这是毛泽东 1925 年在《中国社会各阶级的分析》中亮出的观点。

怎样才能有把握不领错路呢？卓越的领导者必须在指明革命方向的同时，"把理论与实际政策说清楚"。这样，革命者才能有所适从、有所指望、知所趋赴，不走或少走弯路。

1940 年底，正处于皖南事变的前夜，国共之间的斗争形势格外复杂。12 月 25 日，毛泽东为中共中央起草的《关于时局与政策的指示》，其中一部分就是讲政策问题。后来，这一部分收入《毛泽东选集》，叫《论政策》。

抗日战争中，最大的政策与策略是统一战线。统一战线是不"左"不右的策略。或"左"或右，都搞不好统一战线。统一战线必须防止来

自"左"的和来自右的干扰。毛泽东的《论政策》，阐明和规定了抗日民族统一战线的一系列政策，实质上讲的是如何建立一种防"左"又防右的"政策"。

历史观照现实。毛泽东提醒全党，既要防止第一次大革命后期那种"一切联合，否认斗争"的右的错误，又要防止土地革命的后期"在经济上消灭资产阶级（过左的劳动政策和税收政策）和富农（分坏田），在肉体上消灭地主（不分田），打击知识分子"，肃反中的"一切斗争，否认联合"的"左"倾错误。"一切联合否认斗争""一切斗争否认联合"，"这两个极端的政策，都使党和革命遭受了极大的损失"。[1]

如何不"左"不右呢？毛泽东回答：要"综合联合和斗争两方面的政策"，共十条，可以叫"统一战线十要点"。

（一）"一切抗日的人民联合起来（或一切抗日的工、农、兵、学、商联合起来），组成抗日民族统一战线。"这是党在抗日时期总政策。

（二）"统一战线下的独立自主政策，既须统一，又须独立。"不能丧失共产党的独立性、领导权。这一条至关重要，不然就会犯右的错误。

（三）"在军事战略方面，是战略统一下的独立自主的游击战争，基本上是游击战，但不放松有利条件下的运动战。"打仗也要以我为主，按自己的章法来打。

（四）"在和反共顽固派斗争时，是利用矛盾，争取多数，反对少数，各个击破；是有理、有利、有节。""争取多数，反对少数"是斗争目标，"利用矛盾，各个击破"是斗争方法，"有理、有利、有节"，这是斗争

1　《毛泽东选集》第二卷，人民出版社1991年版，第762—763页。

策略。

（五）"在敌占区和国民党统治区的政策，是一方面尽量地发展统一战线的工作，一方面采取荫蔽精干的政策；是在组织方式和斗争方式上采取荫蔽精干、长期埋伏、积蓄力量、以待时机的政策。""荫蔽精干、长期埋伏、积蓄力量、以待时机"，又是一个"十六字诀"，讲的是秘密战线的策略。

（六）"对于国内各阶级相互关系的基本政策，是发展进步势力，争取中间势力，孤立反共顽固势力。""发展进步势力，争取中间势力，孤立反共顽固势力"，把革命者发展壮大起来，把中间势力争取过来，把极少数敌人孤立起来，争取统一战线最大化。

（七）"对于反共顽固派是革命的两面政策，即对其尚能抗日的方面是加以联合的政策，对其坚决反共的方面是加以孤立的政策……"又联合又斗争，何处联合？何处斗争？联合其抗日的一面，斗争其反共的一面。"革命的两面政策"应对的是反共顽固派的"两面政策"。毛泽东要从"反共顽固派"中再争取过来一部分人。

（八）"即在汉奸亲日派中间也有两面分子，我们也应以革命的两面政策对待之……"把汉奸亲日派也一分为二，从中再争取过来一部分。

（九）"既须对于反对抗日的亲日派大地主大资产阶级和主张抗日的英美派大地主大资产阶级，加以区别；又须对于主张抗日但又动摇、主张团结但又反共的两面派大地主大资产阶级和两面性较少的民族资产阶级和中小地主、开明绅士，加以区别。在这些区别上建立我们的政策。"利用敌人内部矛盾，从"大地主大资产阶级"中再争取过来一部分。

（十）"对待帝国主义亦然。"看清帝国主义阵营中的矛盾。从帝国主义国家中再争取过来一部分。[1]

"我们的斗争策略就是对这许多阶级阶层的策略。"[2]毛泽东在《论政策》中讲得越来越细致，越来越具体。特别是后面几条，讲的是利用敌人内部矛盾，分化瓦解敌人，目的是把蒋介石方面的大量公务人员、军警人员，亲日派中的中间分子，乃至帝国主义中的中间势力，等等，从他们的阵营中拉过来，把朋友搞得多多的，把敌人搞得少少的。

《论政策》重申了党的各项具体政策，包括政权组织政策、劳动政策、土地政策、税收政策、锄奸政策、保护人民权利的政策、经济政策、文化教育政策和军事政策等，集中地、系统地体现了毛泽东关于统一战线的政策和策略思想，成为毛泽东关于政策与策略思想的代表作之一。

《论政策》中的政策是在形势比较困难的情况下制定的政策，它不是针锋相对的政策，也不是退让妥协的政策，而是一种不"左"不右的政策，是有联合有斗争的政策，是争取更多的人的政策。人多力量大。如果对方不能成为我们的战友或朋友，起码不能成为我们的敌人。实践证明，这样的政策是成功的政策。

正确处理皖南事变，就是一篇讲策略的实践杰作——

皖南事变中，国民党军第三十二集团军总司令上官云相指挥七个师8万余人袭击新四军。新四军9000余人浴血奋战七个昼夜，弹尽粮绝。新四军副军长项英被叛徒杀害，军长叶挺与国民党交涉时被扣留，新四军除两千余人突围外，大部壮烈牺牲。蒋介石发布命令，宣布新四军为"叛

1　《毛泽东选集》第二卷，人民出版社 1991 年版，第 763—764 页。
2　《毛泽东农村调查文集》，人民出版社 1982 年版，第 7 页。

军"，撤销新四军的番号，并且准备把新四军军长叶挺送交军事法庭审判。

这是国共合作抗战以来，国民党为统一战线制造的最直接最严重的危机。这个事件对共产党人震动巨大，有人认为这是又一个马日事变，类似 1927 年国民党血洗共产党；有人认为国共又要分裂了。中国共产党人面临最为严峻的考验。

中国共产党如何应对？

有理应对。日本侵略者还是中华民族的头号敌人。国民党不打日军打内战，已经错了一着。"千古奇冤，江南一叶；同室操戈，相煎何急！"国民党无理，共产党占理。在中国共产党的揭露下，国际社会纷纷表态，反对国民党此举。

有利应对。共产党吃亏了，按说得还手，血债要用血来还。可是，中国共产党担心蒋介石投降日本，即使蒋介石不投降，双方打起来，只有日军高兴，于中华民族不利；同时，自家的"羽毛"还未丰满，摊牌尚早，不能硬打。所以，共产党处理皖南事变，"政治上取攻势，军事上取守势"比较有利，从而避免了大规模内战。

有节应对。以牙还牙，容易翻脸；不揭露和报复国民党，不足以遏制国民党反动势力。中国共产党开辟了另一个战场：政治宣传战。高举抗战、自由、民主等口号，揭露国民党搞内战、搞独裁的行径，激起了全国舆论的愤慨。

这一系列举措赢得了广泛同情，不仅宋庆龄、冯玉祥等国民党元老，张澜、沈钧儒、黄炎培等民主人士一致谴责蒋介石的倒行逆施，连美国总统罗斯福的代表居里在听了周恩来的形势分析后，也公开声明美国反对国民党的行为。

有理有利有节地斗，斗智斗勇不斗气，斗而不破，避免了国共内战。在中国共产党的精心筹划下，国民党取得了一场得不偿失的"胜利"。中共的统一战线策略完胜。

当然，作为战略家的毛泽东，也有应付最坏情况的准备。在毛泽东的主持下，党中央准备了一个代号为"炸弹宣言"的政治宣言和整套的军事大反攻计划。毛泽东提出：一旦蒋介石背信弃义，与共产党彻底决裂，与人民为敌，发动大规模内战，那么我们就向全世界公开这份"炸弹宣言"。与此同时，从八路军、新四军中抽调兵力，组成一支强大的野战部队，向反动统治区进行大反攻。[1]

在一片声讨声中，蒋介石反共投降行为不得不有所收敛，陷入左支右绌境地，政治上更加孤立。结果是，"从来没有过这么多人站在我们一边"。老的新四军军部被打掉了，新的新四军军部立即建立起来，反而还扩大了新四军编制规模，使在南方抗战的我军得到更顺畅的统一领导。皖南事变前，蒋介石本来是要逼新四军退到黄河以北，中国共产党也答应了。皖南事变发生后，新建的新四军待在当初老新四军所在的位置不走了，长江以南许多地区又发展了游击队。对此，蒋介石也无可奈何了。

皖南事变的正确应对，使毛泽东在党内的威望进一步提升。"逢毛必胜，有毛则灵。"革命事业蒸蒸日上，毛泽东的核心地位已经在党心、军心、民心中扎根。

八路军一二九师参谋长李达在回忆录中写道："回顾反摩擦斗争这

1　雷英夫、陈先义：《我眼中的第一伟人》，中原农民出版社 1997 年版，第 42 页。

段历史，使我更深刻地体会到：抗日民族统一战线的建立和维持，是贯彻执行我们党的既联合又斗争，斗争中要有理、有利、有节的政策策略而取得的。当时，大敌当前，一切为了抗日战争的胜利，是全国人民的最高利益，也是国共两党实现合作的条件和基础。只讲团结，不作必要的斗争，统一战线也不能够维持。""正由于我们坚决执行了党的抗日民族统一战线的政策，因而赢得了广大人民和中间势力的拥护与同情，积蓄和发展了抗日力量。"[1]

1　李达：《抗日战争中的八路军一二九师》，人民出版社 1985 年版，第 168、169 页。

争取"中间势力"

——读《关于打退第二次反共高潮的总结》

皖南事变发生的时候，许多共产党人估计国共两党要撕破脸了。毛泽东坚持"有理、有利、有节"地开展斗争，以革命的两面政策对付反革命的两面政策，由此产生了一个结果：国民党政治威望降低和共产党政治威望提高。

1941 年 5 月 8 日，毛泽东适时地起草了《关于打退第二次反共高潮的总结》，总结皖南事变后从打退国民党第二次反共高潮的斗争中得到的四点经验教训。其要点是：

（一）"在中国两大矛盾中间，中日民族间的矛盾依然是基本的，国内阶级间的矛盾依然处在从属的地位。"这是制定一切政策和策略的基础。

（二）"指导着国民党政府全部政策的英美派大地主大资产阶级，依然是两面性的阶级，它一面和日本对立，一面又和共产党及其所代表的广大人民对立。而它的抗日和反共，又各有其两面性。"这里说的"两面性"是指，抗日，又不积极作战；反共，又不愿意最后破裂，对共产党依然是一打一拉的政策。毛泽东在这里提出一个重要的概念——"极端地复杂的中国政治"："极端地复杂的中国政治，要求我们的同志深刻地给以注意。"应对这样的政治局面，我们的方针是："'即以其人之道，还治其人之身'，以打对打，以拉对拉，这就是革命的两面政策。只要大地主大资产阶级一天没有完全叛变，我们的这个政策总是不会改变的。"

（三）"和国民党的反共政策作战，需要一整套的战术，万万不可粗心大意。"同国民党反共政策针锋相对的斗争，必须是"有理、有利、有节的，三者缺一，就要吃亏"。

（四）"须知中国社会是一个两头小中间大的社会，共产党如果不能争取中间阶级的群众，并按其情况使之各得其所，是不能解决中国问题的。"因此，"在反对国民党顽固派的斗争中，将买办性的大资产阶级和没有或较少买办性的民族资产阶级加以区别，将最反动的大地主和开明绅士及一般地主加以区别，这是我党争取中间派和实行'三三制'政权的理论根据"。否则，"将使我们自陷于孤立"。[1]

毛泽东的这个总结进一步发展了统一战线的政策和策略思想，进一步发展了关键在争取中间势力的思想。

"中间势力"，一直是毛泽东政策和策略思想的一个关键词。

政党政治看人群，不外乎是：朋友—敌人、我们—你们，这是基本的二元政治学逻辑。在这个二元政治学逻辑之外，还有介于朋友与敌人

1　《毛泽东选集》第二卷，人民出版社 1991 年版，第 781—783 页。

之间的中间势力。

毛泽东在《关于打退第二次反共高潮的总结》中，提出"复杂的中国政治""极端地复杂的中国政治"的论点，"要求我们的同志深刻地给以注意"。

为什么说"复杂"？

"朋友"这一部分，一般来说不那么复杂；"敌人"那一部分，明摆在那里，也不那么"复杂"；问清楚敌友之后，"极端地复杂"的是"中间势力"。

中间势力，或者叫中间阶级，有时又叫中间集团，这是毛泽东对中国社会的人群进行分析后发明的词组。

讲政治，讲的是在"极端地复杂的中国政治"中的"政治"。在"极端地复杂的中国政治"中搞统一战线，必须争取中间势力，这是毛泽东在这篇文章中强调的一大重点。

中间势力从数量上来说，往往比朋友多，也比敌人多。这就是毛泽东说的"两头小中间大"。

所谓中间势力，是指对待中国革命的态度所持的中间政治立场。如何看待他们，长期以来是中国共产党内产生政治分歧的一个焦点。

毛泽东强调争取中间势力，是因为此前共产党有过深刻教训。

大革命失败后，许多共产党人有一股盲目复仇的情绪，一揽子把资产阶级、小资产阶级都视为敌人，有个口号是"杀尽一切土豪劣绅大中地主工贼农贼国民党右派贪官污吏"，"大杀大灭豪绅资产阶级的权势与势力"，这就只承认工农劳苦大众是自己人，排斥了社会中间阶层。"左"倾错误者在土地革命战争时期提出"中间势力是最危险的敌人"，在《关于争取革命在一省与数省首先胜利的决议》（1932 年 1 月）中要求，把中间派别作为"主要的力量来打击"。那些本来与国民党有矛盾的阶层、对国民党不满的人士，被推到国民党的阵线。比如，拒绝与国民党第十九路军将领和其他反蒋势力组成的"福建人民政府"建立统一战线，坐视其反蒋失败，从而使中央苏区陷于更加孤立的地位，也把自己弄成了"光杆司令"。毛泽东说："那时我们孤立，我们只有苏区工农群众，其他阶层都脱离了……"[1]"瑞金时代组织最纯洁，但有一个缺点，形式纯洁，却孤立了自己，政权不稳当，要搬家。"[2]"搬家"就是被迫进行长征。

在 1935 年 12 月的瓦窑堡会议上，毛泽东批评"左"倾关门主义是"孤家寡人的策略"，是"'为渊驱鱼，为丛驱雀'，把'千千万万'和'浩浩荡荡'都赶到敌人那一边去，只博得敌人的喝采"。[3]在这个讲话中，毛泽东事实上提出了争取中间势力的思想，认为日本帝国主义者灭亡中国的政策不能不驱使很多的力量，特别是"中间势力"跑到我们这方面来，我们要努力争取和团结他们。

全民族抗战开始后，毛泽东关于争取中间势力的思想进一步明确起来。在 1937 年 11 月 12 日延安党的活动分子会议上的报告中，他将抗日民族统一战线分为"左翼集团"、"中央集团"（即中间集团）和"右翼集团"。所谓"左翼集团"即共产党率领的群众，包括无产阶级、农

1　中共中央文献研究室：《毛泽东年谱（1893—1949）》下卷，中央文献出版社 2013 年版，第 274 页。

2　中共中央文献研究室：《毛泽东年谱（1949—1976）》第二卷，中央文献出版社 2013 年版，第 203 页。

3　《毛泽东选集》第一卷，人民出版社 1991 年版，第 155 页。

民和城市小资产阶级，党的任务是用一切努力去扩大与巩固这个集团。"右翼集团"则是大地主和大资产阶级，这是民族投降主义的大本营，党的任务是坚决反对民族投降主义。毛泽东认为，中央集团（即中间集团）就是民族资产阶级和上层小资产阶级，党的任务就是"扩大和巩固左翼集团，争取中间集团的进步和转变"。[1] 这是毛泽东较早地明确把争取中间势力提高到关系抗战形势发展的关键意义上来认识。

中间势力是旁观角色，具有可变性和可塑性。他们随着形势的变化、随着自身利益的益损，立场会发生变化。把中间势力拉过来，实质是扩大"朋友圈"，是在统一战线中把自己的阵营做得越来越大的奥妙所在。

1940 年 3 月 11 日，毛泽东在《目前抗日统一战线中的策略问题》中，不仅明确地将"发展进步势力、争取中间势力、反对顽固势力"概括为抗日民族统一战线的基本策略，而且对这三种势力的基本倾向作了较深层次的剖析，阐述了三者之间的具体关系。

对于中间势力，毛泽东指出："争取中间势力，就是争取中等资产阶级，争取开明绅士，争取地方实力派。这是不同的三部分人，但都是目前时局中的中间派。"[2] 中间势力在对顽固派的斗争中，有些人还可以在一定限度内参加，有些则可以保持善意的中立，有些则可以保持勉强的中立。毛泽东说："中间派的态度是容易动摇的，并且不可避免地要发生分化；我们应当针对着他们的动摇态度，向他们进行适当的说服和批评。"[3]

1　《毛泽东选集》第二卷，人民出版社 1991 年版，第 396 页。
2　《毛泽东选集》第二卷，人民出版社 1991 年版，第 746 页。
3　《毛泽东选集》第二卷，人民出版社 1991 年版，第 747 页。

234

如何争取中间势力？毛泽东在《目前抗日统一战线中的策略问题》中说：争取中间势力必须有三个条件："（1）我们有充足的力量；（2）尊重他们的利益；（3）我们对顽固派作坚决的斗争，并能一步一步地取得胜利。"毛泽东认为，第三条很重要，因为顽固派也在极力争取中间派，以便使我们党陷于孤立，并且指望中间派充当他们的同盟军。毛泽东进一步强调争取中间势力的意义，指出："在中国，这种中间势力有很大的力量，往往可以成为我们同顽固派斗争时决定胜负的因素，因此，必须对他们采取十分慎重的态度。"[1]

随着时局的发展，毛泽东不断扩大"中间势力"对象，以削弱反革命力量，扩大革命阵营，由此使革命汇成排山倒海之势。

1940年4月22日，毛泽东在中央关于湖南工作的指示中提出，不要把整个国民党和"三青团"的党员、团员都看作是一样的，其中大部分是可以争取的中间分子。

5月4日，在给东南局的指示中，毛泽东进一步把争取中间势力明确为民族资产阶级、开明绅士、杂牌军队、国民党内的中间派、中央军中的中间派、上层小资产阶级和各小党派，共七种。

两个多月后，在7月7日中央《关于目前形势与党的政策的决定》中，中间势力又扩大为可以包括国民党中的多数党员、中央军中的多数军官、多数的杂牌军等。毛泽东谈及这个变化说："中间势力的成份现在比前次更有了新的补充，把国民党中央军的大部分也放在里面了。中间势力观念在党内尚未普遍，这是要注意纠正的。"

1　《毛泽东选集》第二卷，人民出版社1991年版，第747、748页。

在国民党掀起第二次反共高潮期间，毛泽东进一步把国民党中央军中的黄埔生也划入中间势力。他指出：我党我军中过去把黄埔生看作一个笼统的反共集团的传统观念是错误的、有害的。在目前严重时局，急须改正此观念，利用一切机会与黄埔生军人进行统一战线工作，不要刺激他们，而应以民族至上的观念来打动他们，使他们不肯投降日寇，使他们对反共战争取中立或消极态度，这对挽回危局有重大意义。[1]

在打退第二次反共高潮期间，毛泽东把"争取中间势力"的政策发挥得淋漓尽致。他在《关于打退第二次反共高潮的总结》中指出："上次反共高潮中反共最力的阎锡山，这一次就站在中间立场；而上次居于中间立场的桂系，这一次虽然转到了反共方面，却和蒋系仍然有矛盾，不可视同一律。其他各地方实力派更不待论。"他强调说：我们有许多同志"至今还把各派地主阶级各派资产阶级混为一谈，似乎在皖南事变之后整个的地主阶级资产阶级都叛变了，这是把复杂的中国政治简单化。如果我们采取了这种看法，将一切地主资产阶级都看成和国民党顽固派一样，其结果将使我们自陷于孤立。须知中国社会是一个两头小中间大的社会，共产党如果不能争取中间阶级的群众，并按其情况使之各得其所，是不能解决中国问题的"。[2]这不仅是对打退第二次反共高潮经验的总结，也是对整个中国革命经验的一个重要总结。

经过党中央和毛泽东的反复强调，争取中间势力的观念在全党逐步地树立起来，并成为党巩固和发展统一战线的一条基本经验。

毛泽东在七大上继续分析和强调团结中间势力。他说："中国这个

1　中共中央文献研究室：《毛泽东文集》第二卷，人民出版社 1993 年版，第 318 页。
2　《毛泽东选集》第二卷，人民出版社 1991 年版，第 783 页。

社会两头小，但是两头强，中间大，但在政治上是软弱的。中间阶层是动摇的，无论哪个中间阶层都有它的动摇性。"[1]

统一战线就是要把动摇的中间力量团结过来。对于一切能够联合的政党、阶层、人员都要联合，对于能够团结的那部分包括那些边边角角的，重视他、尊重他、理解他、组织他，甚至通过退让妥协，与他交朋友，从而为自己增加更多更大的力量，使自己的力量追上、超过对手的力量，从而孤立、反对和战胜共同的敌人。这是中国共产党在政治斗争中的必胜法宝。正像社会上流传的毛泽东的名言揭示的那样："政治就是把朋友搞得多多的，把敌人搞得少少的。"

新中国成立后，毛泽东关于争取和团结中间力量的思想还表现在他的诗词中。

1961年，郭沫若看了浙江省绍剧团的《孙悟空三打白骨精》，写了一首诗，其中有一句"千刀万剐唐僧肉"。毛泽东不认可这种说法，他在和诗中写道"僧是愚氓犹可训"。郭沫若看了毛泽东的和诗，改变了对唐僧的偏激看法，又写一首和诗给毛泽东。毛泽东说："请转告郭沫若同志，和诗好，不要'千刀万剐唐僧肉'了。对中间派采取了统一战线政策，这就好了。"此事传为一段佳话。

1　中共中央文献研究室：《毛泽东在七大的报告和讲话集》，中央文献出版社1995年版，第107页。

不是少数人打江山坐江山，不要四面出击
——读《关于目前党的政策中的几个重要问题》
《不要四面出击》

　　毛泽东为中国人民解放军总部起草，于 1947 年 10 月 10 日发出的《中国人民解放军宣言》，第一次公开提出"打倒蒋介石，解放全中国"的口号。随后召开的中共中央扩大会议又作出重大判断：中国革命抵达了"一个历史的转折点"，"二十年来没有解决的力量对比的优势问题，今天解决了"。

　　在大好形势面前，喜中有忧的一个问题是，土地改革等工作中存在"左"的错误偏向。比如，康生等人提出"贫雇农打江山坐江山"，有的提出"群众要怎么办就怎么办"等错误口号；一些地方乱定成分，把成分往高里划；在干部中搞唯成分论；排斥打击"三三制"中的党外人士，个别地区土改打击面高达两成。有些地方还发生了把清算恶霸地主那种斗争方式带进城，违反工商业政策等情况。

　　对这些问题处理得是否得当，关系着胜利局面能否巩固和发展。毛

泽东意识到："中国新民主主义的革命要胜利，没有一个包括全民族绝大多数人口的最广泛的统一战线，是不可能的。"[1]党的政策和策略，再次成为一个关键问题。

为了纠"左"，1947年整个冬天，毛泽东等中央领导同志除指挥作战外，花很大精力制定和完善土改具体政策和策略。

土改中"左"的错误，比较典型的是在政治上经济上排斥中农。一是抬高成分，把中农划为富农。毛泽东说：一个村"九十九户中弄出十多户地主富农，不要中农参加农民代表会，我看了惊心动魄"。用"惊心动魄"来形容，可见其危险性。二是"为了满足贫雇农的要求而侵犯中农利益"，把"平均分配一切土地"方针错误理解成"绝对平均主义"，把本不该动的中农的土地也给动了。毛泽东把这比作"挖肉补疮""得不偿失"。这些行为在政治上极端危险，不仅会把这些被错划的人推到革命的对立面，且势必会引起中农的整体性恐慌，有导致党在农村丧失多数、陷入孤立的危险。

毛泽东说："如果我们的政策不正确，比如侵犯了中农、中等资产阶级、小资产阶级、民主人士、开明绅士、知识分子，对俘虏处置不当，对地主、富农处置不当，在统一战线问题上犯了错误，那就还是不能胜利，共产党会由越来越多变成越来越少，蒋介石的孤立会变成国共两方面都孤立，人民不喜欢蒋介石，也不喜欢共产党。这个可能性是有的，在理论上不是不存在的。"[2]

为此，1948年1月18日，毛泽东为中共中央起草了《关于目前党

1　《毛泽东选集》第四卷，人民出版社1991年版，第1257页。
2　中共中央文献研究室：《毛泽东文集》第五卷，人民出版社1996年版，第23页。

的政策中的几个重要问题》。主要讲四个重要问题：

——关于党内反对错误倾向问题。

毛泽东经历过右和"左"给革命带来的危局和险境，时刻警惕和防止革命进程中出现的"左"和右。他鲜明地指出："如果我们在全体上过高估计敌人力量，因而不敢推翻他们，不敢胜利，我们就要犯右倾机会主义错误。如果我们在每一个局部上，在每一个具体问题上，不采取谨慎态度，不讲究斗争艺术，不集中全力作战，不注意争取一切应当争取的同盟者（中农，独立工商业者，中产阶级，学生、教员、教授和一般知识分子，一般公务人员，自由职业者和开明绅士），我们就要犯'左'倾机会主义错误。"

毛泽东告诫全党："反对党内'左'、右倾向，必须依据具体情况决定方针。例如：军队在打胜仗的时候，必须防止'左'倾；在打败仗或者未能多打胜仗的时候，必须防止右倾。土地改革在群众尚未认真发动和尚未展开斗争的地方，必须反对右倾；在群众已经认真发动和已经展开斗争的地方，必须防止'左'倾。"[1]

——关于土地改革和群众运动中的几个具体政策问题。

这份文件作出 12 条规定，批评了"贫雇农打江山坐江山"的口号，以及对中农和中小工商业者政策上的冒险倾向，提出对中农、对中小工商业者，对于学生、教员、教授、科学工作者、艺术工作者和一般知识分子，必须分别不同情况，采取正确的政策，实行保持一切于国民经济有益的私人工商业发展的政策，对知识分子采取慎重态度，分别情况，

1　《毛泽东选集》第四卷，人民出版社 1991 年版，第 1267—1268 页。

加以团结、教育和任用。对于那些同我党共过患难，确有相当贡献的开明绅士，在不妨碍土地改革的条件下，必须分别情况，予以照顾。对大、中、小地主，对地主富农中的恶霸和非恶霸，在平分土地的原则下，也应有所区别。镇压极少数真正罪大恶极分子是必要的，但必须坚持少杀，严禁乱杀。主张多杀乱杀的意见是完全错误的，它只会使我党脱离群众，陷于孤立。"我们的任务是消灭封建制度，消灭地主之为阶级，而不是消灭地主个人。"

毛泽东还澄清一个重要问题——是谁和靠谁"打江山坐江山"："在全国，是工人，农民（包括新富农），独立工商业者，被反动势力所压迫和损害的中小资本家，学生、教员、教授、一般知识分子，自由职业者，开明绅士，一般公务人员，被压迫的少数民族和海外华侨，联合一道，在工人阶级（经过共产党）的领导之下，打江山坐江山，而不是少数人打江山坐江山。"[1]

——关于政权问题。

文件提出：新民主主义的政权是工人阶级领导的人民大众的反帝反封建的政权。将来，革命在全国胜利之后，中央和地方各级政府，都应当由各级人民代表大会选举。

谁是"人民"？毛泽东也作出明确规定："所谓人民大众，是包括工人阶级、农民阶级、城市小资产阶级、被帝国主义和国民党反动政权及其所代表的官僚资产阶级（大资产阶级）和地主阶级所压迫和损害的民族资产阶级，而以工人、农民（兵士主要是穿军服的农民）和其他劳

---

1 《毛泽东选集》第四卷，人民出版社1991年版，第1268—1269页。

动人民为主体。"[1]进一步明确"民族资产阶级"是人民的一部分。

——关于在革命统一战线中领导者和被领导者的关系问题。

毛泽东提出:"领导的阶级和政党,要实现自己对于被领导的阶级、阶层、政党和人民团体的领导,必须具备两个条件:(甲)率领被领导者(同盟者)向着共同敌人作坚决的斗争,并取得胜利;(乙)对被领导者给以物质福利,至少不损害其利益,同时对被领导者给以政治教育。没有这两个条件或两个条件缺一,就不能实现领导。"[2]

这段话耐人寻味。不只是政治宣传、政治教育,也不只是讲领导艺术,这一席话,是非常地道的社会学、政治学,揭示出领导与被领导关系的本质。用土话说,领导得率领部属走向胜利与成功,让人看到光明前途与无限希望,老打败仗谁还跟你走!领导还要给部下物质福利,至少不损害其利益。难得毛泽东说得如此透明。他有一种语言本领,他善于以一种纯净透明而庄重的叙述抵达问题本质。

谁是我们的朋友?谁是我们的敌人?这里面有一个核心问题,就是利益问题。利益一致的是朋友,利益对立的是敌人,利益上有一致又有矛盾的那部分基本上都是中间势力。搞统一战线,就得给统一战线内的各部分人以利益,起码不能损害他们的利益,否则统一战线搞不起来。蒋介石方面大权在握,掌握资源,重兵在手,美援在手,金条在手,官位在手,共产党怎么和他争夺中间势力?就是毛泽东所说的,"向着共同敌人作坚决的斗争,并取得胜利","给以物质福利,至少不损害其利益"。

---

1 《毛泽东选集》第四卷,人民出版社 1991 年版,第 1272 页。
2 《毛泽东选集》第四卷,人民出版社 1991 年版,第 1273 页。

毛泽东在纠正土地改革中的错误做法的同时，实际上是站在高位，描红描粗政策和策略这条党的"生命线"。

1948 年 3 月 20 日，毛泽东起草了《关于情况的通报》，发向全党。通报首节着重回顾了几个月来，在土地改革、工商业政策、统一战线、新区工作等方面纠正错误偏向的经过，说明要"反对党内右的和'左'的偏向，而主要是'左'的偏向"。随即提出一个著名的论断：

只有党的政策和策略全部走上正轨，中国革命才有胜利的可能。政策和策略是党的生命，各级领导同志务必充分注意，万万不可粗心大意。[1]

"政策和策略是党的生命。"中国共产党一路走来的曲折行程，证明了这个大道理。时隔十多年，在新中国成立后，毛泽东还对外宾说："我们打了二十二年的仗，曾经吃过大败仗，三十万军队剩下了二万多，后来转变了，这主要是个政策问题，与其说我们打的是军事战，还不如说打的是政治战，因而注意政策问题很必要。这里，重要的是如何团结自己、争取多数、瓦解敌人的问题。"[2]

这里，毛泽东把政策和策略比作"政治战"，多么形象而富有远见的说法。

新中国刚一成立，就遭遇了一场复杂的"政治战"。毛泽东制定的政策和策略是："不要四面出击"，要"集中力量向另一方面进攻"。

"四面出击"这个词，旧版《辞海》《词源》中都没收入，它是不

1　《毛泽东选集》第四卷，人民出版社 1991 年版，第 1298 页。

2　中共中央文献研究室：《毛泽东年谱（1949—1976）》第四卷，中央文献出版社 2013 年版，第 457 页。

是毛泽东的首创，还有待于进一步考证。1950 年 6 月 6 日，毛泽东在中共七届三中全会上的讲话，其中一部分讲的是"不要四面出击"，后来以《不要四面出击》为题目收入《毛泽东文集》第六卷。

革命在全国取得胜利后，带来利益关系的大调整，不可避免地给社会带来冲击和阵痛。党和政府面临着复杂的形势，各项工作必须讲究战略策略。

《不要四面出击》分析了新中国面临的敌人——敌对势力：

我们的敌人是够大够多的。第一，帝国主义反对我们。第二，台湾、西藏的反动派反对我们。第三，国民党残余、特务、土匪反对我们。第四，地主阶级反对我们。第五，帝国主义在我国设立的教会学校和宗教界中的反动势力，以及我们接收的国民党的文化教育机构中的反动势力，反对我们……这场斗争是很激烈的，是历史上没有过的。[1]

同时，还需面对许多不满意者：

革命胜利引起了社会经济改组。……由于社会经济改组和战争带来的工商业的某些破坏，许多人对我们不满。现在我们跟民族资产阶级的关系搞得很紧张，他们皇皇不可终日，很不满。失业的知识分子和失业的工人不满意我们，还有一批小手工业者也不满意我们。在大部分农村，由于还没有实行土地改革，又要收公粮，农民也有意见。[2]

---

[1] 中共中央文献研究室：《毛泽东文集》第六卷，人民出版社 1999 年版，第 73—74 页。
[2] 中共中央文献研究室：《毛泽东文集》第六卷，人民出版社 1999 年版，第 74 页。

执政党面对这些敌人，面对一些不满者，怎么办？

毛泽东提出一个总方针：

我们当前总的方针是什么呢？就是肃清国民党残余、特务、土匪，推翻地主阶级，解放台湾、西藏，跟帝国主义斗争到底。为了孤立和打击当前的敌人，就要把人民中间不满意我们的人变成拥护我们。这件事虽然现在有困难，但是我们总要想各种办法来解决。[1]

目标要集中，就是打击敌人。因此要把人民中间不满意我们的人变成拥护我们的人，解开疙瘩，化解不满，赢得不满者的拥护。

如何解决"不满意"的问题，使不满意的人拥护我们？"总要想各种办法来解决。"这些办法有：合理地调整工商业，使工厂开工，解决就业问题，使失业工人拥护我们。减租减息、剿匪反霸、土地改革，使农民拥护我们。给小手工业者找出路，维持他们的生活。对民族资产阶级，不要搞得太紧张了。对知识分子，要使用他们，对其中的唯心论者，我们也有办法使他们不反对我们。有些知识分子老了，把他们养起来。还有做好统一战线工作、民族团结工作等。毛泽东在手把手地教同志正确的工作方式。

最后，毛泽东说："我们不要四面出击。四面出击，全国紧张，很不好。我们绝不可树敌太多，必须在一个方面有所让步，有所缓和，集中力量

1　中共中央文献研究室：《毛泽东文集》第六卷，人民出版社 1999 年版，第 74 页。

向另一方面进攻。"

政治领域与战场一样，要避免四面受敌。即使四面受敌，也不可四面出击。四面出击，即四面树敌；四面树敌，则四面受敌；四面受敌，则容易四面碰壁，导致四面楚歌。"四面楚歌"，就比较危险了。

毛泽东教育全党："我们一定要做好工作，使工人、农民、小手工业者都拥护我们，使民族资产阶级和知识分子中的绝大多数人不反对我们。这样一来，国民党残余、特务、土匪就孤立了，地主阶级就孤立了，台湾、西藏的反动派就孤立了，帝国主义在我国人民中间就孤立了。我们的政策就是这样，我们的战略策略方针就是这样。"[1]

毛泽东是策略大师。这篇《不要四面出击》，提出问题，拿出解决问题的具体政策，最后又上升到理性高度，从政策与策略层面进行提炼，教给全党一个重要战略思想。

1   中共中央文献研究室：《毛泽东文集》第六卷，人民出版社 1999 年版，第 75—76 页。

是真老虎又是纸老虎
——读"关于帝国主义和一切反动派是不是真老虎"的论述

政策和策略的核心，除了如何把自己的朋友搞得多多的，还有一个如何看待和对待敌人的问题。

毛泽东发明了"纸老虎"这个政治概念。

中国民间老早就有"纸老虎"这个词。《坚瓠集》说："纸牌能耗人财，故呼纸老虎。"民间还有"布老虎""纸虎""母老虎"等说法。中共早期领导人中，蔡和森、恽代英、邓中夏都使用过"纸老虎"这个概念来形容反动势力。显然，"纸老虎"一词不是毛泽东的原创。但毛泽东却赋予"纸老虎"以崭新的政治含义，将这个民间词语改造成为一个强大的政治词语，并且在一个最恰当的时间、最恰当的地点，通过一个最恰当的人、最恰当的传播手段，有力地推向英语世界。

那是 1946 年 8 月 6 日。雨后初晴，毛泽东在延安杨家岭接受美国记者安娜·路易斯·斯特朗的采访。为了表示礼貌，毛泽东特意穿了一件稍好一些的蓝布衣服，和斯特朗、马海德、陆定一坐在窑洞前果树下的一张石桌周围，娓娓交谈。

当谈到人们闻之变色的原子弹时，斯特朗问："如果美国使用原子炸弹呢？如果美国从冰岛、冲绳岛以及中国的基地轰炸苏联呢？"

毛泽东说："原子弹是美国反动派用来吓人的一只纸老虎，看样子可怕，实际上并不可怕。当然，原子弹是一种大规模屠杀的武器，但是决定战争胜败的是人民，而不是一两件新式武器。"[1]

美国医生马海德和中国的陆定一在现场翻译，他们在翻译"纸老虎"一词时，将它译为"scarecrow"（稻草人）。斯特朗听了，一时脸上出现迷惑的神情。毛泽东连忙请教斯特朗"scarecrow"在英语中的准确含义，斯特朗解释说是"吓鸟的草人"，并随手在本子上画了稻草扎的人给毛泽东看。

"稻草人"是吓鸟的，毛泽东拒绝使用"稻草人"一词。他连连摆手说："不，不是这个意义，纸老虎不是立在田里赶鸟儿的稻草人，而是样子凶猛的老虎，不过是纸糊的老虎，一见水就完了。"

斯特朗听到毛泽东的解释，弄清了"纸老虎"的含义，高兴得几乎跳了起来。

毛泽东坚定地说："一切反动派都是纸老虎。看起来，反动派的样子是可怕的，但是实际上并没有什么了不起的力量。从长远的观点看问题，真正强大的力量不是属于反动派，而是属于人民……蒋介石和他的支持者美国反动派也都是纸老虎。"[2]

1　《毛泽东选集》第四卷，人民出版社 1991 年版，第 1194—1195 页。
2　《毛泽东选集》第四卷，人民出版社 1991 年版，第 1195 页。

将原子弹、强大的敌人比作"纸老虎",生动形象。

毛泽东与斯特朗的谈话发表在美国《美亚》杂志 1947 年 4 月号,香港的《群众》杂志同时转载。毛泽东的"纸老虎"之说,很快流传全世界。

一个词语从创造到成为流行词,需要多长时间?需要哪些因素?好像没有一定之规。这需要看词语的"成色"、词语能否"打动"人、词语的创造者的身份、时代需要不需要这个词语——只有需要的才可以引起共鸣,激发传播的力度与技巧。身处山沟窑洞里的毛泽东,创造了"纸老虎"这个政治概念,在传媒尚不发达的时代,迅速为人们所认可,从而得以在全世界广泛流传,是个奇迹。

毛泽东后来曾多次面向国内外阐述和丰富他关于"纸老虎"的观点。

1957 年 11 月 18 日,毛泽东在莫斯科 64 国共产党和工人党代表大会上讲话时专门阐述"纸老虎"。在来苏联之前,他专门问自己的翻译李越然:"'纸老虎'用俄语怎么说?"李越然回答说:"就是Ъумажный тигр。"毛泽东用浓重的湖南口音重复了这个词的俄语发音。[1]他为参加各国共产党领导人会议做足了功课,随后发表的《在莫斯科共产党和工人党代表大会上的讲话》,收入《毛泽东文集》第七卷。

1958 年 10 月,《世界知识》编辑部将毛泽东各个时期阐述"纸老虎"观点的文章集纳在一起,以《毛泽东同志论帝国主义和一切反动派都是纸老虎》为题予以发表。毛泽东看到后,予以肯定,认为"看起来好像竟成一篇新文",要求《人民日报》转载,还亲自写了编者按。11 月,

---

[1] 〔俄〕潘佐夫:《毛泽东传:插图本》下册,卿文辉、崔海智、周益跃译,中国人民大学出版社 2015 年版,第 654 页。

人民出版社出版《毛泽东同志论帝国主义和一切反动派都是纸老虎》。

1958年12月1日，毛泽东专门写了一篇《关于帝国主义和一切反动派是不是真老虎的问题》，再论"纸老虎"，进一步论证"真老虎"转化为"纸老虎"的辩证过程：

同世界上一切事物无不具有两重性（即对立统一规律）一样，帝国主义和一切反动派也有两重性，它们是真老虎又是纸老虎。历史上奴隶主阶级、封建地主阶级和资产阶级，在它们取得统治权力以前和取得统治权力以后的一段时间内，它们是生气勃勃的，是革命者，是先进者，是真老虎。在随后的一段时间，由于它们的对立面，奴隶阶级、农民阶级和无产阶级，逐步壮大，并同它们进行斗争，越来越厉害，它们就逐步向反面转化，化为反动派，化为落后的人们，化为纸老虎，终究被或者将被人民所推翻。反动的、落后的、腐朽的阶级，在面临人民的决死斗争的时候，也还有这样的两重性。一面，真老虎，吃人，成百万人成千万人地吃。人民斗争事业处在艰难困苦的时代，出现许多弯弯曲曲的道路。中国人民为了消灭帝国主义、封建主义和官僚资本主义在中国的统治，花了一百多年时间，死了大概几千万人之多，才取得一九四九年的胜利。你看，这不是活老虎，铁老虎，真老虎吗？但是，它们终究转化成了纸老虎，死老虎，豆腐老虎。这是历史的事实。人们难道没有看见听见过这些吗？真是成千成万！成千成万！所以，从本质上看，从长期上看，从战略上看，必须如实地把帝国主义和一切反动派，都看成纸老虎。从这点上，建立我们的战略思想。另一方面，它们又是活的铁的真的老虎，它们会吃人的。从这点上，建立我们的策略思想和战术思想。[1]

在这篇文章中，毛泽东还将"纸老虎"的内涵扩展到工作中的困难，他说，对待工作中的困难，也要把它看作"纸老虎"。在战略上、总体上藐视它，相信一定能够战胜它，克服它；同时，在战术上要重视它，采取具体措施，一个一个地，一部分一部分地解决它。这种辩证思想，具有方法论的意义。

毛泽东一生的政治言说，数十次谈到"纸老虎"，持续了20多年。

1964年1月30日，毛泽东在会见法国议员代表团时说："现在我们说有两个大纸老虎，就是美国和修正主义苏联。所谓纸老虎，就是说他们脱离了群众。"[2]

1964年7月2日，毛泽东在会见哥伦比亚共产党（马列）中央总书记彼得罗·瓦斯盖斯时说："不管势力多大，只要是脱离群众的、反对革命的，势力多大也总要倒台的，都是纸老虎。"[3]

1966年8月，毛泽东说："美帝国主义及其在各国的走狗，貌似强大，实际上是很虚弱的。从长远看来，他们都是纸老虎。"[4]

1970年5月20日，毛泽东发表题为《全世界人民团结起来，打败美国侵略者及其一切走狗》的声明，宣示："美帝国主义看起来是个庞

1 中共中央文献研究室：《毛泽东文集》第七卷，人民出版社1999年版，第455—456页。
2 中共中央文献研究室：《毛泽东年谱（1949—1976）》第五卷，中央文献出版社2013年版，第310页。
3 中共中央文献研究室：《毛泽东年谱（1949—1976）》第五卷，中央文献出版社2013年版，第369页。
4 中共中央文献研究室：《毛泽东年谱（1949—1976）》第五卷，中央文献出版社2013年版，第608页。

然大物，其实是纸老虎，正在垂死挣扎。"

毛泽东关于"纸老虎"的论断，在中苏两党关系破裂后，还成为双方论战的一个焦点。

1963年7月14日，苏共中央给苏联各级党组织和全体共产党员的公开信中说："中国同志显然对热核战争的全部危险性估计不足。他们断言，'原子弹是纸老虎'，它'并不可怕'。他们说，主要的是尽快消灭帝国主义，至于通过什么途径，以怎样的损失来达到这一点，似乎是次要问题"，"显然，那些把热核武器称为'纸老虎'的人没有充分意识到这种武器的破坏力"。[1]

赫鲁晓夫在他的回忆录中也说道：毛泽东还有另一个有名的口号"帝国主义是纸老虎"。我认为这简直是不可思议的，他竟把美帝国主义当作纸老虎，而实际上它是一只危险的猛兽。[2] 当时，意大利共产党中央总书记陶里亚蒂也跟着赫鲁晓夫对毛泽东的"纸老虎"理论进行攻击。[3]

其实，他们误解了毛泽东的这个政治概念。毛泽东当然知道核武器的破坏力，他的"纸老虎"是个形象的话，正像列宁形容老牌帝国主义是"泥足巨人"一样。

"纸老虎"之说，美国人当然十分关注。20世纪70年代初期，中美握手。毛泽东对来访的基辛格说："我发明了一个英语词语，纸老虎paper tiger。"基辛格接过话头说："纸老虎，对了，那是指我们。"

毛泽东的"纸老虎"论断，打破了"恐美症""恐核症"，可以激

1　《关于国际共产主义运动总路线的论战》，人民出版社1965年版，第502、503页。
2　郭思敏、天羽：《我眼中的毛泽东》下册，河北人民出版社1990年版，第169页。
3　中共中央文献研究室：《毛泽东年谱（1949—1976）》第五卷，中央文献出版社2013年版，第171—172页。

发全世界弱小国家的自信，增强反对帝国主义的精神力量。

20 世纪 50 年代末到 60 年代，非洲的民族解放运动风起云涌。非洲朋友说："毛主席著作中有一篇感动非洲人，使我们印象最深，那一篇说美帝国主义是纸老虎。"[1]"整个非洲解放运动是以毛主席所阐明的哲学即'帝国主义和一切反动派都是纸老虎'为指导思想的，在非洲解放运动中这一句话比任何其他的话得到更多地运用。"[2]

2005 年 11 月，第四届美洲国家首脑会议在阿根廷的马德普拉塔举行。委内瑞拉总统查韦斯出席会议并发表演讲，他讲道："前天，美国的一份刊物报道说，五角大楼披露，美国正计划入侵委内瑞拉。我要说，这是绝对真实的，因为这正是美帝国主义绝望的信号。我们不要忘记毛泽东曾经说过的话——'帝国主义和一切反动派都是纸老虎'。所以，我们不用怕它，我们的人民会战胜它的。"2007 年 9 月 9 日，查韦斯说：今天是毛泽东逝世纪念日，人们不会忘记毛泽东的著名论断——帝国主义是纸老虎。

毛泽东的"纸老虎"之说，因斯特朗的传播而流传全世界。斯特朗因此赢得极大名誉，被誉为"纸老虎女士"。

1960 年，斯特朗在《一个现时代的伟大真理》一文中，回忆起当年与毛泽东谈话的情形："毛主席是十四年前在延安时说帝国主义和一切反动派都是纸老虎的。现在这已成为有历史意义的历史名言了。""毛主席的一针见血的语句，渊博的知识，敏锐的分析和诗人的想象力，使

1　中共中央文献研究室：《毛泽东年谱（1949—1976）》第三卷，中央文献出版社 2013 年版，第 595 页。

2　中共中央文献研究室：《毛泽东年谱（1949—1976）》第五卷，中央文献出版社 2013 年版，第 204 页。

他的谈话成为我一生中听到的最有启发性的谈话。"[1]

斯特朗在 1958 年 72 岁高龄之际定居北京，1970 年 3 月 29 日在北京逝世，享年 84 岁。毛泽东送了花圈，花圈上的挽词是："献给中国人民的朋友、美国进步作家安娜·路易斯·斯特朗女士。"

屈指一算，毛泽东创造的"纸老虎"这个政治概念，已经在世界上流行了 70 多年，看来，还将流行下去……

1　中共中央文献研究室：《毛泽东传》第二册，中央文献出版社 2011 年版，第 781 页。

政策是为实现一定的战略目标，从实际出发所采取的行动原则和规范。策略则是为了达到一定的战略目标，在执行政策过程中选择的途径、采取的方法和手段，因而有其灵活圆通之处。毛泽东既高度重视对中国共产党在不同历史时期和各个方面工作的战略规划，也高度重视政策的制定和执行、策略的提出和运用，认为这是事关党的生命的大事。

毛泽东政策和策略思想，反映在他的许多著作中，除了本章重点引用的几篇外，还有《怎样分析农村阶级》《我们的经济政策》《矛盾论》《论持久战》《统一战线中的独立自主问题》《集中优势兵力，各个歼灭敌人》《关于工商业政策》《新解放区农村工作的策略问题》《论十大关系》《关于正确处理人民内部矛盾的问题》等。

毛泽东关于政策和策略的理论和实践十分丰富，概括起来主要有五个方面：

一、政策和策略的重要性。强调"政策和策略是党的生命"，"无产阶级要取得胜利，全靠党的斗争策略的正确和坚决"，"必须加强党的政策和策略的教育"。

二、政策、策略的原则和要求。强调"要适合人民的利益，对人民负责"，"党的具体工作路线和政策不能脱离总路线和总政策"，"必须做调查研究，从实际出发"，"政策和策略要根据形势的变化做相应的调整"，"要把原则的坚定性与策略的灵活性恰当地统一起来"，"掌握政策界限，防止出现偏向"。

三、实践是检验政策和策略的标准。

四、对敌斗争的政策和策略。强调"战略上藐视敌人，战术上重视敌人"，"破除迷信，敢于斗争，敢于胜利"，"用革命的两手反对反革命的两手"，"分化瓦解并最大限度地孤立敌人"，"合法的公开的斗争要同非法的秘密的斗争相结合"。

五、统一战线的政策和策略。强调"团结一切可以团结的力量，建立最广泛的统一战线"，"在统一战线内部要分别情况区别对待，在区别上建立我们的政策"，"发展进步势力，争取中间势力，孤立顽固势力"，"又联合又斗争"。

在中国革命和建设的各个历史时期，在"极端地复杂的中国政治"中，毛泽东根据政治形势、阶级关系及其变化，既制定了指导各个时期革命斗争的基本政策，又制定了各个时期、各个阶段、各个方面的具体政策，有效地指导了中国革命和建设事业的进程。

CHAPTER 5

第五章

政治工作
是一切工作的生命线

关于思想政治工作和文化工作的论述

思想政治工作和文化工作是中国共产党成立后，在革命群众中的宣传鼓动工作。毛泽东一贯重视思想政治工作和文化工作，在长期的革命和建设实践中，形成了思想政治工作和文化工作的理论体系。

　　毛泽东重视人的精神因素，重视发挥人的主观能动性。他说："精神一到，何事不成。"[1] "思想是可以变成物质的。"[2] "我们应当使军队的政治工作变成实现党的每个政策的有力武器。"[3]

　　毛泽东一生的主张和实践都是，把握生命线，坚持政治挂帅，以坚定人们的信念意志，防止队伍失其神、落其魄、丧其魂。他对思想政治工作和文化工作有独到体会，有创造性实践，有体系性阐发，创树之多、用力之大、办法之艺术、规律之科学、效果之显著，可谓开辟出中国共产党人"心学"的新境界、大境界。

1　中共中央文献研究室：《毛泽东年谱（1893—1949）》中卷，中央文献出版社 2013 年版，第 133 页。

2　中共中央文献研究室：《毛泽东年谱（1893—1949）》中卷，中央文献出版社 2013 年版，第 141 页。

3　中共中央文献研究室：《毛泽东年谱（1893—1949）》中卷，中央文献出版社 2013 年版，第 203 页。

与工农群众相结合

——读《青年运动的方向》

"青年如初春，如朝日，如百卉之萌动，如利刃之新发于硎，人生最宝贵之时期也。青年之于社会，犹新鲜活泼细胞之在人身。"这是陈独秀在《敬告青年》一文中的话。

中国共产党是由一群革命青年创立的党，是一个青春焕发的党。

1939 年 5 月 30 日，毛泽东在西北青年救国会举行的模范青年授奖大会上，回顾了五四以后青年运动的历史，他说："中国的青年运动有很好的革命传统，这个传统就是'永久奋斗'。我们共产党是继承这个传统的，现在传下来了，以后更要继续传下去。"[1]

青年代表着朝气、活力和未来。谁拥有青年，谁就拥有未来。

1939 年春天，朝气蓬勃的延安发生了几件与青年有关的大事——

4 月 16 日，停刊多年的《中国青年》复刊。毛泽东为复刊的《中国青年》题写了刊名。

1　中共中央文献研究室：《毛泽东文集》第二卷，人民出版社 1993 年版，第 190 页。

在纪念五四运动 20 周年前夕，陕甘宁边区西北青年救国联合会提议：将每年 5 月 4 日定为"中国青年节"，又称"五四青年节"。这项提议得到社会各界的支持。这是"五四青年节"的由来。

5 月 1 日，毛泽东撰写《五四运动》一文。

5 月 4 日，五四运动 20 周年纪念会在抗大第五大队坪场举行。毛泽东发表演讲，这个演讲编入《毛泽东选集》时，题为《青年运动的方向》。

毛泽东抓住纪念五四运动 20 周年的机会，阐述了中国共产党对青年的期望和要求。

当时，全国各地的青年冒险通过一道道封锁，千里迢迢来到革命圣地延安，投身抗日救国的革命运动。青年们革命热情高，敢于斗争，富于理想。但是，他们中也有一部分人摆不正自己的位置，不愿意、不懂得跟工农兵相结合；有的对中国革命反对谁、依靠谁、联合谁，存在模糊认识；有的学生青年和知识分子不知道在中国革命中如何发挥自己的作用。

一个叫朱明的女青年的思想，在当时的延安具有一定普遍性。

朱明出身于一个小资产阶级家庭，3 岁念唐诗，12 岁看《红楼梦》，在林伯渠的影响下，1938 年 9 月来到延安。她刚参加革命时，觉得自己参加革命是对无产阶级的恩赐；她对"劳动人民的歌声"不感兴趣，喜欢的是"山在虚无缥缈间"的东西。她还有些个人英雄主义思想，说："如果不是个人英雄主义想做革命家，还不会来延安呢！"她还袒露思想说："过去我一听到说共产党代表中华民族，我就反感。我想共产党是国际主义者，哪里代表什么民族。"她瞧不起"粗手笨脚"的劳动人民，没有认识到真正代表民族的是占全国总人口百分之九十的工农。[1]

毛泽东的讲演《青年运动的方向》，就是针对青年知识分子的思想现状和亟待解决的问题而展开的。

讲演首先提到把 5 月 4 日设立为中国青年节的意义和目的。毛泽东指出，五四运动是反帝反封建的革命运动，设立中国青年节以及开展五四运动周年纪念活动，就是要发扬五四运动的革命传统，通过这样的节日使全国青年觉悟起来，促成全国人民一起努力，增强必胜的决心，夺取抗日战争的胜利。这里，毛泽东紧紧抓住中国共产党对于五四运动的话语权，阐明了五四运动的革命爱国性质，肯定了青年在革命运动中的先锋作用，实际上是阐发青年运动的方向、价值、使命问题。

毛泽东期望青年跳出个人生活的狭隘天地，走向救国救民的革命道路。他围绕知识分子、青年学生在民族危亡时刻面对的时代课题与思想困惑，设问作答，从理论上解难答疑。

毛泽东演讲的主要内容，可以概括为"十问十答"——

1. 革命的对象是什么呢？也就是说革命反对的是什么东西？

毛泽东回答："大家知道，一个是帝国主义，一个是封建主义。现在的革命对象是什么？一个是日本帝国主义，再一个是汉奸。"

2. 革命的主体是什么呢？也就是革命的动力在哪里？

毛泽东回答：革命的主体"就是中国的老百姓"，"革命的动力，有无产阶级，有农民阶级，还有其他阶级中一切愿意反帝反封建的人，他们都是反帝反封建的革命力量"。

1　《延安中央党校的整风学习》第一集，中共中央党校出版社 1988 年版，第 264、272、278、279 页。

3. 革命的骨干是谁？也就是说在反帝反封建的革命力量中什么人是根本的力量？

毛泽东回答："就是占全国人口百分之九十的工人农民。"

4. 中国革命的性质是什么？也就是说我们现在干的是什么革命呢？

毛泽东回答："我们现在干的是资产阶级性的民主主义的革命，我们所做的一切，不超过资产阶级民主革命的范围。""但是这个革命，资产阶级已经无力完成，必须靠无产阶级和广大人民的努力才能完成。"

5. 革命要达到的目的是什么呢？

毛泽东回答："目的就是打倒帝国主义和封建主义，建立一个人民民主的共和国。这种人民民主主义的共和国，就是革命的三民主义的共和国。"

6. 中国革命过去的经验教训及尚未达到目的的原因是什么？

毛泽东回答："我以为原因在两个地方：第一是敌人的力量太强；第二是自己的力量太弱。一个强了，一个弱了，所以革命没有胜利。""青年们一定要知道，只有动员占全国人口百分之九十的工农大众，才能战胜帝国主义，才能战胜封建主义。现在我们要达到战胜日本建立新中国的目的，不动员全国的工农大众，是不可能的。"

7. 中国青年在中国革命中起什么作用呢？

毛泽东回答："就是带头作用，就是站在革命队伍的前头。中国反帝反封建的人民队伍中，有由中国知识青年们和学生青年们组成的一支军队。"

8. 青年运动中的错误倾向是什么？

毛泽东回答："不愿意和工农大众相联合，他们反对工农运动，这是青年运动潮流中的一股逆流。他们实在太不高明，跟占全国人口百分之九十的工农大众不联合，并且根本反对工农。""全国知识青年和学生青年一定要和广大的工农群众结合在一块，和他们变成一体，才能形成一支强有力的军队。这是一支几万万人的军队啊！有了这支大军，才能攻破敌人的坚固阵地，才能攻破敌人的最后堡垒。"

9. 判断一个青年是不是革命的标准是什么？

这个问题毛泽东在《五四运动》一文中已经阐明，在《青年运动的方向》一文中再次作答："只有一个标准，这就是看他愿意不愿意、并且实行不实行和广大的工农群众结合在一块。愿意并且实行和工农结合的，是革命的，否则就是不革命的，或者是反革命的。他今天把自己结合于工农群众，他今天是革命的；但是如果他明天不去结合了，或者反过来压迫老百姓，那就是不革命的，或者是反革命的了。"

10. 青年运动的方向是什么？

毛泽东回答："延安的青年运动的方向，就是全国的青年运动的方向。为什么？因为延安的青年运动的方向是正确的。……延安的青年们是团结的，是统一的。延安的知识青年、学生青年、工人青年、农民青年，大家都是团结的。""延安的青年们不但本身团结，而且和工农群众相结合，这一点更加是全国的模范。""他们真是抗日救国的先锋，因为他们的政治方向是正确的，工作方法也是正确的。所以我说，延安的青年运动是全国青年运动的模范。"

毛泽东最后说："每个青年现在必须和过去不同，一定要下一个大决心，把全国的青年团结起来，把全国的人民组织起来，一定要把日本帝国主义打倒，一定要把旧中国改造为新中国。这就是我所希望于你们的。"[1]

毛泽东演讲完毕，接受延安青年献旗，旗上写着"新中国的火炬"。

这个演讲，给广大青年提供了丰富的思想营养和精神启迪。诸如朱明这些进步青年也明白了，共产党是真正代表民族的，工农是代表民族的，工农是推动社会进步的力量。她在延安整风中反思说："自己过去把参加革命看成是对无产阶级的恩赐，而没有想自己要做无产阶级的牛"，我"本来是站在劳动人民的头上的，现在也开始愿意下来做无产阶级的牛了"。朱明成为一个坚定的革命者。延安青年响应党的号召，组织起来，与工农群众相结合，与土里土气的老百姓打成一片，从工农大众那里取得力量和智慧。

毛泽东曾经创造"朝气蓬勃"这个充满生气的词语，来形容中国青年。1938年4月2日，他在对抗大学员的讲话中说："要有朝气，就是要有蓬蓬勃勃向上发展之气。"[2]这是毛泽东创造的"朝气蓬勃"一词的最初形态。1939年12月，毛泽东说"满堂青年，朝气蓬勃"[3]，"朝气蓬勃"一词诞生。1957年11月17日，毛泽东说："你们青年人朝气蓬勃，正在兴旺时期，好像早晨八、九点钟的太阳。希望寄托在你们身上。""朝气蓬勃"一词从此流行。

延安青年组织倡议建立"五四青年节"，一时得到国民党政府的认可，将5月4日定为"中国青年节"。不久，国民党就后悔了，它一看，全国许多青年学习"五四"的革命精神和造反精神，都跑到延安去了。

1　《毛泽东选集》第二卷，人民出版社1991年版，第562—569页。

2　中共中央文献研究室：《毛泽东年谱（1893—1949）》中卷，中央文献出版社2013年版，第63页。

3　中共中央文献研究室：《毛泽东文集》第二卷，人民出版社1993年版，第250页。

1944年，国民党政府将青年节由 5 月 4 日改为 3 月 29 日。因为 1925
年 3 月，国民党中央执行委员会以每年 3 月 29 日作为黄花岗七十二烈
士的纪念日。中华人民共和国成立后，中央人民政府传承延安精神，在
1949 年 12 月正式宣布 5 月 4 日为"中国青年节"。

吸收大批知识分子参加党，参加军队，参加政府

——读《大量吸收知识分子》

大批知识分子来到延安，投入中国共产党领导的抗日队伍、革命队伍。他们参加党，参加军队，参加政府，改变了革命队伍的面貌。但是，也有一些党内军内的同志还没有认识到知识分子的重要性，有的惧怕知识分子，有的排斥知识分子，有的以怀疑的目光看待知识分子，有的不愿意吸收知识分子入党。

中央领导层注意到这种倾向，给出另一种说法。中央组织部部长陈云说："抢夺知识分子是抗战中的一个大的斗争，谁抢到了知识分子，谁就抢到了胜利，谁就可能有天下。"[1]陈云用"抢夺"一词，来说明中国共产党对知识分子的高度重视。

"抢夺"知识分子就是"抢夺"天下。为了与国民党争夺知识分子，克服革命队伍中对知识分子的偏见，1939年12月1日，毛泽东为中共

---

[1]　《缅怀陈云》编辑组：《缅怀陈云》，人民出版社2000年版，第340页。

中央起草了《关于吸收知识分子的决定》（收入《毛泽东选集》第二卷时，标题改为《大量吸收知识分子》）。

毛泽东指出："在长期的和残酷的民族解放战争中，在建立新中国的伟大斗争中，共产党必须善于吸收知识分子，才能组织伟大的抗战力量，组织千百万农民群众，发展革命的文化运动和发展革命的统一战线。没有知识分子的参加，革命的胜利是不可能的。"

毛泽东批评了一些同志轻视知识分子的思想，他说：这些同志"不懂得知识分子对于革命事业的重要性，不懂得殖民地半殖民地国家的知识分子和资本主义国家的知识分子的区别，不懂得为地主资产阶级服务的知识分子和为工农阶级服务的知识分子的区别，不懂得资产阶级政党正在拼命地同我们争夺知识分子，日本帝国主义也在利用各种方法收买和麻醉中国知识分子的严重性，尤其不懂得我们党和军队已经造成了中坚骨干，有了掌握知识分子的能力这种有利的条件"。毛泽东连用五个"不懂得"，说明问题的严重性。因为这些"不懂得"，影响到对知识分子的正确认识，影响到革命向更高阶段发展。这个排比句中的最后一句非常有意思，就是说，现在的共产党已经不是幼年的党，它已经有能力来建构一个包括知识分子在内的新秩序、新结构。

毛泽东对如何大量吸收知识分子提出明确要求：

（1）一切战区的党和一切党的军队，应该大量吸收知识分子加入我们的军队，加入我们的学校、政府工作，并按照具体情况将具备入党条件的一部分知识分子吸收入党。

（2）充分注意拒绝敌人和资产阶级政党派遣进来的分子，拒绝不忠实的分子。但不要因此而怀疑那些比较忠实的知识分子，要严防反革命分子陷害好人。

（3）对于一切多少有用的比较忠实的知识分子，应该分配适当的工作，在长期斗争中使他们革命化和群众化。

（4）使一部分反对知识分子参加工作的干部懂得吸收知识分子参加工作的必要。同时"使工农干部的知识分子化和知识分子的工农群众化，同时实现起来"。[1]

这些要求体现了一个成熟政党的大格局和大视野，勾画出把知识分子纳入党的体制、党的结构的"路线图"。中国共产党开始建设一种新的人才结构，进而建设一种新的文化架构。

"知识分子的工农群众化"，就是毛泽东经常讲的"知识分子与工农相结合"。这是他一以贯之的理念，目的是发扬理论联系实际的作风，经世致用，救国救民。

"没有知识分子的参加，革命的胜利是不可能的。""对于知识分子的正确的政策，是革命胜利的重要条件之一。"毛泽东的这些话语，揭示出中国共产党大量吸收知识分子的战略出发点。

延安具有延揽知识分子的胸怀和举措。

当时，延安的生活条件十分艰苦。陕甘宁边区1939年颁发的《各机关津贴标准》将机关工作人员的津贴划分为5级：最高的一级，5元，发给中央领导及各部门局长以上干部，包括中央领导张闻天（洛甫）、毛泽东，以及陕甘宁边区政府主席林伯渠，都是每月5元；营团级4元；连级3元；排级2元；最低的五级是1元，发给勤杂人员、战士等。

1　《毛泽东选集》第二卷，人民出版社1991年版，第619—620页。

　　延安的知识分子（包括作家、艺术家、医生、技术人员等）的待遇，明显高出党政军系统。如《萧军日记》不完全记载了延安知识分子待遇的几个等级：特等，如茅盾，小厨房，双窑洞，男勤务员和女勤务员，开销不限。甲等，每月12元。乙等，8元。丙等，6元。工作人员，4元。

　　鲁迅艺术学院教师的生活供给标准，同样高出党政军系统。鲁迅艺术学院的教员一律12元，助教6元，助教的津贴比中央领导人还高1元。据曾在鲁艺美术系任教的丁里回忆："党中央对我们这一批外来的文化人，真是优礼有加，从生活上、工作上、学习上都是破格地对待，生活津贴每月12元，供给大米、白面，到小食堂吃饭……"

　　中国共产党的抗日民族统一战线吸引知识分子，她的优良作风和牺牲精神感召知识分子，她以宽阔的胸怀、优厚的待遇接纳知识分子，她营造良好的环境和条件让知识分子发挥其长。于是乎，全中国呈现出"天下人心归延安"的生动局面。

　　中组部部长陈云1938年9月在延安抗大演讲时，感叹地说："今天许多人归向了共产党，天下英雄豪杰云集延安。我记得一九三二年在上海开办一个学校，训练工人干部，只讲六天，学生也只有六个。今天我们抗大就有几千个学生，再加上陕公、鲁艺、党校，在延安就有一万多个学生。一万个跟六个比一比，相差多少？所以我说十年以来，人心大变，不管男女老少，都不怕艰苦，不远千里而来延安。抗大在武汉登报申明不招生了，一点没有用，仍旧是络绎不绝地来，没有汽车用两条腿走，男男女女从几千里外都来了。主要是革命青年，也有大学教授，有工程师，有一个七十五岁的老头子也来了。西北旅社住的什么人都有，各党各派，新闻记者，还有青年组织的参观团，等等。这些人不见得是在外面没有饭吃，要到延安来吃小米。"[1]最后他用12个字概括党的干部政策："第一，了解人；第二，气量大；第三，用得好；第四，爱护人。"[2]

毛泽东坚持大量吸收知识分子的思想。他在七大口头政治报告中说得更加形象生动：

> 我们党里头，知识分子的增加是很好的现象。一个阶级革命要胜利，没有知识分子是不可能的。你们看过《三国演义》《水浒传》，魏、蜀、吴三个国家，每个国家都有每个国家的知识分子，有高级的知识分子，有普通的知识分子，那个穿八卦衣拿鹅毛扇子的就是知识分子；梁山泊没有公孙胜、吴用、萧让这些人就不行，当然没有别人也不行。无产阶级要翻身，劳苦群众要有知识分子，任何一个阶级都要有为它那个阶级服务的知识分子。奴隶主有为奴隶主服务的知识分子，就是奴隶主的圣人，比如希腊的亚里士多德、苏格拉底。我们中国的奴隶主也有为他们服务的知识分子，周公旦就是奴隶主的圣人。至于封建时代的诸葛亮、刘伯温，《水浒传》里的吴用，都是封建社会里的知识分子。因为整风审干，好像把知识分子压低了一点，有点不大公平。好像天平，这一方面低了一点，那一方面高了一点。我们这个大会，要把它扶正，使知识分子这一方面高一点。是不是要反过来？那也不是。我们要欢迎他们为我们党服务，为我们党的利益而奋斗，为人民的利益而奋斗。我们的党，我们的军队，我们的政府，我们的经济部门，我们的群众团体，要吸收

1　陈云：《陈云文选》第一卷，人民出版社1995年版，第112—113页。
2　陈云：《陈云文选》第一卷，人民出版社1995年版，第109页。

广大知识分子为我们服务，我们要尊敬他们。[1]

中共对知识分子高度重视，合理安排，大胆使用。它在与国民党对知识分子的争夺战中，无疑是占了上风。这个从 1949 年中央研究院院士"跟谁走"的人数可见一斑。

中央研究院共有院士 82 人，他们是当时中国最具影响力的科学家。国民党用尽各种办法甚至强硬手段，动员他们去台湾，但最终结果是，除了 2 位已经去世的，12 位在国外的，跟着国民党政府去台湾的只有 9 位，有的完全是被动而去的，其余 59 位留在了大陆。还有，据说 1949 年时，跟着国民党逃亡台湾的作家人数，不足全体作家的 10%。[2]

现在有一种说法，说毛泽东对知识分子一直怀着一种不信任感，对知识分子颇有成见。这基本上属于一种对毛泽东的误读。

毛泽东是一个知识分子，他珍惜知识分子。他批评和不那么佩服的不是"知识分子"，而是"半知识分子"——他发明了"半知识分子"这个词。他在 1942 年 2 月 1 日的《整顿学风党风文风》中说：

有许多知识分子，他们自以为很有知识，大摆其知识架子，而不知道这种架子是不好的，是有害的，是阻碍他们前进的。他们应该知道一个真理，就是许多所谓知识分子，其实是比较地最无知识的，工农分子的知识有时倒比他们多一点。……他们一不会耕田，二不会做工，三不

1　中共中央文献研究室：《毛泽东在七大的报告和讲话集》，中央文献出版社 1995 年版，第 148—149 页。

2　王蒙：《中国天机》，安徽文艺出版社 2012 年版，第 62 页。

会打仗，四不会办事，这些都没有干过，这些实际的知识一点也没有，他们有的只是书本知识。这样的人是否可以算得一个完全的知识分子呢？我以为很难。至多算得一个半知识分子吧，因为他们的知识还不完全。[1]

"半知识分子"这个新概念，让许多自以为是的知识分子吃惊不小，原来自己只有一面的学问，还缺乏实践、实际的学问。现实、实际和实践，这是毛泽东所看重的，往往也是学者所忽视的。

毛泽东希望"半知识分子"把缺失的一环弥补起来，克服空想空谈、轻视实践、脱离群众、自由散漫、教条主义等弱点，成为一个全面的真正的知识分子。可惜的是，《毛泽东选集》收入这篇文章时，把"半知识分子"这个词删掉了，使许多人忽视了这个十分重要的概念。

从老子发出"绝学无忧"的声音开始，中国哲学开始了对知识反思的传统，毛泽东继承了这个传统。在毛泽东的指引下，绝大多数知识分子走上与工农兵相结合、为工农兵服务之路。这条路在知识分子面前打开了一个崭新的空间。

1　这篇文章在收入《毛泽东选集》时更名为《整顿党的作风》，这段话也有些修改。

说："如果瞿秋白还在，由他来直接领导文艺工作，就好了。"[1]

"边区的经济问题我们整顿得差不多了，现在可以腾出手来解决文艺问题了。"毛泽东对刘白羽说。毕竟，"任何一个阶级都要用这样的一批文化人来做事情，地主阶级、资产阶级、无产阶级都是一样，要有为他们使用的知识分子"。[2]毛泽东目光如炬，深谋远虑，他准备召开一个文艺座谈会，解决文艺界的问题。

"毛主席请你去。"西北局宣传部部长李卓然对延安青年艺术剧院院长塞克说。塞克手里不停地挥舞着拐杖，说："不去。""为什么？"塞克把披肩的长发往后一甩说："有拿枪站岗的地方我不去。"

在延安文艺整风前夕，毛泽东要做些调查研究，听听文人们在想些什么，关注些什么，他就想到了著名的塞克。塞克原名陈秉钧，曾用名陈凝秋，"塞克"是"布尔塞维克"之缩写，他创作的《流民三千万》《铁流》等抗日剧目，是抗战文艺的开山之作。塞克1938年到延安，他和冼星海、萧军、马达被人称为延安文化界"四大怪"。他的"怪"在于留一头延安革命女性都很少见的长发，经常叼个大烟斗，沉浸在自己的世界里，一副名士派头。

李卓然请不动塞克，只好如实向毛泽东作了汇报。毛泽东笑起来："好，塞克来的时候，一路撤岗！"毛泽东的这个决定，遭到卫士们的反对。毛泽东给警卫人员做工作说："我的朋友来看我，你们不能挡驾。这位朋友脾气可大啦，你一挡驾他就回去了，那你们可吃罪不起呀！"

毛泽东给足塞克面子，撤掉了岗哨。那天，毛泽东与塞克谈古论今，

1 陈晋：《读毛泽东札记》，生活·读书·新知三联书店2009年版，第197页。
2 中共中央文献研究室：《毛泽东文集》第二卷，人民出版社1993年版，第432页。

谈了四五个小时，吃饭的时候特意炖了一只鸡招待塞克。塞克回来后对人说："主席掰了一只鸡腿给我吃。"[1] 在延安，吃一只鸡腿是很骄傲的事情，况且是毛泽东给的。

毛泽东找了几十位文艺界人士谈话谈心，调查和交流文艺问题。边区有三大文艺组织，一个是鲁迅艺术学院，代表人物是周扬；一个是全国文艺界抗敌协会延安分会，以丁玲为首，包括萧军、舒群、艾青、罗烽等；还有一个是边区文协，著名诗人柯仲平是主任。毛泽东进行个别谈话、集体谈话，还让一些同志帮助搜集材料、提供有关文艺的意见，为召开文艺座谈会做了充分的准备。

4 月 27 日，一张张粉红色的请柬从昆仑收发室发出。"昆仑"是中共中央办公厅的代称。请柬 64 开大小，竖排，油印，封面上写着"谨希莅会"。请柬为毛泽东与凯丰联署："为着交换对于目前文艺运动各方面问题的意见起见，特定于五月二日下午一时半在杨家岭办公厅楼下会议室内开座谈会，敬希届时出席为盼。"[2] 这个请柬很快送达 100 多位文艺家手里。

1942 年 5 月 2 日是个艳阳天，延安文艺座谈会第一次会议召开。

中宣部代部长凯丰主持会议，他说："座谈会现在开始，首先让我们以热烈的掌声欢迎毛主席给大家讲话。"

毛泽东用他那特有的柔绵细长、抑扬顿挫的湖南腔，开宗明义地说道："同志们！今天邀集大家来开座谈会，目的是要和大家交换意见，

1　黄奇石：《奇才怪人塞克》，《中国戏剧》2012 年第 2 期。

2　中共中央文献研究室：《毛泽东年谱（1893—1949）》中卷，中央文献出版社 2013 年版，第 377 页。

研究文艺工作和一般革命工作的关系，求得革命文艺的正确发展，求得革命文艺对其他革命工作的更好的协助，借以打倒我们民族的敌人，完成民族解放的任务。"[1]接着，毛泽东风趣地说："我们有两支队伍，一支是朱（德）总司令的，一支是鲁（迅）总司令的。……我们还要有文化的军队，这是团结自己、战胜敌人必不可少的一支军队。"毛泽东站着讲话，与会者注意到，他褪色的灰布裤子的两个膝关节处，补了两方块颜色鲜明的蓝色补丁，单薄的棉袄肘弯处也露出白色的棉絮。毛泽东侃侃而谈，讲了文艺家的立场问题、态度问题、作品服务的对象问题、工作问题和学习问题，并且现身说法：

　　在这里，我可以说一说我自己感情变化的经验。我是个学生出身的人，在学校养成了一种学生习惯，在一大群肩不能挑手不能提的学生面前做一点劳动的事，比如自己挑行李吧，也觉得不像样子。那时，我觉得世界上干净的人只有知识分子，工人农民总是比较脏的。知识分子的衣服，别人的我可以穿，以为是干净的；工人农民的衣服，我就不愿意穿，以为是脏的。革命了，同工人农民和革命军的战士在一起了，我逐渐熟悉他们，他们也逐渐熟悉了我。这时，只是在这时，我才根本地改变了资产阶级学校所教给我的那种资产阶级的和小资产阶级的感情。这时，拿未曾改造的知识分子和工人农民比较，就觉得知识分子不干净了，最干净的还是工人农民，尽管他们手是黑的，脚上有牛屎，还是比资产阶级和小资产阶级知识分子都干净。这就叫做感情起了变化，由一个阶

1　《毛泽东选集》第三卷，人民出版社 1991 年版，第 847 页。

级变到另一个阶级。我们知识分子出身的文艺工作者，要使自己的作品为群众所欢迎，就得把自己的思想感情来一个变化，来一番改造。没有这个变化，没有这个改造，什么事情都是做不好的，都是格格不入的。[1]

毛泽东从自己的心理转变谈起，使用"衣服""牛粪"等形象化的"符号"，用文学化的表达方法开始了自己的讲话。

毛泽东讲话中间，远处隐隐传来隆隆的炮声。有人给毛泽东传个小纸条，上面写着：听到炮声，会议是否暂停？毛泽东说："大家不要担心，炮声离我们还远着呢。前方有联防军在保护着我们，所以呀，我奉劝大家两点，一是母鸡不要杀了，留着下蛋；二是娃娃不要送给老乡，还是自己抚养好。如果前方抵抗不住，我还可以带你们钻山沟嘛。"大家笑起来。前一阵子传说胡宗南的军队要进攻延安，有人赶紧把家里养的母鸡杀掉吃了，有的为了转移时方便，联系老乡准备把孩子送出去。

毛泽东动员讲话之后，大家自由发言。毛泽东提议说："萧军同志，你来谈一谈嘛。"丁玲坐在毛泽东身边，她捅了捅萧军说："萧军是学炮兵的，你先打头炮吧。"

萧军是个爽快率真之人，他站起来毫不客气地说："……红藕、白藕、绿叶是一家；儒家、道家、释家是一家；党内人士、非党内人士、进步人士是一家；政治、军事、文艺也是一家。虽说一家，但他们辈分是平等的，谁也不能领导谁。我们革命，就要像鲁迅先生一样，将旧世界砸得粉碎，绝不写歌功颂德的文章。像今天这样的会，我就可以写出十万

1　《毛泽东选集》第三卷，人民出版社1991年版，第851—852页。

字来。我非常欣赏罗曼·罗兰的新英雄主义。我要做中国第一作家，也要做世界第一作家……"[1]

萧军的发言有些跑题走调。毛泽东两眼低垂，微笑着做记录。他看见萧军把一缸子水喝完了，马上让人去外边给他打水，萧军也不客气，润润嗓子接着讲。萧军发言的题目是《对于当前文艺诸问题的我见》。萧军是鲁迅的弟子，以《八月的乡村》闻名，他与毛泽东交往颇密，是毛泽东的座上客。他文气逼人，桀骜不驯，发言中多有锋芒毕露之处。他说："作家要有自由，作家是独立的，鲁迅在广州就不受哪一个党哪一个组织的指挥。"

"我要发言！"萧军的话音刚落，坐在萧军旁边的胡乔木大叫一声站了起来。胡乔木是毛泽东的秘书，他反驳萧军说："文艺界需要组织，鲁迅当时没受到组织的领导是不足，不是他的光荣。归根到底，是党要不要领导文艺，能不能领导文艺的问题。"

萧军毫不示弱，马上回击胡乔木。接下来的发言中，有人同意萧军的意见，有人不同意萧军的意见。毛泽东一直微笑地听着。何其芳、李伯钊、徐特立、李又然、杜矢甲、艾青等，都各抒己见，畅谈对当前文艺的看法，其中不乏一些"过激"的言辞。

毛泽东是一个优秀的倾听者，他不时微笑，时而抬头注视发言者，更多的时候埋头做记录。这天会议的最后，毛泽东说："同志们有什么意见，下次会议大家可以说，还可以写信给我。"毛泽东总是有他的原则与立场的。会议结束后，毛泽东叫胡乔木到家里吃饭，他对胡乔木说：

1　王东方：《中国革命的延安之路》，人民出版社 2019 年版，第 195—196 页。

"祝贺开展了斗争。"[1]

5月16日，延安文艺座谈会举行第二次会议。

青天白日，延水汤汤。毛泽东、朱德等领导人自始至终参加会议。毛泽东边听边拿着铅笔做笔记，偶尔插言，没有正式讲话。

丁玲为自己发表《三八节有感》作了检讨性的发言，她说，自己虽然参加革命时间不短了，可从世界观上看，还应该脱胎换骨地改造。

"民众剧团"的负责人柯仲平是延安的知名人物，他长方脸，留一大把胡子——其实他才40岁，毛泽东称之为"美髯公"。柯仲平站起来发言，介绍他领导的"民众剧团"坚持走通俗化道路，在边区巡回演出大受欢迎的情形。他说："这两年在演大戏的过程中，好些人把给老百姓看的小戏给忘了，我们民众剧团就是演《小放牛》。你们瞧不起《小放牛》吗？老百姓却很喜欢。剧团离开村庄时，群众都恋恋不舍地把我们送得好远，并送给我们很多慰问品。你们要在哪些地方找到我们剧团？怎么找呢？你们只要顺着鸡蛋壳、花生壳、水果皮、红枣核多的道路走，就可以找到我们……"

大家笑起来。毛泽东高兴地说："你们吃了群众慰问的鸡蛋，就要更好地为群众服务，要拿出更好的节目来为群众演出，不要骄傲自满。你们如果老是《小放牛》，就没有鸡蛋吃了。"

接下来是八路军一二〇师"战斗剧社"社长欧阳山尊发言。他前两天给毛泽东写过一封信，信中说：前方非常需要文艺工作者，希望延安的专家、艺术家、文学家能够到前方，为部队、为老百姓服务。毛泽东

1　胡乔木：《胡乔木回忆毛泽东》，人民出版社1994年版，第54页。

马上给他回信说"你的意见是对的"。受到毛泽东回信的鼓舞，欧阳山尊站起来发言。他说："前线战士和敌后老百姓，对于文艺工作者的要求是很多的，他们要你唱歌，要你演戏，要你画漫画，要你写文章，并且要求你教会他们干这些。不能说你是一个作家就拒绝给他们唱歌，也不能说你是一个演员，就不给他们布置'救亡室'（即俱乐部）。他们需要什么，你就应该把自己所有的一切，都毫无保留地献出来……初看起来，似乎你付出的很多，但事实上，你从他们身上受到的、学习到的却更多。"[1]

萧军仍是焦点人物。谈到作家立场和暴露与歌颂等问题，萧军认为，"在光明里反倒常常看不到光明"。吴亮平和艾思奇当场与他争论起来。萧军尖锐地说："你们共产党现在又开文艺座谈会，又整什么'三风'，将来你们还会整'四风''五风''六风'。"

毛泽东微笑倾听。

胡乔木在上次会议上的表现得到毛泽东的表扬，他越战越勇，再一次站起来反驳萧军："我们党提出整风，是因为我们坚信自己的事业的正确性，所以才能够进行这种严格认真的批评和自我批评。我们这么做，并不是从现在提出整风才开始，而是从建党的那一天起就这样做的。我们欢迎各种善意的批评，但也不惧怕任何恶意的中伤和歪曲。"

鲁艺戏剧系主任张庚说："提高是非常必要的，我们的共产党的文化运动搞了那么多年，难道不要提高吗？我主张普及与提高来个分工，像文工团、演出队，去做普及工作；像鲁艺这样的学府，能不能主要去

1　王东方：《中国革命的延安之路》，人民出版社 2019 年版，第 198—199 页。

做提高的工作呢？"

中央研究院文艺研究室主任欧阳山站起来发言，他从"什么是文学艺术"讲起，拉开架势讲起了文学基本知识。大家都有些忍耐不住了，萧军愤怒地说："发言人要尊重规定时间、听者的精力；不要到这里来讲起码的文学课、背书，引证名人警句。要抓住题目做文章。"

新四军文艺干部吴奚如发言说："搞文学的都要有个立场，现在不是抗日吗？能不能提出党员和非党员作家都站在人民大众的立场，中共党员不必要时刻都将自己的无产阶级立场和党的立场挂在门面上，这样会不会更有利于统一战线？我们最大的敌人是日本侵略者，我们革命文学的立场应当是一切有利于抗日，国共摩擦，同室操戈，只能是让亲者痛，仇者快。"

吴奚如从皖南事变中突围回到延安不久。朱德总司令听了他的话，站起来直接批评说："吴奚如你是人民军队的一名老战士，居然讲出这样的话来，你完全丧失了无产阶级的立场！"[1]

嚣嚣然，纷纷然。这一天的座谈会，论点庞杂，气氛活泼，争论声不断，笑声掌声不断。

5月23日，第三次会议，也是座谈会的最后一次大会。

座谈会马上就要开始，"延安五老"之一徐特立匆匆赶来。大家连忙给他让座。徐老嘴里说着"别别"，一屁股坐在一米多高的窗台上，然后从兜子里掏出一个本子，又拿出一支铅笔，在舌头上蘸湿笔尖，埋头记录起来……

1　杜忠明：《延安文艺座谈会纪实》，中央文献出版社 2012 年版，第 39 页。

何其芳、萧三发言之后，萧军又一次发言，胡乔木又一次站起来批驳萧军的观点。毛泽东微笑倾听。艾青发言，陈云发言……因为发言的人多，毛泽东的讲话推迟到晚饭之后。

延安的日头下山早。摄影师吴印咸有些着急。会场小，与会人员多，室内光线不好，这么重要的会议，不留下影像纪录将非常遗憾。他看到礼堂外有一块很大的空地，就向毛泽东提出到礼堂外拍摄照片的要求。毛泽东建议：拍一张集体合影。

太阳快落山了，天上散布着几朵彩云。走到礼堂门口，毛泽东先坐下来，大家很快围上来站好坐定。正要拍摄时，丁玲走过来，毛泽东说："丁玲同志你过来了，你离我坐得近一点，不然的话，你明年又要写《三八节有感》了，又要发牢骚了。"在大家的笑声里，丁玲坐在毛泽东的右边。吴印咸正要拍摄，一条小狗闯进镜头。毛泽东说："康生，管好你的狗。"[1]康生是社会部部长，社会部的任务是反特务、抓"走狗"。大家笑着把小狗轰了出去。吴印咸正按快门，大块头刘白羽把马扎坐塌了，弄出来的动静很大，毛泽东跟大家一样，听见动静都转过头去看。吴印咸只好重拍一张。一幅珍贵的历史照片诞生了。

拍照之后，毛泽东请朱德总司令讲话。朱德针对前两次会上出现的一些思想观点和情绪，不点名地批评说："大会第一天有人发言，他不但要做中国第一作家，而且要做全世界第一作家。又说鲁迅一直是革命的，并没有什么转变。还说，他自己从来不写歌功颂德的文章。以我看，不要眼睛太高，要看得起工农兵。中国第一也好，世界第一也好，都不

1　孙国林：《延安文艺座谈会的细节与花絮》，《湘潮》2008 年第 1 期。

能自封，都要由工农兵批准。"

萧军和欧阳山、何其芳、周扬等就鲁迅所走的道路是"转变"还是"发展"问题，发生争论。萧军认为鲁迅是"发展"而不是"转变"。朱德在讲话中毫不含糊地说："岂但要转变，而且要投降。我是一个从旧军人出身的人。我就是投降共产党的。我认为共产党好，只有共产党才能救中国。我到上海找党，没有解决参加党的问题，后来到德国，才入了党。我投入无产阶级，并不是来当总司令，后来打仗多了，为无产阶级做事久了。大家看我干得还可以，才推我当总司令的……共产党、八路军就是有功有德，为什么不该歌、不该颂呢？"[1] 朱总司令的发言深入浅出、生动有力，受到艺术家们的欢迎。

晚饭时分，暮色苍茫。毛泽东坐在窑洞前的石桌旁修改他的讲话提纲。

西北高原的夜空，星光灿烂。一些没有受邀参加座谈会的人听说毛泽东晚上要讲话，也来到杨家岭旁听。由于参会人员增加，会议改在中央办公厅小楼外的院子里开。工作人员用三根木棍架起支架，悬挂起汽灯。画家罗工柳坐在毛泽东讲话的小桌子边，他听到毛泽东拿出讲话提纲时自言自语地说了一句："哎呀，这个文章难做啊。"[2]

汽灯放出银白色的光，一群小虫子围绕灯光飞舞。毛泽东站起来，手拿一沓毛笔书写的提纲，用他那柔绵细长的湖南腔抑扬顿挫地讲话："同志们，座谈会开了三次，开得很好。可惜座位太少了，下次多做几把椅子，请你们来坐。我对文艺是小学生，是门外汉，向同志们学习了

1 余飘：《延安时期毛泽东文艺思想》，陕西人民教育出版社 1993 年版，第 24—25 页。
2 《作家文摘》：《决策内幕》，现代出版社 2014 年版，第 174—175 页。

很多……前两次是我出题目,大家做文章。今天是考我一考,大家出题目,要我做文章。题目就叫'结论'。朱总司令讲得很好,他已经作了结论。中央的意见是一致的,有些问题我再讲一点……"

毛泽东态度谦和,侃侃而谈,给人的感觉是很风趣,既不指名道姓地批评谁,也不纠缠于任何具体事件,而是围绕文艺问题,着重于从理论上加以阐明。他具体讲了"文艺是为什么人的""如何去服务""文艺界统一战线""文艺批评"和整风等五个方面的问题。

萧军在当天的日记中评价说:"夜间毛泽东作结论……这是一个值得喜欢的结论。"

毛泽东的讲话,指点江山,激扬文字,既是政治家讲文艺,又是文艺家讲政治,政治观中有文艺观,文艺观中带政治观,正可谓,金瓯一片,革命文化卓然呈现。文学事关"亡党亡国"[1]——这话别的政治家没说过,文艺家更没想到,只有毛泽东把文学提高到事关兴亡的高度。《讲话》规定了文艺标准,传达了毛泽东把"笔杆子"与"枪杆子"相结合的奇妙思路,奠定了革命文化秩序。《讲话》是中国共产党意识形态的重要范文。

毛泽东对他在文艺座谈会上的讲话十分在意。讲完之后,仍在不停地修改,直到一年后的 1943 年 10 月 19 日——鲁迅逝世 7 周年纪念日,才在《解放日报》全文发表。

如何理解《讲话》呢?《讲话》的重点内容是什么呢?

——体与用。《讲话》之"体",是列宁 1905 年写作的《党的组

1　《毛泽东选集》第三卷,人民出版社 1991 年版,第 876 页。

织和党的文学》[1]。毛泽东让博古把这篇文章重新翻译，刊发在 1942 年 5 月 14 日的《解放日报》上。在这篇文章中，列宁提出"党的文学"的概念，指出"无产阶级的文学艺术是无产阶级整个革命事业的一部分"。毛泽东在《讲话》中关于文学的阶级论、文学为政治服务、文学的党性原则等关键性立论，源自列宁的这篇文章。同时，《讲话》创新了列宁的文艺观，确立了中国化的马克思主义"人民性"思想——坚持以人民为中心的创作导向；《讲话》具有强烈的本土化取向，提出许多具体做法，属于"用"的层面。

——经与权。郭沫若评价《讲话》"有经有权"。这话传到毛泽东耳朵里，他觉得得到了知音，高兴地说："这道理是对的。"[2] "经"是必须坚守的道理，"权"是权宜之计；"经"是法门，"权"是方便法门。《讲话》中哪些是"经"？哪些是权宜之策？"文艺为工农兵服务"，是《讲话》的核心观点，属于"经"的部分。胡乔木说："《讲话》主要有这样两个基本点：一是文艺与生活的关系，二是文艺与人民的关系，在这两个基本点上，《讲话》的原则是不可动摇的。"[3] 这应该属于"经"的部分。毛泽东在"普及与提高"中强调"普及"，褒"下里巴人"而贬"阳春白雪"，属于"权"的部分。毕竟群众文艺在整个文艺中是比较粗糙的部分，但在炮火连天、风紧云急的形势下，在欣赏群体以农民为主的环境中，迁就民众的趣味以求普及，使得文艺发挥"群"的作用，文艺才能"有用"。这不是挫高就低，不是对艺术美的反动和否定，是时势使然。

1　这篇文章的题目 1982 年改译为《党的组织和党的出版物》，把"党的文学"译为"党的出版物"，对这样的改动，学界存在争论。
2　胡乔木：《胡乔木回忆毛泽东》，人民出版社 1994 年版，第 62 页。
3　胡乔木：《胡乔木回忆毛泽东》，人民出版社 1994 年版，第 267 页。

按照毛泽东《讲话》指引而创作的《白毛女》，从乡民之口，经文人之手，成为舞台上的经典，经历的是由土到洋、由俗到雅的提高过程。《讲话》中的一些观点不是从文艺审美出发而是从当时的军事、政治斗争的形势要求出发的，这都属于"权"的内容。

——政治性与艺术性。毛泽东强调政治标准优先。"任何阶级社会中的任何阶级，总是以政治标准放在第一位，以艺术标准放在第二位的。""政治"这个概念，其含义伸缩性很大，既可以理解为某一历史阶段的战略任务，也可以理解为某个阶段具体的政治任务。毛泽东强调文艺为政治服务，主要是为工农兵服务。毛泽东同时强调："我们的要求则是政治和艺术的统一，内容和形式的统一，革命的政治内容和尽可能完美的艺术形式的统一。"[1]

——文艺与党的关系。毛泽东期望党与文艺之间的关系达到一种新的可能性。他说："为艺术的艺术，超阶级的艺术，和政治并行或互相独立的艺术，实际上是不存在的。无产阶级的文学艺术是无产阶级整个革命事业的一部分，如同列宁所说，是整个革命机器中的'齿轮和螺丝钉'。"[2]把文艺当作革命的一部分，强调文艺的政治功能，实现党对文艺的领导，强调这是"文学的党性原则"。"党的文艺"概念的提出及具体的落实，终结了中国两千多年来行政权力与文化权力相分离的旧传统。

——文学家艺术家与文艺工作者。《讲话》一上来就把"文艺"称为"文艺工作"，把艺术家、文学家等称为"文艺工作者"。这是称谓的调整，也是一种位置的调整。文艺工作者必须调整角色，放下架子，做好"孺

1　《毛泽东选集》第三卷，人民出版社 1991 年版，第 869—870 页。
2　《毛泽东选集》第三卷，人民出版社 1991 年版，第 865—866 页。

子牛"，当好革命的"齿轮和螺丝钉"。参加文艺座谈会的林默涵深有体会地说："艺术家要打碎艺术高于一切的观点，到实际工作中去，并且是以一个工作者的身份真正参加实际工作。"[1]

——歌颂与暴露。《讲话》中"引言"部分和"结论"部分都讲到了歌颂与暴露的问题，这是文学的一个基本问题，也是革命文艺队伍中产生争论的问题。毛泽东在《讲话》中说："一切危害人民群众的黑暗势力必须暴露之，一切人民群众的革命斗争必须歌颂之，这就是革命文艺家的基本任务。"歌颂呢，还是暴露呢？这就是态度问题。"你是资产阶级文艺家，你就不歌颂无产阶级而歌颂资产阶级；你是无产阶级文艺家，你就不歌颂资产阶级而歌颂无产阶级和劳动人民：二者必居其一。"[2]

《讲话》中，毛泽东大力倡导民间文艺、民族形式，强调本土意识，将民族形式引入文化领域……

毛泽东的《讲话》，一是指明"方向"，确立了文艺为工农兵服务的方向；二是提出"改造"，即改造小资产阶级世界观；三是提倡"结合"，文艺要与工农兵和现实相结合；四是要求"学习"，即文艺工作者要学习马列、学习社会。全篇《讲话》贯穿一条红线，就是：文艺为工农兵服务。

《讲话》中的"工农兵""大众化""孺子牛""螺丝钉""组织上入了党，思想上并没有完全入党"……这些新词语新句子，猛烈地撞击着每一个文艺工作者的灵魂。作家严文井参加了文艺座谈后，说："我觉得原先那一套不行了，得跟着毛主席走。"[3]

1　黎辛：《亲历延安岁月》，陕西人民出版社 2016 年版，第 124 页。
2　《毛泽东选集》第三卷，人民出版社 1991 年版，第 871、873 页。
3　张军锋：《延安文艺座谈会的台前幕后》上册，陕西师范大学出版总社有限公司 2014 年版，第 70 页。

毛泽东说:"我们的文学艺术都是为人民大众的,首先是为工农兵的,为工农兵而创作,为工农兵所利用的。"革命文艺的方向明确了。

文艺,曾经为宗教服务、为宫廷服务、为士大夫服务、为有钱人服务、为自己服务,为艺术而艺术。毛泽东鲜明地提出"为工农兵服务"。对于大多数从事文艺的人来说,"工农兵"是很抽象的,毛泽东就这么鲜明地把具体的"工农兵"推到大家面前。

《八路军大合唱》词作者公木参加延安文艺座谈会后说:"经过座谈会,'工农兵'顿然成了一个熟语,'兵'字缀于'工农'后面,构成一个复合词,这是以往所不曾听见过的。"[1]

曾经呼唤"韩荆州"的诗人艾青,在文艺座谈会后说:"我第一次听到了为工农兵的论点。"

美术家蔡若虹参加了延安文艺座谈会,他说:"我在上海画画的时候,只晓得为革命,不晓得为工农兵。我只有一个空头的革命,不晓得具体的工农兵。从这一点上,文艺座谈会把我的脑子打开了。"[2]

参加文艺座谈会的作家舒群说:"在文艺座谈会以后,我们才比较认识到另一个道理,到底什么叫作'面向工农兵'","当我们从'亭子间'来到工农兵群众中间,面临新的人物新的事件的时候,真好像从另一个星球掉在地球上来似的"。

以《兄妹开荒》《拥军花鼓》闻名的李波说:"'面向工农兵'这个口号,当时在我们脑子里特别新鲜,我们把这几个字写在自己的笔记本

1 公木:《回忆与断想——延安文艺座谈会四十八周年纪念》,《诗刊》1990年第5期。
2 张军锋:《延安文艺座谈会的台前幕后》上册,陕西师范大学出版总社有限公司2014年版,第67页。

上，作为座右铭。"[1]

在延安文艺座谈会之后，文艺工作者走进人民中去，学习群众语言，与人民的思想感情打成一片，文艺工作者感情起了变化，文艺观发生了根本转变，心中真正地树立起了人民的地位。从秧歌运动、《白毛女》开始，文艺工作者深入践行"文艺为工农兵服务"的理论。民歌、秧歌、剪纸等向来都是自生自灭，这些"不登大雅之堂"的民间艺术被文艺工作者发掘出来，前所未有地上升到国家艺术的高度。中国历史上许多从来不入诗入歌入画、不能上舞台的人和事，被文艺工作者纳入视野，写进作品。前人装不进去的东西，被延安时代装进去了。

火焰般的诗篇献给人民。一批以工农兵为主角的作品创作出来，工农兵成为小说、戏剧、诗歌、绘画中的主角——一改从前文艺作品中多是帝王将相、才子佳人、花花草草的传统局面。一批为人民群众所喜闻乐见的，具有民族形式、革命内容的作品涌现出来：赵树理的《李有才板话》《小二黑结婚》，周立波的《暴风骤雨》，李季的《王贵与李香香》，孙犁的《荷花淀》，丁玲的《太阳照在桑干河上》……连《天下黄河九十九道弯》《东方红》等脍炙人口的歌曲，也是鲁艺的师生从偏僻乡村收集整理出来的。

文艺为人民服务的时代开始了！

中华文化在历史中沉淀出来的传统是儒释道。中国共产党和毛泽东创造了一个新传统——工农兵。

怎样才能变为大有利于人民的人

——读《纪念白求恩》

1938 年 3 月底，国际著名的胸外科专家白求恩来到延安。

白求恩是加拿大人，曾经在西班牙战场上救死扶伤。1938 年初，他受加拿大、美国共产党的派遣，率领加美医疗队来到中国，支援中国的抗日战争。他读过斯诺的《西行漫记》、史沫特莱的《中国红军在前进》。在武汉，他拒绝在国统区服务，认为当时最缺乏医护关照的是八路军，他说："我是来抗日的，武汉不是我的目的地，我要到延安去，到中国共产党领导的根据地去！我要上前线！"他跟同行的美国医生帕森斯各自奔赴不同地区。在周恩来的安排下，白求恩从汉口前往延安。一路上，遇到日军飞机的轰炸，看到荒芜的土地、被烧焦的村庄、饥寒交迫的难民，他诅咒着侵略战争。途中，他一度失去联系，一些西方记者报道说"白求恩已被日军俘获杀害"。实际上，他在敌机的轰炸和炮火中艰难跋涉着，终于在 1938 年 3 月底到达延安。

白求恩到延安的第二天晚上，毛泽东会见了他。他瘦高个子，头发斑白，高高的鼻梁上架着一副金丝眼镜。两人一比年龄，他比毛泽东大三岁。两人畅谈三个多小时。白求恩对毛泽东说，如果有战地医疗队，前线的重伤员百分之七十可以救治。毛泽东听了，立即支持他建立战地医疗队的建议。

白求恩在日记中写道："我在那间没有陈设的窑洞里，和毛泽东同志面对面地坐着，倾听着他那从容不迫的谈话的时候，我回想到长征，想到了毛泽东同志和朱德同志……怎样领导着红军经过两万五千里的长途跋涉，从南方到了西北山区的黄土地带。由于他们当年的战略经验，使得他们今天能够以游击战术困扰日军，使侵略者的优越武器失去效力，从而挽救了中国。我现在明白了，为什么毛泽东那样感动每一个和他见面的人。这是一个巨人！他是我们世界上最伟大的人物之一。"

白求恩具有强烈的自由气质，性格倔强率性。有关部门考虑到他的安全和延安培训医护人员的需要，想把他留在延安，他坚决要求上前线。他说："我不是为生活享受而来的，什么咖啡、嫩牛肉、冰激凌、软绵绵的钢丝床，这些东西我早就有了！但为了理想我都抛弃了！需要照顾的是伤员，而不是我。"延安中央医院想让白求恩留下来，请在延安工作的美国医生马海德去做工作。白求恩一听还是不想让他上前线，顿时暴怒，举起手边的一把椅子猛掷出去，椅子砸穿窑洞的窗子飞到院子里。有人嘀咕："这瘦老头这么大的脾气。"白求恩怒火消下去后，他认真地对马海德说："军医的岗位是在前线，而不是后方！""我可以为我的鲁莽向你道歉。但你也必须向前方的战士道歉，他们更需要我。"[1]有关

1 何立波、宋凤英：《英雄与国家记忆：抗战英烈肖像》，首都经济贸易大学出版社2016年版，第242—243页。

部门最终同意了他去抗日前线的要求。

白求恩东渡黄河，来到晋察冀抗日根据地。晋察冀战场上的战士，大多是 18 岁到 22 岁。白求恩比晋察冀军区司令员聂荣臻大 9 岁，比贺龙大 6 岁，比王震大 18 岁，他成为年龄最大的战士。白求恩有句口头禅："你们要把我当作一挺机关枪使用，我不是明代的古董瓷器。"他穿着八路军自纺自织的灰布军服，和战士们一样吃的是粗劣的食物，常常连续工作三四十个小时不休息。

白求恩说："医院里经常有 2500 名伤员，去年（1938 年）作战 1000 余次，而只有 5 名中国医科大学毕业的医生、50 名没有受过训练的'医生'和 1 个外国人承担了全部工作。"[1] 八路军的医疗物资极其缺乏，医务人员的工作条件也糟糕透顶。白求恩说："全边区没有一瓶铁素（补剂），没有一点点儿施行手术时所必需的吗啡。探条是用铁丝做的，铁片代替了钳子，割骨和伐树是用同一把锯。想想看，四个分区之内所仅有的那一个手术囊是我带了来的，是用了抽签图，解说所应治疗的位置和方法。"白求恩申请 50 磅酒精，八路军总部只能给他 10 磅；连要一点普通的精盐都无法满足，战地抢救急需的石膏布一点儿没有，甚至缺少最起码的肥皂。

为了照顾白求恩的健康，毛泽东给聂荣臻打电报，要求每月付给白求恩一百元津贴。白求恩知道后马上写信给毛泽东，感谢毛泽东的关心，并建议把这笔钱作为伤员的营养费。他的理由是：聂司令员每月才五元钱津贴，自己是一个共产主义战士，不应有特殊的享受。他在日记中写道：

1　中国人民抗日战争纪念馆：《我的父辈在抗战中》第三册，中共党史出版社 2019 年版，第 88 页。

"我不需要钱，可是我万分幸运，能够来到这些人中间工作。我已经爱上他们了，我知道他们也爱我。"[1]

在艰难的条件下连续高强度工作，白求恩的身体已近崩溃。一只耳朵已经全聋，眼睛也花了，牙齿老是疼痛。他舍不得为自己使用稀罕的抗生素药物，他说："请不要担心我的健康，最重要的是伤员。一个医生就是为了伤员而活着。如果医生不为伤员工作，活着还有什么意义呢！""一个医生、一个看护、一个照护员的责任是什么？就是使你的病人快乐，帮助他们恢复健康。你必须把他们看作是你的兄弟，说实在的，他们比兄弟还要亲切，因为他们是为了民族解放流血负伤的，他们是你的同志。"

白求恩具有最新的医学知识以及战伤外科和看护伤员方面的广泛经验，对伤员具有高度的责任心，对医护人员的要求也格外严格。有位医生没有看好自己的伤员，结果那个伤员私自把自己腿上骨折的托板松开了，白求恩发现后，怒吼道："你怎么不管住他？你这是犯罪！犯罪！"冲动之后他会主动道歉。白求恩的精神气质契合八路军艰苦奋斗、自我牺牲的工作作风，跟白求恩接触过的同志都打心眼里敬佩他。

白求恩喜欢用中国古老的烟斗吸烟，喜欢用自己的雷丁娜照相机照相，他身上有着强烈的艺术气质。他说："伟大的艺术家是自由的、是天然的，他在自己气质的河流中自由自在地游泳。他聆听自己，他尊重自己。"著名摄影家沙飞曾经拍摄一张白求恩裸体戏水的照片，白求恩让他拍摄，尽管他俩都知道这样的照片"没有任何宣传意义"，但他们

---

[1] 中国白求恩精神研究会：《白求恩纪念文集》，生活·读书·新知三联书店2018年版，第91页。

遵从自己的自由率真个性……[1]

1939 年 9 月，白求恩逝世前的两个月，马海德医生写信给在纽约的《今日中国》主编曼尼·格兰尼奇，紧急呼吁各方捐助医疗物资。这封信是由第二次访问延安的埃德加·斯诺带出去的。信中说：

给八路军前后方的药品，已分配在七月、八月、九月使用，到九月底我们就没有西药了。我们分发在我们药厂用中草药制成的药品，按外国的说法，这只是近似药品，而且完全不够用来治疗老百姓、难民和伤员。

白求恩刚从前线写字条给我说："我有一磅醚，两把小手术刀，几磅药棉和纱布。当这些都用完后，我不知道将干些什么。为了马克思，行行好！"

我们在这里，在延安提供的是中草药制成的药品。无论如何，行行好！[2]

"行行好"，这是中国老百姓的口头语，马海德已经学会了。

1939 年 10 月，白求恩准备回国，为抗日根据地筹集资金、器材和药品。欢送会都已经开过了，这时候日本侵略者调集两万兵力，向边区发动了冬季"扫荡"。白求恩毅然留下来参战。

白求恩说："救护工作务必靠近火线"，'病人敲医生门的时代已经过去了。特别是面临战争，时间就是生命，医生护士要到前方战场去救

---

1 崔松：《沙飞和白求恩》，《传记文学》2012 年第 5 期。
2 沙博理：《马海德传》，郑德芳译，中国青年出版社 1997 年版，第 60 页。

护和诊治伤员，而不能坐等伤员来找医生"。[1] 手术室按白求恩的要求设置在离火线只有 7 里地的一座小庙里。枪炮在周围呼啸，伤员一批一批地抬下来，白求恩一丝不苟地做着手术。八路军医院里缺少起码的手术手套。他裸手为伤员取弹片和碎骨头，割破的手指发炎了，他舍不得用药，而是把手泡在盐水中消毒。不幸的是，白求恩体质太弱导致免疫力崩溃并发败血症，11 月 12 日以身殉职……

白求恩在去世的前一天，用颤抖的手给聂荣臻司令员写了一封信，这是他留下的最后的文字："今天我感觉非常不好——也许我会和你们永别了……用同样的内容写给国际援华委员会和加拿大和平民主同盟。告诉他们我在这里十分快乐，我唯一的希望就是能够多做贡献……最近两年是我平生最愉快、最有意义的时日。"接着，他把自己的所有物品分赠给大家。他最后写道："我不能再写下去了！让我把千倍的谢忱送给你，和其余千百万亲爱的同志！"

白求恩去世的消息传到延安，延安军民无比悲痛。

12 月 1 日，延安各界举行追悼白求恩大会，毛泽东题写挽词："学习白求恩同志的国际精神，学习他的牺牲精神、责任心与工作热忱。"[2] 晋察冀军区后方医院后改名为延安白求恩国际和平医院。

12 月 21 日，毛泽东为即将出版的《诺尔曼·白求恩纪念册》提笔写下《学习白求恩》一文。

---

1 任文：《窑洞轶事》，陕西师范大学出版总社有限公司 2014 年版，第 317—318 页。

2 中共中央文献研究室：《毛泽东年谱（1893—1949）》中卷，中央文献出版社 2013 年版，第 147 页。

　　白求恩同志是加拿大共产党员，五十多岁了，为了帮助中国的抗日战争，受加拿大共产党和美国共产党的派遣，不远万里，来到中国。去年春上到延安，后来到五台山工作，不幸以身殉职。一个外国人，毫无利己的动机，把中国人民的解放事业当作他自己的事业，这是什么精神？这是国际主义的精神，这是共产主义的精神，每一个中国共产党员都要学习这种精神……

　　白求恩同志毫不利己专门利人的精神，表现在他对工作的极端的负责任，对同志对人民的极端的热忱。每个共产党员都要学习他。不少的人对工作不负责任，拈轻怕重，把重担子推给人家，自己挑轻的。一事当前，先替自己打算，然后再替别人打算。出了一点力就觉得了不起，喜欢自吹，生怕人家不知道。对同志对人民不是满腔热忱，而是冷冷清清，漠不关心，麻木不仁。这种人其实不是共产党员，至少不能算一个纯粹的共产党员。从前线回来的人说到白求恩，没有一个不佩服，没有一个不为他的精神所感动。晋察冀边区的军民，凡亲身受过白求恩医生的治疗和亲眼看过白求恩医生的工作的，无不为之感动。每一个共产党员，一定要学习白求恩同志的这种真正共产主义者的精神。

　　白求恩同志是个医生，他以医疗为职业，对技术精益求精；在整个八路军医务系统中，他的医术是很高明的。这对于一班见异思迁的人，对于一班鄙薄技术工作以为不足道、以为无出路的人，也是一个极好的教训。

　　我和白求恩同志只见过一面。后来他给我来过许多信。可是因为忙，仅回过他一封信，还不知他收到没有。对于他的死，我是很悲痛的。现在大家纪念他，可见他的精神感人之深。我们大家要学习他毫无自私自利之心的精神。从这点出发，就可以变为大有利于人民的人。一个人能力有大小，但只要有这点精神，就是一个高尚的人，一个纯粹的人，一个有道德的人，一个脱离了低级趣味的人，一个有益于人民的人。[1]

《学习白求恩》，概括和宣扬了中国人的价值观、中国共产党人的价值观，体现了人类社会对高尚人格的追求。这篇文章收入《毛泽东选集》时，更名为《纪念白求恩》。

毛泽东在这篇文章中还不经意地创造了几个词语。比如：

毫不利己，专门利人。这两个词语指出了人类精神境界的一种可能性，鞭策着中国共产党人努力加强自身党性修养，在广大群众当中久久流传。

低级趣味，高级趣味。这两个词首见于 1938 年 3 月 15 日在抗大的一次演讲，毛泽东说："玩笑也有高级趣味与低级趣味之分，玩笑也有它的阶级性与党派性。"[2] 这次演讲没有公开发表，知之者不多。《纪念白求恩》使"低级趣味""高级趣味"两个词广为传播。

《纪念白求恩》中提出了"五个一"："一个高尚的人，一个纯粹的人，一个有道德的人，一个脱离了低级趣味的人，一个有益于人民的人"。这是毛泽东对"革命新人"最高尚人格境界的描画。

真正的纯粹的抒情文字，难成大文章，灌注了担当精神、积极向上的人文情怀的文章，才可能成为传世之作。毛泽东的文章，每每意不在

1　《毛泽东选集》第二卷，人民出版社1991年版，第659—660页。
2　中央档案馆：《毛泽东同志在抗大讲话记录稿介绍（上）》，《中央档案馆丛刊》1986年第 1 期。

"文"，反倒把不少政治论文写成了文学经典。

《纪念白求恩》开篇即将低沉推向高亢，中间将高亢推向神圣，文章的最后，以流畅的递进、磅礴的排比、铿锵的节奏，铺排出惊人的句子，亮丽收煞，组成一篇响亮的政治宣言。这篇至性至情的文章，情文相生，各各呈现，既说理又注重抒情——有着火一样的激情。理想的高度，情感的纯度，文字的精练度与修辞的高超技巧，水乳交融，堂皇辽阔，构建出天地间一篇妙文。

一篇美文，承载永恒宗旨
——读《为人民服务》

1944 年 9 月 5 日，中国革命史上发生了一次著名的"坍塌"。

这天上午，中央警备团战士张思德在为一口新挖的炭窑加固窑壁时，炭窑突然坍塌，张思德壮烈牺牲。

张思德 1933 年参加红军，当过机枪手、地下交通员，长征中三过草地，到陕北后曾在中央军委警卫营当通信兵，是通信班的班长。他纺过线，开过荒，是远近闻名的烧炭能手。1942 年 10 月，中央军委警卫营和中央警卫教导大队合并，组建中央警备团，由于编制减少，张思德由班长改为战士，他毫无怨言，二话不说，愉快地服从组织安排。张思德在每个岗位上都任劳任怨，踏踏实实工作，被中央警备团评为"即知即行的模范"。

1943 年 4 月，张思德调到毛泽东警卫班，直接为党的领袖服务。当时，延安正开展大生产运动，为的是通过自力更生，打破日本侵略者和国民党对陕甘宁边区的封锁，支援抗日前线。大生产运动中，人人都有生产任务，毛泽东也不例外，毛泽东警卫班也不能搞特殊。1944年春，中直机关决定，在中直机关和中央警备团抽调人员，去安塞县石硖峪建设一个农场，完成生产任务。张思德看看全班的同志，只有自己有开荒、烧炭、种地的经验，尽管他更愿意在毛泽东身边站岗，但是想到参加生产劳动更艰苦，更需要吃苦精神，他就主动报名，进山执行生产任务。谁也没有想到，张思德牺牲了。

中央警备团警卫队队长古远兴向毛泽东报告了张思德牺牲的消息。

毛泽东放下笔，详细了解张思德牺牲的经过，默然良久。他说："张思德是好战士，站岗放哨，还陪我外出过，很熟悉。"一个普通战士的死，引起了最高领导人的重视。"前方打仗，是免不了要死人的；但后方搞生产出事故死人，是不应该的！"毛泽东说。他接着问道："他的后事，怎么处理呀？"

古远兴想也没想就说："就地安葬。"战争年代里死人是很平常的事情，一个冲锋下来就倒下几个人，哪里黄土不埋人。古远兴打算把张思德就地埋在山里。

"你敢！赶快派人，把人抬回来。"毛泽东看了古远兴一眼，说，"小古呀小古，古人说，落叶归根，入土为安。张思德是四川人，他牺牲了，虽然回不了老家了，但我们也不能把他埋到荒天野地里哟！"

有人说："安塞县石硖峪不通汽车，烧炭的地方还在石硖峪西面的大山里，车子根本开不进去。"

"车子进不去，你们想办法用担架或骡驼子，总之，要想办法把遗体运回来。"毛泽东交代说，"第一，要把张思德身体洗干净，穿上新衣服，入殓前要派战士给他站岗；第二，买一副棺材，运回延安；第三，要给他开个追悼会，我要参加，还要讲话。"[1]

9月8日，是农历二十四节气中的白露，一向秋高气爽的延安，这天变得天低云暗，山沉河闷。下午2点左右，毛泽东和任弼时、李富春、叶剑英、王稼祥在社会部副部长李克农和警备团团长吴烈陪同下来到张思德追悼会会场。毛泽东率领全体人员向张思德遗体默哀后，他缓步走上台，发表演说："我们的共产党和共产党所领导的八路军、新四军，是革命的队伍。我们这个队伍完全是为着解放人民的，是彻底地为人民的利益工作的……"[2]

毛泽东手里没有讲话稿，他是即兴演说。显然，对自己该讲些什么，他已经深思熟虑。

张思德的牺牲，引发了毛泽东的深深思考。张思德，出身寒微，生命短暂，生命永远定格在29岁。在中国共产党队伍中，他是普通党员；在人民军队的队伍中，他是普通士兵；在整个革命队伍中，他是无名英雄，是默默无闻的奉献者；在人民群众的汪洋大海中，他不属于卓尔不群，而是小小的一滴水。他没有官职，没有财产，没有妻儿，没有传奇故事，也没有豪言壮语，连一次恋爱都没有谈过，就这样赤条条来赤条条去，奉献了自己的生命。在中国大地上，在中国共产党的队伍中，大多是像张思德这样默默无闻的人。张思德在短暂的生命中，把中国共产党远大的革命目标化作朴素的日常工作，忠实无私地在每个岗位上为人民服务，牺牲在工作岗位上。平凡的张思德是中国共产党先进群体中最有代表性的一分子，他是平凡的英雄，人民的英雄。

1　陈惠方、廖可铎：《张思德传》，解放军出版社2004年版，第295页。

2　《毛泽东选集》第三卷，人民出版社1991年版，第1004页。

　　为人民而牺牲，这是一种最彻底的无私精神。毛泽东巨眼卓识，他从"小人物"张思德平凡的生命历程中，看出张思德为人民服务的精神境界。张思德胸无杂念，心无挂碍，一片天真，一片朴素，一片忠诚，一片大义，这种境界超越为己为私的功利境界，进入为人为公、超越生死的道德境界。

　　民族解放需要张思德，革命事业需要张思德，艰苦奋斗打江山的共产党需要张思德。张思德就在身边，人人可学，人人可做。标举张思德的榜样，可以让最基层最普通的人找到活着、工作着，以及一不怕苦二不怕死的意义。张思德身上的光亮，可以照亮普通人的内心，可以照亮暗黑的世界。

　　我们的共产党和共产党所领导的八路军、新四军，是革命的队伍。我们这个队伍完全是为着解放人民的，是彻底地为人民的利益工作的。张思德同志就是我们这个队伍中的一个同志。

　　人总是要死的，但死的意义有不同。中国古时候有个文学家叫做司马迁的说过："人固有一死，或重于泰山，或轻于鸿毛。"为人民利益而死，就比泰山还重；替法西斯卖力，替剥削人民和压迫人民的人去死，就比鸿毛还轻。张思德同志是为人民利益而死的，他的死是比泰山还要重的。

　　因为我们是为人民服务的，所以，我们如果有缺点，就不怕别人批评指出。不管是什么人，谁向我们指出都行。只要你说得对，我们就改正。你说的办法对人民有好处，我们就照你的办。"精兵简政"这一条意见，就是党外人士李鼎铭先生提出来的；他提得好，对人民有好处，我们就采用了。只要我们为人民的利益坚持好的，为人民的利益改正错的，我们这个队伍就一定会兴旺起来。

我们都是来自五湖四海，为了一个共同的革命目标，走到一起来了。我们还要和全国大多数人民走这一条路。我们今天已经领导着有九千一百万人口的根据地，但是还不够，还要更大些，才能取得全民族的解放。我们的同志在困难的时候，要看到成绩，要看到光明，要提高我们的勇气。中国人民正在受难，我们有责任解救他们，我们要努力奋斗。要奋斗就会有牺牲，死人的事是经常发生的。但是我们想到人民的利益，想到大多数人民的痛苦，我们为人民而死，就是死得其所。不过，我们应当尽量地减少那些不必要的牺牲。我们的干部要关心每一个战士，一切革命队伍的人都要互相关心，互相爱护，互相帮助。

今后我们的队伍里，不管死了谁，不管是炊事员，是战士，只要他是做过一些有益的工作的，我们都要给他送葬，开追悼会。这要成为一个制度。这个方法也要介绍到老百姓那里去。村上的人死了，开个追悼会。用这样的方法，寄托我们的哀思，使整个人民团结起来。[1]

毛泽东提炼了张思德身上的优秀品质，把张思德寻常的、朴素的精神升华为共产党人必须践行的革命宗旨，第一次清澈澄明地阐述了"为人民服务"的思想，宣示了共产党的人民哲学。

毛泽东在演讲中提倡开展批评，倡导"五湖四海"的团队意识，抒发共产党人的奋斗情怀。

1　《毛泽东选集》第三卷，人民出版社1991年版，第1004—1005页。

张思德的牺牲，还激发毛泽东对生与死进行思考，挖掘生与死的意义，他论述了革命者为人民而生、为人民而死的人生观，反映了毛泽东的生死哲学。

1944 年 9 月 21 日，延安《解放日报》头版头条以新闻稿的形式刊登了题为《警备团追悼战士张思德同志，毛主席亲致哀悼"为人民的利益而死，是死有重于泰山"》的文章。这篇通讯夹叙夹议，其中包含后来被命名为《为人民服务》的全部内容。

毛泽东通过这样一篇不同于历代所有祭祀之文的文章，以一种不同寻常的形式，化沉痛为思想，说死者为生者，实现了另一个伟大的诞生——承载中国共产党为人民服务宗旨的"张思德"的诞生。

毛泽东在张思德追悼会上的致辞，为张思德入土奠基，更为中国共产党"为人民服务"宗旨的诞生进行思想奠基。几个月后，中国共产党在延安召开第七次全国代表大会，毛泽东说："紧紧地和中国人民站在一起，全心全意地为中国人民服务，就是这个军队的唯一的宗旨。""全心全意地为人民服务……这些就是我们的出发点。"[1]

1953 年编辑出版《毛泽东选集》第三卷时，毛泽东把他的这篇祭文，定名为《为人民服务》。

《为人民服务》分为五个自然段：开头第一段，直截了当地提出了党和军队"为人民服务"的宗旨；第二段，引经据典地论述了中国共产党人"为人民服务"的生死观；第三段，论述了"为人民服务"当中如何对待缺点和错误的问题；第四段，论述"为人民服务"的过程中，遇

1　中共中央文献研究室：《毛泽东在七大的报告和讲话集》，中央文献出版社 1995 年版，第 32、93 页。

到困难的时候要看到光明，要增加我们的勇气；第五段，阐述通过"送葬""开追悼会"的形式悼念为人民利益而死的人。

中国共产党扣问"我是谁""为了谁"的核心答案，被浓缩在这篇短小精练的祭文之中。《为人民服务》，为中国共产党人立心，为中国人民立命，为万世开太平，透彻地回答了共产党人为谁而活、为谁而死的问题，高简不饰地讲述了属于精神的、灵魂的、情感的、道德的东西，展示出共产党人最深沉的精神追求。

宗旨一立天地宽。一声"为人民服务"，可以聚魂，可以立命，可谓"大纛一张，万夫走集"。共产党人在为人民服务中找到个体生命的意义。他们在为人民服务中，不断地创造，不断地牺牲，不断地前进，不断地胜利。

"为人民服务"成为中国共产党人的整体性思维和全面性实践，成为中国共产党的最显著标识。

"为人民服务"成为中国共产党最为响亮、最为精彩、最有力量的一句话，成为中国大地上深入人心、深得人心、深受欢迎的一句话。作家吴伯箫离开延安时说："从延安出来，人们第一个记得'为人民服务'。"美国《先驱论坛报》记者斯蒂尔在访问延安十天后，他曾经感慨地说："我觉得在延安的访问中，……我体味到共产党常常说的'为人民服务'，在延安所亲见的各种具体事实，我认为这是货真价实的。……真的，我要是在延安住上十一天，那我一定也将变成一个共产主义者。"[1]

天下之大，唯有人民，教共产党人生死相许。

1　张香山、孙铭：《外国记者看延安》，《解放日报》1946 年 11 月 10 日。

下定决心，不怕牺牲，排除万难，去争取胜利

——读《愚公移山》

1945 年春天，中华民族抗击日本侵略者的战争已经进行到第 14 个年头，对日军的大反攻指日可待。在这个关键性的历史时刻，为了争取抗日战争和人民民主革命的胜利，中国共产党于 4 月 23 日至 6 月 11 日在延安召开第七次全国代表大会。这是一次团结的大会，胜利的大会。

6 月 11 日下午，毛泽东在七大闭幕式上作了题为《愚公移山》的闭幕词，宣示中国共产党人不怕困难、勇于牺牲、敢于胜利的信念和信心，掀起大会的最后一个高潮。

毛泽东重点讲述了愚公移山这个古老寓言，他说：

中国古代有个寓言，叫做"愚公移山"。说的是古代有一位老人，住在华北，名叫北山愚公。他的家门南面有两座大山挡住他家的出路，

一座叫做太行山，一座叫做王屋山。愚公下决心率领他的儿子们要用锄头挖去这两座大山。有个老头子名叫智叟的看了发笑，说是你们这样干未免太愚蠢了，你们父子数人要挖掉这样两座大山是完全不可能的。愚公回答说：我死了以后有我的儿子，儿子死了，又有孙子，子子孙孙是没有穷尽的。这两座山虽然很高，却是不会再增高了，挖一点就会少一点，为什么挖不平呢？愚公批驳了智叟的错误思想，毫不动摇，每天挖山不止。[1]

"愚公移山"的典故出自《列子·汤问》，它深埋于故纸堆，许多人并不熟悉。毛泽东用白话文"翻译"了愚公移山的故事，有"反胜原作"之妙。接着，他话题一转，大声说道：

现在也有两座压在中国人民头上的大山，一座叫做帝国主义，一座叫做封建主义。中国共产党早就下了决心，要挖掉这两座山。我们一定要坚持下去，一定要不断地工作，我们也会感动上帝的。这个上帝不是别人，就是全中国的人民大众。全国人民大众一齐起来和我们一道挖这两座山，有什么挖不平呢？[2]

"愚公移山"的故事，毛泽东之前在抗大讲课时多次讲过。这篇《愚公移山》更为翔实系统，化古典为今用，使"愚公移山"的故事流传全国，也把"愚公移山"精神升华为共产党人的精神、中华民族的精神。

1　《毛泽东选集》第三卷，人民出版社 1991 年版，第 1102 页。
2　《毛泽东选集》第三卷，人民出版社 1991 年版，第 1102 页。

旧典重生！愚公重生！毛泽东赋予这个寓言故事以新的内涵和时代精神。

毛泽东在《愚公移山》中高举愚公，是他对"上智""下愚"儒家思想的否定。《列子》中的"北山愚公"和"河曲智叟"这两个名字，显然是从《论语》所载孔子的"上智""下愚"之说而来。《列子》反其意而用之，正合于毛泽东的民本思想。毛泽东对愚公的反复提倡，是对"上智""下愚"说的颠倒，反映了劳心者未必智、劳力者未必愚的平等精神。

毛泽东在这篇文章中把中国共产党人比作"愚公"，把人民比作"上帝"，把中国共产党带领人民一起奋斗的行为比作愚公挖山。以人民为"上帝"，这是毛泽东的世界观。"上帝"不在天上，不在西方，"上帝"就在身边，就是最大多数的人民大众。毛泽东借用"上帝"这个词具有的创世性、神圣性、崇高性，把"上帝"的原本含义给置换了。毛泽东给共产党人建设一个新的属于自己的"上帝"，这就是人民。西方人说，世界是上帝创造的。毛泽东说："历史是人民创造的。""人民，只有人民，才是创造世界历史的动力。"毛泽东说："什么是上帝？人民就是上帝。"他反复强调："上帝就是人民，人民就是上帝。"

毛泽东在《愚公移山》中还有一个警句："下定决心，不怕牺牲，排除万难，去争取胜利。"据七大代表回忆，毛泽东说这几句时，他冲口而出，情绪激动，声音提高，口气很大，头上的筋都鼓起来了。全场寂静。代表们看到，毛泽东的眼睛湿润了，流泪了，他用手擦擦眼睛。毛泽东的讲话和情绪把代表们的情绪引向高潮，代表们也激动地鼓着掌流着泪。

"下定决心，不怕牺牲，排除万难，去争取胜利"，这已经不是一般意义上的生死阐述，而是把牺牲与民族、国家命运联系在一起，转换和升华为一种不可抑制的民族责任和革命动力。这四句话，组成一则完整的格言，形式上存古风，语言上很简练，口语中有气势，绝无文字障碍，充满了踩着困难向前进的决心和敢于斗争勇于胜利的力量，可谓愚公移山精神的核心内容，同时成为一个时代的风格。

毛泽东倡导的"愚公移山"精神，武装了革命者，培育了新一代中国人，成为中国共产党团结带领全国各族人民战胜一切艰难险阻的强大精神动力。与会代表刘英说："毛主席在大会闭幕时用愚公移山的故事激励大家，排除万难去争取胜利，成为我在困境和逆境中坚持信念、积极乐观的精神支柱。"[1]

《毛泽东选集》四卷出版后，人们把毛泽东在抗日战争中形成的《为人民服务》《纪念白求恩》《愚公移山》，亲切地称为"老三篇"。这是一个发自内心的尊敬称呼，一个颇有创意的精确概括。

钱穆说："在任何一个民族中，必有几许共通的思想，贯彻古今，超越了时代，跑进了人人心坎深处，而普遍影响及于社会之各方面，成为这一社会所普遍重视、普遍信仰或普遍探讨的论题，几乎成为一种口头禅。"[2] "老三篇"以革命白话文的形式，展示中国共产党的根本宗旨、精神境界、奉献精神和坚强意志，抒发革命的神圣感，为全国人民所熟知。

"老三篇"字皆人人能识之字，句皆人人能造之句，但毛泽东以崇高的思想境界灌注其间，正应了王国维所言："有境界则自成高格，自

1　刘英：《刘英自述》，人民出版社 2005 年版，第 325 页。

2　钱穆：《中国思想通俗讲话》，生活·读书·新知三联书店 2002 年版，"前言"第 2 页。

有名句。"

"老三篇"逻辑推理严谨，思想阐述深刻，"要辞达而理举，故无取乎冗长"。这三篇文章，短小的篇幅中，有思想，有人物，有故事，有文采，气象沛然而名句迭出。拿起来，一读就懂，一读就能记住，一读就会入脑入心，一读就能增添意气，开阔胸臆，提升精神。这样的文章，一用到生活工作中就能解决问题，就能克服内心的困惑与外在的困难。所以从 20 世纪 50 年代末开始，"老三篇"风靡中国。

从《毛泽东选集》中单独拎出几篇，命名为"老三篇"，这种从"母文献"中分析出来的"子文献"重新结集的现象，让人联想到朱熹将《论语》《大学》《中庸》《孟子》结集为"四书"。在孔孟之后很长时间里，《论语》《大学》《中庸》《孟子》地位并不显赫。两汉到唐宋漫长的学术时间里，处于核心经典地位的是经过孔子整理而传授的六部先秦古籍《诗经》、《书经》（即《尚书》）、《礼记》、《易经》、《乐经》、《春秋》，它们具有至高无上的崇高地位。朱熹的《四书章句集注》一出，"四书"的地位与"六经"等齐，极大地推动了儒家思想的普及，进而也完成了中国儒学史的重大转型。从传播这一点看，"老三篇"与之相似。

毛泽东在《新民主主义论》中指出："一定的文化（当作观念形态的文化）是一定社会的政治和经济的反映，又给予伟大影响和作用于一定社会的政治和经济；而经济是基础，政治则是经济的集中的表现。"[1]

　　毛泽东思想政治工作和文化工作的思想十分丰富：关于思想政治工作是经济工作和其他一切工作的生命线，要实行政治和经济的统一、政治和技术的统一、又红又专的方针；关于发展民族的、科学的、大众的文化，实行百花齐放、推陈出新、古为今用、洋为中用的方针；关于知识分子在革命和建设中具有重要作用，知识分子要同工农相结合，通过学习马克思列宁主义、学习社会和工作实践，树立无产阶级世界观的思想。毛泽东指出"为什么人的问题，是一个根本的问题，原则的问题"，强调要全心全意为人民服务，对革命工作要极端负责，要艰苦奋斗和不怕牺牲，凡此等等，其思想文化之光，穿透历史，泽被当代，特别是"老三篇"，堪称中国共产党人永远的"心学"。

1　《毛泽东选集》第二卷，人民出版社 1991 年版，第 663—664 页。

第六章

领导我们事业的核心
力量是中国共产党

关于党的建设的思想

"自从有了中国共产党，中国革命的面目就焕然一新了。"面目一新的革命，来自面目一新的革命政党。

中国共产党从幼年学步的不成熟，到面目一新的茁壮成长，从一大全国只有几十名党员到七大拥有百万之众，贡献最大、起决定性作用的是毛泽东。

毛泽东把党的建设称为一项"伟大的工程"。他创立了完整的党建学说，把中国共产党建设成为一个用科学理论武装起来的，为人民服务的，有广泛群众基础的，组织严密的，战斗力旺盛的马克思主义政党，这是他在中国共产党历史上最光辉的贡献。

邓小平说："我们回想一下，正是根据毛泽东同志的建党学说，才建立了这样一个好的党。从延安整风以后，无论前方后方的人，真是生气勃勃，生动活泼，心情舒畅，团结一致。毛泽东同志建立的这个党，既能够充分发扬民主，充分发挥下面遵守纪律的自觉性，又能够在这样的基础上建立高度的集中。毛主席、党中央的命令、号召，谁不听哪！谁不是自觉地听哪！没有这样的党的作风，我们能够战胜比我们强得多的敌人吗？我们能够在建国以后，取得一个又一个的胜利吗？"[1]

1　邓小平：《邓小平文选》第二卷，人民出版社1994年版，第45页。

打造"忠诚、坦白、积极、正直的共产党员"
——读《反对自由主义》

　　斯诺的《西行漫记》中说毛泽东，"他年轻的时候，就有强烈的自由主义的和人道主义的倾向，从理想主义转到现实主义的过渡只能是在哲学上开始的"。[1]毛泽东回忆自己 1920 年读《共产党宣言》之前的思想，也说："在这个时候，我的思想是自由主义、民主改良主义、空想社会主义等观念的大杂烩。我对'十九世纪的民主'、乌托邦主义和旧式的自由主义，抱有一些模糊的热情……"[2]这里所说的"自由主义"是三权分立、言论自由的自由主义，是卢梭所谓"人生来自由"的"自由主义"。"自由主义"是"五四"运动传入中国的，在新文化运动冲破封建传统罗网的较量中，它曾经立过汗马功劳。

　　1937 年 9 月 7 日，毛泽东写下《反对自由主义》一文。这是应中国人民抗日军政大学胡耀邦的请求而写的，最早发表在抗大内部校刊《思

1　[美]埃德加·斯诺：《西行漫记》，董乐山译，东方出版社 2005 年版，第 76—77 页。
2　《毛泽东自述》，人民出版社 1993 年版，第 31 页。

想战线》上。

《反对自由主义》中的"自由主义"，已经不是西方思想史上的自由主义理论，毛泽东撇开"自由主义"一词的西方含义，给"自由主义"一词换上新的内容。毛泽东概念中的"自由主义"，专指党内出现的违反组织纪律的错误言行。毛泽东把那些与党的"纪律""原则"不一致的言行，把革命领域内不良的言行习惯，看作"自由主义"。

毛泽东写这篇文章时，抗日是全党的头等大事，各项工作千头万绪，极端繁忙，他为何要沉下心来推动在党内反对自由主义呢？

原因不难理解。中国共产党当时面临的问题是：长期处在分散的农村游击环境，党员中大多数来自农民，因而带来了许多自私自利、散漫的自由主义倾向；有许多知识青年、社会名流纷纷来到延安，壮大了革命队伍，但很多人没有系统接受过党性的锻炼和实践的考验，自然有不少自由主义的倾向；红军改名为八路军，编入了国民革命军系列，在政治上、思想上、组织上的自由主义倾向有了滋生蔓延的土壤。

如何适应形势任务的发展变化，巩固党的队伍基础，把党建设成为一个全国范围的、广大群众性的、思想上政治上组织上完全巩固的马克思主义政党？如何提高党员素质，把农民和其他小资产阶级出身的党员努力教育改造成为无产阶级先锋战士，保持党的先进性和纯洁性？毛泽东在《反对自由主义》中回答了这些问题。

《反对自由主义》一开篇，就明确指出："我们主张积极的思想斗争，因为它是达到党内和革命团体内的团结使之利于战斗的武器。"[1] 思想

1　《毛泽东选集》第二卷，人民出版社1991年版，第359页。

斗争，是解决革命队伍内部正确思想与错误思想的矛盾的一种方法。毛泽东在《矛盾论》中说过："党内不同思想的对立和斗争是经常发生的……党内如果没有矛盾和解决矛盾的思想斗争，党的生命也就停止了。"

毛泽东为什么要把思想斗争的目标指向"自由主义"？他说："自由主义取消思想斗争，主张无原则的和平，结果是腐朽庸俗的作风发生，使党和革命团体的某些组织和某些个人在政治上腐化起来。""革命的集体组织中的自由主义是十分有害的。它是一种腐蚀剂，使团结涣散，关系松懈，工作消极，意见分歧。它使革命队伍失掉严密的组织和纪律，政策不能贯彻到底，党的组织和党所领导的群众发生隔离。这是一种严重的恶劣倾向。"更为严重的是，"自由主义是机会主义的一种表现，是和马克思主义根本冲突的。它是消极的东西，客观上起着援助敌人的作用，因此敌人是欢迎我们内部保存自由主义的"。[1]

在《反对自由主义》中，毛泽东以别出心裁的行文方式，直接列出自由主义的 11 种表现：

因为是熟人、同乡、同学、知心朋友、亲爱者、老同事、老部下，明知不对，也不同他们作原则上的争论，任其下去，求得和平和亲热。或者轻描淡写地说一顿，不作彻底解决，保持一团和气。结果是有害于团体，也有害于个人。这是第一种。

不负责任的背后批评，不是积极地向组织建议。当面不说，背后乱说；开会不说，会后乱说。心目中没有集体生活的原则，只有自由放任。

1　《毛泽东选集》第二卷，人民出版社 1991 年版，第 359—361 页。

这是第二种。

事不关己，高高挂起；明知不对，少说为佳；明哲保身，但求无过。这是第三种。

命令不服从，个人意见第一。只要组织照顾，不要组织纪律。这是第四种。

不是为了团结，为了进步，为了把事情弄好，向不正确的意见斗争和争论，而是个人攻击，闹意气，泄私愤，图报复。这是第五种。

听了不正确的议论也不争辩，甚至听了反革命分子的话也不报告，泰然处之，行若无事。这是第六种。

见群众不宣传，不鼓动，不演说，不调查，不询问，不关心其痛痒，漠然置之，忘记了自己是一个共产党员，把一个共产党员混同于一个普通的老百姓。这是第七种。

见损害群众利益的行为不愤恨，不劝告，不制止，不解释，听之任之。这是第八种。

办事不认真，无一定计划，无一定方向，敷衍了事，得过且过，做一天和尚撞一天钟。这是第九种。

自以为对革命有功，摆老资格，大事做不来，小事又不做，工作随便，学习松懈。这是第十种。

自己错了，也已经懂得，又不想改正，自己对自己采取自由主义。这是第十一种。[1]

这 11 种表现，有思想上的自由主义、政治上的自由主义、组织上

1　《毛泽东选集》第二卷，人民出版社 1991 年版，第 359—360 页。

的自由主义，最后一条是"自己对自己采取自由主义"。这是对党内不正常关系，乃至对中国庸俗的社会关系的透彻分析。

传播小道消息，东家长西家短，这个民间传统也进入了红色延安，进入了革命队伍。革命者群居的大集体里也有私人空间，私人空间中也流传着对党的政治、人事关系的私下议论，从而出现自由主义。毛泽东一条一条地罗列，一条一段，针对性强烈，读起来很有冲击力。每一个革命者读到这样的文字，都会在内心自我对照一番，看看自己身上有哪些自由主义。

那么，克服自由主义之后，真正的共产党员的面貌应该是怎样的呢？毛泽东说："一个共产党员，应该是襟怀坦白，忠实，积极，以革命利益为第一生命，以个人利益服从革命利益；无论何时何地，坚持正确的原则，同一切不正确的思想和行为作不疲倦的斗争，用以巩固党的集体生活，巩固党和群众的联系；关心党和群众比关心个人为重，关心他人比关心自己为重。这样才算得一个共产党员。"

《反对自由主义》的发表，丰富了毛泽东的建党学说。这篇文章产生更大范围的影响，是在延安整风时期，被中共中央列为全党整风学习的22个文件之一。《解放日报》1942年4月10日重新刊载了《反对自由主义》。

整风运动中，毛泽东继续批评延安存在的自由主义思想。"思想庞杂，思想不统一，行动不统一，所以这个人这样想问题，那个人那样想问题，这个人这样看马列主义，那个人那样看马列主义。一件事情，这个人说是黑的，那个人说则是白的，一人一说，十人十说，百人百说，各人有各人的说法。差不多在延安就是这样，自由主义的思想相当浓厚，也可以说在某些部门中间非常浓厚。……打起仗来，把延安失掉，就要哇哇叫，鸡飞狗跳，那时候，'诸子百家'就都会出来的，那就不得了，将来的光明也就很难到来，即使到来，也掌握不了它。"[1]

"自由主义"是延安整风的重点内容。在 1943 年 4 月召开的一次中共中央政治局会议上，讨论了毛泽东 4 月 13 日起草的《中共中央关于继续开展整风运动的指示（草案）》第一号、第二号（关于领导方法）、第三号（关于克服自由主义）。《中共中央关于继续开展整风运动的指示》第三号指出：自抗日统一战线成立以来，党内生长了一种自由主义倾向。自由主义是目前党内斗争中的主要的不良倾向，在整风中必须克服此种倾向，才能达到彻底整风之目的。毛泽东说："党内与党外的自由主义是有区别的，在国民党统治区域资产阶级的自由主义是进步的。思想自由与自由主义应有区别，党内有思想自由，但不能有自由主义。"

延安整风时，大家开展批评和自我批评。同志们给田家英提出他有骄傲自满、自由主义、自由散漫的毛病。田家英认为这些意见提得太尖锐了，"自由主义"就是小资产阶级的代名词，思想上不好接受。开会的当晚，他饭都没吃，躺在炕上蒙着头哭。[2] 可见受触动之大。

反对自由主义，是要克服党内人际交往中出现的庸俗现象，追求一种很高境界的忠诚——内心的忠诚。为此，要建立和严守一种绝对的律令——"以革命利益为第一生命，以个人利益服从革命利益"，并将自己的言行甚至思想，向此律令努力迈近，打造出由"忠诚、坦白、积极、正直的共产党员"组织起来的革命队伍。

1　中共中央文献研究室：《毛泽东文集》第二卷，人民出版社 1993 年版，第 414—415 页。
2　董边、曾自、曾立：《在延安和家英相识相爱的日子》，《党史博览》2010 年第 3 期。

努力实现"马克思主义的中国化"
——读《中国共产党在民族战争中的地位》

毛泽东曾经说过："中国共产党历史上有两个重要关键的会议，一次是一九三五年一月的遵义会议，一次是一九三八年的六中全会。"他说，"六中全会是决定中国之命运的"。[1]

1938 年 9 月 29 日至 11 月 6 日，中共扩大的六届六中全会在延安桥儿沟的天主教堂召开。王稼祥传达共产国际关于中共中央要以"毛泽东为首"的指示，毛泽东在全党的领导地位正式确立。这次全会批准了以毛泽东为首的中央政治局的路线，确定了坚持抗日民族统一战线的方针，同时指出了在统一战线中有团结又有斗争，批评了王明"一切经过统一战线"的提法。

《中国共产党在民族战争中的地位》是毛泽东在六中全会上所作政治报告《论新阶段》的第七部分，文章鲜明地提出把中国共产党建成"一

---

1 中共中央文献研究室：《毛泽东在七大的报告和讲话集》，中央文献出版社 1995 年版，第 231 页。

个伟大的群众性的党""一个坚强的核心",开创性地提出了党的建设一系列重大问题。

六届六中全会之前,中国共产党发生了两件大事,让全党同志受到很大的震动,或者说震惊了全党。

一是张国焘 1938 年 4 月叛党。

张国焘是一大代表,是中共领导人中唯一被列宁专门接见过的人。他在长征中另立"中共中央""中央政府"和"中央军委"。毛泽东说:"张国焘在分裂红军问题上做出了最大的污点和罪恶。"[1]张国焘"南下"受挫后,无奈地取消自己成立的"中央",走上"北上"之路。在延安,中央对张国焘的分裂行为进行批判,清算张国焘的错误。其间,王明对张国焘的指责,成为压垮张国焘的最后一根稻草。有一天,王明与张国焘谈话,王明批评张国焘思想中有"托派在暗中作怪"。"托派"之"托",原指苏联的托洛茨基,"托派"当时是反革命的代名词,而中国的"托派"又增加了汉奸、特务的含义。王明对张国焘说:"李特、黄超就是托派,他们在迪化经邓发审问,已招认是托派,并已枪决了。"张国焘闻之色变。李特与黄超都是张国焘的老部下,黄超曾任张国焘的秘书,李特任西路军参谋长。张国焘说:"由于这种重大的刺激,我经过一番考虑,最后决定脱离中共。"[2]1938 年 4 月 4 日,张国焘在黄帝陵祭拜黄帝之后,没有返回延安,而是投奔国民党。4 月 17 日,张国焘在武汉声明自动脱党。4 月 18 日,中共作出《关于开除张国焘党籍的决定》。张国焘叛党,

1　中共中央文献研究室:《毛泽东年谱(1893—1949)》上卷,中央文献出版社 2013 年版,第 668 页。

2　张国焘:《我的回忆》下册,东方出版社 2004 年版,第 560—562 页。

这对中国共产党人来说，脸上无光，是一个意识形态的尴尬事件。毛泽东说："这是一件丑事，随他去吧。"[1]毛泽东在思考如何避免发生类似事件的问题。

一是党内出现延安、武汉"双峰并峙"的局面。

王明回国不久即去武汉，主持长江局工作，在一些重大问题上不执行中央指示，不经过中央同意，以中央的名义发表宣言、声明，还自作主张以毛泽东名义发表谈话。连 1938 年 2 月 27 日至 3 月 1 日的政治局会议（史称三月会议），王明也提出要到他所在的武汉去开，甚至擅自规定会议内容，逼着毛泽东、张闻天让步。毛泽东后来说，"在三月会议时，长江局先打一个电报，规定议事日程，决定某某人要回长江局工作，这种态度我不满意"[2]。王明主持长江局，闹独立性，有越权之举，有越权之实。

好在，共产国际通过的《关于中共代表团报告的决议案》，确认"中国共产党的政治路线是正确的"；共产国际的负责人季米特洛夫态度明确地支持毛泽东，他告诉任弼时、王稼祥：应该"在毛泽东为首的领导下解决""党内团结问题"。任弼时和王稼祥回国时，季米特洛夫语重心长地说：应该告诉全党，支持毛泽东同志为中国共产党的领导人，他是在实际斗争中锻炼出来的领袖。其他的人如王明，不要再争当领导人了。

正是在这种历史背景下，中共中央召开了六届六中全会。

六中全会分析了抗日战争的形势，规定了党在相持阶段的任务，提

1　叶子龙：《叶子龙回忆录》，温卫东整理，中央文献出版社 2000 年版，第 60 页。
2　徐晓红：《周恩来生平研究资料》，中央文献出版社 2013 年版，第 205 页。

出了党领导抗日战争的战略规划。毛泽东在政治报告的第七部分"中国共产党在民族战争中的地位"中，对加强党的建设提出了许多重大思想。

——关于"独立自主"问题。

国共统一战线建立之后，有的同志在与国民党合作中丧失原则，一味迁就国民党；有的红军游击队丧失警惕，被国民党武装缴了械；有些党员过分相信国民党。特别是王明从苏联回国之后，提出"今天的中心问题是一切为了抗日，一切经过抗日民族统一战线，一切服从抗日"等观点，[1] 引起许多同志思想上的混乱。

中国共产党在统一战线中的地位是什么？毛泽东强调"独立自主""独立性"。1937年8月，他和张闻天在《关于红军作战原则的指示》中首次提出"独立自主"。在《中国革命战争的战略问题》中又说："无论处于怎样复杂、严重、惨苦的环境，军事指导者首先需要的是独立自主地组织和使用自己的力量。"在《中国共产党在民族战争中的地位》中再次强调，共产党人在坚持统一战线的同时，应坚持党"在思想上、政治上和组织上的独立性"。[2] 毛泽东的独立自主思想，自成一格，成为党的抗日民族统一战线理论的一个核心主张。

——首次提出"四个服从"。

即个人服从组织，少数服从多数，下级服从上级，全党服从中央。毛泽东说："鉴于张国焘严重地破坏纪律的行为，必须重申党的纪律。"[3] 这是党中央第一次提出"四个服从"。"四个服从"既反映了民主又体

1　郭德宏：《王明年谱》，社会科学文献出版社2014年版，第351页。
2　《毛泽东选集》第二卷，人民出版社1991年版，第524页。
3　《毛泽东选集》第二卷，人民出版社1991年版，第528页。

现了集中，是贯彻落实民主集中制的有效途径，是党内生活秩序的总概括，是正确处理党内各种关系的基本准则。提出"四个服从"，除了批评张国焘，还指向王明，只是没有明说罢了。落实"四个服从"，可以确保党的集中统一领导，确保各项决策的有效执行。"四个服从"后来写入了七大党章。

——强调学习理论。

毛泽东说："指导一个伟大的革命运动的政党，如果没有革命理论，没有历史知识，没有对于实际运动的深刻的了解，要取得胜利是不可能的。""如果我们党有一百个至二百个系统地而不是零碎地、实际地而不是空洞地学会了马克思列宁主义的同志，就会大大地提高我们党的战斗力量，并加速我们战胜日本帝国主义的工作。"他提出"来一个全党的学习竞赛，看谁真正地学到了一点东西，看谁学的更多一点，更好一点"。[1] 共产党员要"成为学习的模范……向民众学习，向环境学习，向友党友军学习"[2]。这里还有他的一句名言："学习的敌人是自己的满足，要认真学习一点东西，必须从不自满开始。对自己，'学而不厌'，对人家，'诲人不倦'，我们应取这种态度。"[3] 中国共产党注重学习的风气，从此开始形成。建设学习型政党，成为中国共产党的鲜明风格。

——提出领导者的责任是"出主意，用干部"。

毛泽东阐述了党的干部政策。"政治路线确定之后，干部就是决定的因素。"他提出一个著名的论断："领导者的责任，归结起来，主要

1　《毛泽东选集》第二卷，人民出版社 1991 年版，第 533 页。
2　《毛泽东选集》第二卷，人民出版社 1991 年版，第 523 页。
3　《毛泽东选集》第二卷，人民出版社 1991 年版，第 535 页。

地是出主意、用干部两件事。"毛泽东还总结说："我们民族历史中从来就有两个对立的路线：一个是'任人唯贤'的路线，一个是'任人唯亲'的路线。前者是正派的路线，后者是不正派的路线。""共产党的干部政策，应是以能否坚决地执行党的路线，服从党的纪律，和群众有密切的联系，有独立的工作能力，积极肯干，不谋私利为标准，这就是'任人唯贤'的路线。"[1]毛泽东后来发展和完善了"出主意、用干部"的论断，他说："我们中央干什么？出主意，用干部。出主意要对，用干部要正派的。"[2]

——最重大的贡献，是第一次明确提出"马克思主义的中国化"。

马列主义来到中国，引起先进分子的共鸣。共鸣之后，如何落地生根？如何开花结果？中国共产党人一直在探索。毛泽东创造性地提出"马克思主义的中国化"。

我们这个大民族数千年的历史，有它的发展法则，有它的民族特点，有它的许多珍贵品。对于这个，我们还是小学生。今天的中国是历史的中国之一发展，我们是马克思主义的历史主义者，我们不应该割断历史。从孔夫子到孙中山，我们应该给以总结，我们要承继这一份珍贵的遗产。承继遗产，转过来就变为方法，对于指导当前的伟大运动，是有着重要的帮助的。共产党员是国际主义的马克思主义者，但马克思主义必须通过民族形式才能实现。没有抽象的马克思主义，只有具体的马克思主义。

1　《毛泽东选集》第二卷，人民出版社1991年版，第526—527页。
2　中共中央党史研究室第一研究部：《七大代表忆七大》下册，上海人民出版社2006年版，第970页。

所谓具体的马克思主义，就是通过民族形式的马克思主义，就是把马克思主义应用到中国具体环境的具体斗争中去，而不是抽象地应用它。成为伟大中华民族之一部分而与这个民族血肉相联的共产党员，离开中国特点来谈马克思主义，只是抽象的空洞的马克思主义。因此，马克思主义的中国化，使之在其每一表现中带着中国的特性，即是说，按照中国的特点去应用它，成为全党亟待了解并亟须解决的问题。洋八股必须废止，空洞抽象的调头必须少唱，教条主义必须休息，而代替之以新鲜活泼的、为中国老百姓所喜闻乐见的中国作风与中国气派。[1]

食古不化，食洋不化，是中国近代以来一直没有很好地解决的大问题。食"马"不化，全盘"俄化"，导致教条主义（本本主义），这是党成立以来多数同志没有意识到的问题，也是党走向成熟的瓶颈。"中国化"是毛泽东把马克思主义从"天上"接引到"地上"、从"西方"接引到"东方"的大手笔。他打破本本主义、教条主义的空洞叙事，摆脱党八股的僵化束缚，把西来的理论与东土的地气接通。

"中国化"的事情，毛泽东一直在做。他上井冈山，就是"化"正统理论"城市暴动夺取政权"为中国特色的"农村包围城市"；他依靠农民，是"化"经典理论"依靠工人阶级"为根据中国实际以农民为革命主力军；如此等等，颇多妙笔。

从苏联回来的王明嗅到了毛泽东把马克思主义"中国化"的味道。

1 中共中央文献研究室、中央档案馆：《建党以来重要文献选编（1921—1949）》第十五册，中央文献出版社2011年版，第651页。毛泽东的这段话在收入《毛泽东选集》时作了修改，把"中国化"修改为"具体化"。

1938 年 10 月 20 日，王明作《目前抗战形势与如何坚持持久战争取最后胜利》的长篇发言，表示拥护毛泽东的意见，话题一转，他指出了"马克思主义的中国化"应注意五个方面的问题：一、首先须学习马列主义；二、不能庸俗化和牵强附会；三、不能以孔子的折衷和烦琐哲学代替唯物辩证法；四、不能以中国旧文化学说来曲解马列主义；五、不能在"民族化"的误解之下，来忽视国际经验的研究和运用。[1] 王明的"一个首先"和"四个不能"，表面看难以说错，但其针对性不言而喻，实际上是在坚持和维护所谓的纯而又纯的"正统"马列主义。在他看来，那是天经地义、金科玉律，一个字都不能动的。

毛泽东的"马克思主义的中国化"，是如何"化"的呢？

一个是，通过民族形式来实现马克思主义，赋予其普遍原理一种新鲜活泼的并为中国老百姓喜闻乐见的中国作风和中国气派。另一个是，把中国传统的优秀文化上升到马克思主义普遍原理的高度来说明和发挥，比如毛泽东把中国传统的平均大同的理想巧妙地与社会主义、共产主义对接起来，比如他对"实事求是"的解释和运用。

"'化'者，彻头彻尾彻里彻外之谓也。"[2] "化"之力，大哉！化，是消化，是进化，是融化，是深化，是教化，是变化，是文化。中国化，是用马克思主义"化解"中国的现实问题。这是学习后消化，是选择性吸收，是整合和重构。还是脱胎换骨，是将一块泥儿，捏一个你，塑一个我。忽然欢喜呵，将它来都打破。重新下水，再团，再炼，再调和，再捏一个你，再塑一个我。那其间啊那其间，我身子里有了你，你身子

1　《王明言论选辑》，人民出版社 1982 年版，第 637—638 页。
2　《毛泽东选集》第三卷，人民出版社 1991 年版，第 841 页。

里也有了我。

毛泽东的"马克思主义的中国化",是把马列经典化为流质吸收而不是作为硬块生生地吞食,是要把马克思主义与中国革命的实际结合起来,与中华民族的文化性格结合起来,实现与中国土地的紧密融合。

钱穆先生指出:"一代大师,在学术思想上有创辟,彼必具有一番济世、救世、淑世、教世心,而又高瞻远瞩,深思熟虑,能补偏救弊,推陈出新,发掘出人人心中所蕴藏所要求之一个新局面与新花样。他一面是挽风气,救风气,一面是开风气,辟风气。其发掘愈深,则影响愈广。"[1]

毛泽东的"马克思主义的中国化"自具手眼,有接引,有裁取,有扬弃,是一场对教条的革命,对生搬硬套马列原典的革命。"中国化"的过程,是文化创新的过程,也是建立文化自信的过程。"中国化"是逐渐的,逐步的,是通过一步步的实践得到验证后实现的。"中国化"到延安整风大获成功,出现历史性的收获——毛泽东思想。

"马克思主义的中国化",是中国共产党人"学会"马列主义的标识,是中国共产党人的精神世界由被动转为主动的标识。

毛泽东思想的诞生,是发生在五千年中华文化历史上的大事件!它极大地丰富和加强了中华文化体系。

中华文化的传统是儒、道、法、墨等诸子百家。后来,"儒门淡薄,收拾不住"(张方平语),其他诸子亦然,中国需要新的思想。汉朝时期,佛教西来,走中国化道路,逐渐融于中土,造成儒、佛、道三足鼎

1　滕浩:《清华老讲座》,当代世界出版社 2012 年版,第 167—168 页。

立之势。再后来，"佛也此时难救世"（苍雪大师语），儒、佛、道不足以解决近代中国面临的问题，这时候，马克思主义来到了中国。"马克思主义的中国化"是佛教中国化之后，中华文化对外来文化的第二次大规模吸收，中华文化的结构与气质为之一变，影响深远。

——毛泽东还首次提出"中国作风""中国气派"的概念。

"洋八股必须废止，空洞抽象的调头必须少唱，教条主义必须休息，而代之以新鲜活泼的、为中国老百姓所喜闻乐见的中国作风和中国气派。"[1]"中国作风""中国气派"，这是毛泽东对中共文风、作风、党风的要求，也可以理解为他为独具特色的中华文化建立的新标准。这两个词语中，包含形象的中国作风和中国气派、内容的中国作风和中国气派、形式的中国作风和中国气派、语言的中国作风和中国气派、文风的中国作风和中国气派等诸多要素。这是一个崭新的充满力量的说法，目的是以鲜明的形象自立于世界政党之林、世界民族之林。

这次全会进一步巩固了毛泽东的领导地位，党有了群众信任的领袖。在这个会议上，张闻天说："我们有克服困难的优良的条件，这说是：（甲）有一大批党的中心干部。（乙）中央的极高的威信，中央主要领导者毛泽东同志的极高威信。"彭德怀说："党有了群众信任的领袖。在我所知道的十年中，毛泽东同志基本上是正确的。"李富春说："党的组织路线之正确……最主要的是中央路线的正确，以毛泽东为首的领导。"谢觉哉说："我党朱（德）毛（泽东）领袖，都是了解中国古今实际情况，是能中国化的。"林伯渠说："毛泽东

1　《毛泽东选集》第二卷，人民出版社 1991 年版，第 534 页。

同志及其他许多同志，在全国人民中之影响……确是比别党的人强些。""这是我们党足以自豪的！"王明也表示："全党必须团结统一，我们党一定能统一团结在中央和毛泽东同志的周围（领袖的作用，譬如北辰而众星拱之）。"[1]

从此，党有了群众信任的领袖，党有了马克思主义中国化的强烈自觉，所以，"六中全会是决定中国之命运的"。

1　戴茂林、曹仲彬：《王明传》，天地出版社 2020 年版，第 283—284 页。

战胜敌人的"三大法宝"

——读《〈共产党人〉发刊词》

　　全民族抗战开始后，中国共产党运用抗日民族统一战线这个政治大平台，开始了把自己发展成为"全国性的大党"的进程。但这一进程，遭遇到国民党方面的强力打压，他们始终防共反共，并于 1939 年 1 月通过《防制异党活动办法》。与此同时，在建设一个什么样的全国性大党、怎样建设一个全国性的大党的问题上，共产党内许多同志缺乏明确认识。极端者是抹杀统一战线中不同党派和政治集团的阶级差别，否认统一战线中的独立自主原则；更多的人是认识上模糊，对中国的历史状况和社会状况不懂或懂得不多，对中国革命的理论和政策缺乏深刻的理解，对中国革命的特点和规律也缺乏认识和总结。为此，老党员和新党员都有一个"在思想上、政治上、组织上进一步巩固和进一步布尔什维克化的问题"。

　　为了引导全党适应党所处的复杂环境，1939 年 10 月，毛泽东为党内刊物《共产党人》撰写发刊词，明确提出我们要"建设一个全国范围的、广大群众性的、思想上政治上组织上完全巩固的布尔什维克化的中国共产党"。他把党的建设形象地称为"伟大的工程"。[1]

如何建设这个党？毛泽东总结了中国革命和党的建设十八年的经验，他说："党的失败和胜利，党的后退和前进，党的缩小和扩大，党的发展和巩固，都不能不联系于党同资产阶级的关系和党同武装斗争的关系。""所以，统一战线问题，武装斗争问题，党的建设问题，是我们党在中国革命中的三个基本问题。"[2] 由此明确：

十八年的经验，已使我们懂得：统一战线，武装斗争，党的建设，是中国共产党在中国革命中战胜敌人的三个法宝，三个主要的法宝。[3]

"法宝"一词，源自神话传说中降伏妖魔的宝物，以"灵验"著称。毛泽东从中国神话小说中借来这个词，创造"三大法宝"概念，为推进党的建设这项"伟大工程"提供了三大支点。

统一战线这个"法宝"，解决的是如何扩大我们的"朋友"的问题。办法是实行"新策略即广泛的统一战线"，由此"组织千千万万的民众，调动浩浩荡荡的革命军"。根据历史上中国革命的经验，毛泽东明确指出，无产阶级的政党在同资产阶级政党（尤其是大资产阶级）组成统一战线的问题上，必须实行坚决的两条战线斗争：一是反对"左"倾关门主义，在与资产阶级的统一战线中要又联合又斗争；二是反对右倾机会主义，

1　《毛泽东选集》第二卷，人民出版社 1991 年版，第 602 页。
2　《毛泽东选集》第二卷，人民出版社 1991 年版，第 605 页。
3　《毛泽东选集》第二卷，人民出版社 1991 年版，第 606 页。

不能放弃统一战线中的领导权。

武装斗争这个"法宝"，解决的是革命走什么道路的问题。毛泽东强调，"武装斗争，就是在无产阶级领导之下的农民战争"。"离开了武装斗争，离开了游击战争，就不能了解我们的政治路线，也就不能了解我们的党的建设。""在中国，离开了武装斗争，就没有无产阶级的地位，就没有人民的地位，就没有共产党的地位，就没有革命的胜利。"毛泽东提醒说："这个拿血换来的经验，全党同志都不要忘记。"[1]

党的建设这个"法宝"，是讲领导权的问题。毛泽东从党的历史上正反两方面的经验总结中，强调党要懂得中国的历史状况和社会状况，中国革命的特点和中国革命的规律，关键是善于将马克思列宁主义的理论和中国革命的实践相结合。这样党的领导机关才能掌握正确的政治路线和组织路线，"准备对付可能的突然事变，使党和革命不在可能的突然事变中遭受意外的损失"[2]。

毛泽东指出：

十八年的经验告诉我们，统一战线和武装斗争，是战胜敌人的两个基本武器。统一战线，是实行武装斗争的统一战线。而党的组织，则是掌握统一战线和武装斗争这两个武器以实行对敌冲锋陷阵的英勇战士。这就是三者的相互关系。[3]

1　《毛泽东选集》第二卷，人民出版社 1991 年版，第 609—610 页。
2　《毛泽东选集》第二卷，人民出版社 1991 年版，第 613 页。
3　《毛泽东选集》第二卷，人民出版社 1991 年版，第 613 页。

　　"法宝"只有"显灵"——战胜对手，才能称为"法宝"。

　　"党的建设"铸造了一个由特殊材料组成的马克思主义政党；"武装斗争"指明了中国革命的道路和革命的形式，因此"枪杆子显灵"[1]；"统一战线"团结了全民族最大多数人共同为人民的翻身解放而奋斗。

　　正是这"三大法宝"，使中国共产党"变成了全国性的大党"。"三大法宝"也是指导新民主主义革命走向胜利的"法宝"，是中国共产党在前进道路上战胜一切困难的"法宝"。

1　齐得平：《我管理毛泽东手稿》，中央文献出版社 2015 年版，第 125 页。

废除静止地孤立地研究马克思列宁主义的方法
——读《改造我们的学习》

  《改造我们的学习》《整顿党的作风》和《反对党八股》，是延安整风中最基本的三篇文献。

  延安整风，最初叫"整顿三风"：反对主观主义以整顿学风，反对宗派主义以整顿党风，反对党八股以整顿文风。后来精简为"整风"。"整风"是一个新词，是毛泽东的创造。

  主观主义、宗派主义和党八股的表现与危害是什么？如何整风？这些内容基本上都包含在《改造我们的学习》《整顿党的作风》和《反对党八股》这三篇文献中。

  先来看看《改造我们的学习》。

  这是毛泽东 1941 年 5 月 19 日在延安高级干部会上作的报告。

  在这篇报告中，毛泽东从改造全党的学习方法和学习制度的目的出发，简要回顾了中国共产党的发展历史。他说："中国共产党的二十年，就是马克思列宁主义的普遍真理和中国革命的具体实践日益结合的二十年。""马克思列宁主义的普遍真理一经和中国革命的具体实践相结合，就使中国革命的面目为之一新。"[1]

毛泽东批评了"不注重研究现状，不注重研究历史，不注重马克思列宁主义的应用"的坏作风，鲜明地提出"两种互相对立的"学风：一种是主观主义的，一种是马克思列宁主义的。所谓主观主义，主要是指那些"言必称希腊"，死背马列条文，抱着经典当"宗教教条""死教条"，不联系中国革命实际的作风。

毛泽东批评说："教哲学的不引导学生研究中国革命的逻辑，教经济学的不引导学生研究中国经济的特点，教政治学的不引导学生研究中国革命的策略，教军事学的不引导学生研究适合中国特点的战略和战术，诸如此类。其结果，谬种流传，误人不浅。""许多人是做研究工作的，但是他们对于研究今天的中国和昨天的中国一概无兴趣，只把兴趣放在脱离实际的空洞的'理论'研究上。许多人是做实际工作的，他们也不注意客观情况的研究，往往单凭热情，把感想当政策。这两种人都凭主观，忽视客观实际事物的存在。或作讲演，则甲乙丙丁、一二三四的一大串；或作文章，则夸夸其谈的一大篇。无实事求是之意，有哗众取宠之心。华而不实，脆而不坚。自以为是，老子天下第一。"毛泽东用一副老对子，给这些人画像："墙上芦苇，头重脚轻根底浅；山间竹笋，嘴尖皮厚腹中空。"[2]

毛泽东用激烈的言语，扫荡教条主义。那些热心背诵经典句子者，

1　《毛泽东选集》第三卷，人民出版社 1991 年版，第 795、796 页。
2　《毛泽东选集》第三卷，人民出版社 1991 年版，第 798—800 页。

迎面撞上这些句子，多有不适应的感觉。

主观主义、教条主义的代表人物是谁？毛泽东在《改造我们的学习》演讲中尽管没有点名，大家都知道，指的是从苏联背一麻袋教条回来的号称"理论家"的王明等人。周恩来在七大上说："王明是主观主义中的教条主义。"

张秀山回忆说："在整风学习开始前，王明推行的那套教条主义的教学方法，在中央党校和马列学院的影响还是很大的。讲哲学只讲辩证法的三大定律，不联系党的工作和干部的思想实际；讲政治经济学只大谈资本主义的经济规律，什么绝对剩余价值、相对剩余价值、平均利润等等。讲经济学的解释不了边区当时存在的一些特殊现象，把边区货币贬值说成是边区出现了通货膨胀，他们不了解边区出现的经济困难，完全是国民党顽固派对边区的封锁和破坏，阻碍了生产和商业的发展，从而造成市场的紧张。像这样照搬外国的经验，不联系中国革命的具体实践，不少同志学了一大堆马列主义抽象概念，而不注意或不领会其精神实质，对中国革命起不了好的作用。"[1]

女子大学的丁雪松回忆说："王明能说会道，讲起马列主义理论来滚瓜烂熟。延安一些高级干部也去听他讲马列主义理论课。他来上课时，后边常常跟着警卫员，捧着一大摞马列主义原著。讲起话来，什么甲乙丙丁、ABCD，引经据典，滔滔不绝。有时还留下一两个问题，告诉学员们，回去后查原著多少页……同学们回来一翻，果不其然，连页码都不错。

1　中共中央党史研究室第一研究部：《七大代表忆七大》上册，上海人民出版社 2006 年版，第 159 页。

我们被要求熟读马列理论原著，甚至要求整章整节地背下来。"[1]

如何改造我们的学习？如何克服主观主义？毛泽东号召中国共产党人树立"有的放矢"的态度，践行实事求是的精神。他说：

……有的放矢的态度。"的"就是中国革命，"矢"就是马克思列宁主义。我们中国共产党人所以要找这根"矢"，就是为了要射中国革命和东方革命这个"的"的……"实事"就是客观存在着的一切事物，"是"就是客观事物的内部联系，即规律性，"求"就是我们去研究。我们要从国内外、省内外、县内外、区内外的实际情况出发，从其中引出其固有的而不是臆造的规律性，即找出周围事变的内部联系，作为我们行动的向导。[2]

为了克服主观主义的学习态度，毛泽东提出三点建议：1."向全党提出系统地周密地研究周围环境的任务"；2.聚集人才，分工合作去研究"近百年的中国史"，克服无组织的状态；3.对于在职干部的教育和干部学校的教育，应确立以研究中国革命实际问题为中心，以马克思列宁主义基本原则为指导的方针，"废除静止地孤立地研究马克思列宁主义的方法"。[3]

邓力群回忆说，毛泽东作《改造我们的学习》报告那天，"我坐在会场中间，王明就坐在我的后面。这样的情形，使我意识到会议的内容

1　丁雪松：《中国第一位女大使丁雪松回忆录》，杨德华整理，江苏人民出版社2000年版，第284页。
2　《毛泽东选集》第三卷，人民出版社1991年版，第801页。
3　《毛泽东选集》第三卷，人民出版社1991年版，第802页。

可能是不寻常的"，"毛主席的报告，语言明快、辛辣，对教条主义和主观主义的批评尖锐、深刻"。[1]

胡乔木说："《改造我们的学习》的报告，实际上，这是整风学习的动员。报告尖锐批评理论脱离实际的倾向，指出'这种反科学的反马克思列宁主义的主观主义的方法，是共产党的大敌，是工人阶级的大敌，是人民的大敌，是民族的大敌，是党性不纯的一种表现。大敌当前，我们有打倒它的必要'。毛主席讲话用语之辛辣，讽刺之深刻，情绪之激动，都是许多同志在此以前从未感受过的。"[2]

王明对毛泽东的许多观点不以为然。他在传达毛泽东的《改造我们的学习》时说：不要怕人说教条，教条就教条，学他几百条，学会了，记住了，碰到实际自然会运用。如果一条都记不住，一条都不会，哪能谈得上运用？把理论运用于实际是对的，但是先有了理论才能运用，一条也没有哪儿去运用？[3]

全党性的整风此时还没有开始，党的机关报《解放日报》似乎也没有理解《改造我们的学习》的深刻意义，只在第三版右下角发了个短小的消息。直到1942年2月27日，整风运动全面铺开，《解放日报》才全文发表了这个报告。毛泽东批评说："一九四一年五月，我作《改造我们的学习》的报告，毫无影响。"

在学习传达《改造我们的学习》中，还发生过一个荒诞的故事——

据李新回忆："中央用电报发出了这篇文章，北方局和《新华日报》

1　邓力群：《邓力群自述（1915—1974）》，人民出版社2015年版，第63页。
2　胡乔木：《胡乔木回忆毛泽东》，人民出版社1994年版，第191页。
3　叶健君、王龙彪、熊廷华：《毛泽东与王明》，东方出版社2013年版，第183页。

（华北版）都收到了。其中有一句说：'无实事求是之意，有哗众取宠之心。'电码中'哗众取宠'有错（或不清楚）。献珍同志因电码不清，便回电延安要求重发，在未收到重发稿前即不往下传。《新华日报》收到电稿后，明明看不清'哗众取宠'这四个字的电码，却凭估计，臆想这四个字为'雾中取宝'。更荒唐的是他们不仅错误地发表了《改造我们的学习》这篇重要文章，而且还写了一篇类似社论的文章来加以赞颂和解释。这篇文章的题目竟然是《雾中焉能取宝？》，真是可笑极了！杨献珍一看见这篇文章就很生气，等延安重发的电稿来到，他确知'雾中取宝'是'哗众取宠'的误释之后，气愤地批评了《新华日报》的领导人：'你们把毛主席的文章弄错并发表，就已经犯了大错误，你们竟敢擅自发挥，而且是胡乱发挥，你们把毛主席和他的文章置于何地？'虽然《新华日报》的领导人（何云）连连认错，杨献珍还是气愤不已。直到1988年，杨老（献珍）已年逾九十，他还清楚地记得这件事情……"[1]

这个故事也可以折射出，"改造我们的学习"的任务何其艰巨。

1　李新：《流逝的岁月：李新回忆录》，山西人民出版社2008年版，第185—186页。

在党内发动一个启蒙运动
——读《整顿党的作风》

走近中央党校大礼堂，老远就看见礼堂大门之上"实事求是"四个大字，这是毛泽东题写的校训。

1942年，中央党校大礼堂将要竣工时，有人提议在这所建筑物的正面挂个题词。大家自然想到了博学多识的历史学家范文澜先生，请他题词。范文澜苦思冥想，怎么也想不出一句合适的话来，试着写了几条，连自己也不满意，他提议说，去找毛泽东题词。毛泽东欣然接受请求，拿来四张二尺见方的麻纸，沉思片刻，挥毫写下"实事求是"四个大字。党校的同志将毛泽东的题词刻在石头上，嵌入礼堂正门上方。

走进中央党校大礼堂，里面空空荡荡，主席台上有张破桌子，下面连个凳子也没有，听报告的人都是席地而坐，有的拿块砖头当凳子，大家把本子放在随身携带的书桌——膝盖上做笔记，比较"豪华"的书案是在膝盖上摆放一块尺把长的木板……

毛泽东就是在这个简陋的大礼堂里作《整顿学风党风文风》演讲的。

这篇演讲收入《毛泽东选集》时，更名为《整顿党的作风》。

与简陋的礼堂相比，会议的气氛却是另一番景象：

"1942 年 2 月 1 日下午，延安大砭沟礼堂一派节日气氛，'中共中央高级党校开学典礼'的大红横幅高挂在主席台上端，学员们的拉歌声此起彼伏，突然，热烈的掌声代替了歌声。毛泽东主席、任弼时总政委、邓发副校长、彭真教育长及学校的其他领导人都来到了主席台上。宣布开会后，毛泽东主席兼校长走到台前，代表党中央致词。他修长的身材穿着一件褪了色的灰布军装，长长的黑发下是一张轮廓明显、俊秀的面孔，用浓重的湖南口音说：'同志们：今天党校开学，我庆祝这个学校的成功……'致词就是有名的《整顿党的作风》一文。会场上非常肃静，我和同学们都全神贯注地听着毛泽东主席有声有色的讲话。听到精彩处引来大家一阵阵的笑声和掌声。散会时方感到有些腰酸背痛，周围的同学也不停地活动腰腿，原来大家惟恐漏记了报告内容，竟一个姿势坐了两个小时。"[1] 黄新廷几十年后还清清楚楚地记得毛泽东作《整顿党的作风》报告的情形。

"反对主观主义以整顿学风，反对宗派主义以整顿党风，反对党八股以整顿文风，这就是我们的任务。"[2] 毛泽东提出了整风的任务。在《整顿党的作风》演讲中，他重点批判了主观主义和宗派主义。

——关于主观主义。

毛泽东指出，"党内的主观主义有两种：一种是教条主义，一种是

1　中共中央党史研究室第一研究部：《七大代表忆七大》上册，上海人民出版社 2006 年版，第 229—230 页。

2　《毛泽东选集》第三卷，人民出版社 1991 年版，第 812 页。

经验主义"。两者相比较而言，党内的教条主义更为危险，这是因为"教条主义容易装出马克思主义的面孔，吓唬工农干部，把他们俘虏起来，充作自己的用人，而工农干部不易识破他们；也可以吓唬天真烂漫的青年，把他们充当俘虏"。为此，毛泽东再次提醒全党："我们的同志必须明白，我们学马克思列宁主义不是为着好看，也不是因为它有什么神秘，只是因为它是领导无产阶级革命事业走向胜利的科学。直到现在，还有不少的人，把马克思列宁主义书本上的某些个别字句看作现成的灵丹圣药，似乎只要得了它，就可以不费气力地包医百病。这是一种幼稚者的蒙昧，我们对这些人应该作启蒙运动。那些将马克思列宁主义当宗教教条看待的人，就是这种蒙昧无知的人。对于这种人，应该老实地对他说，你的教条一点什么用处也没有。"[1]

毛泽东激烈地批评那些所谓的"理论家"：

如果一个人只知背诵马克思主义的经济学或哲学，从第一章到第十章都背得烂熟了，但是完全不能应用，这样是不是就算得一个马克思主义的理论家呢？这还是不能算理论家的。[2]

毛泽东在演讲中还有一些更不客气的话：

如果只是读死书，那末，只要你识得三五千字，学会了翻字典，手中又有一个什么书，公家又给了你小米吃，你就可以摇头摆脑的读起来。

1　《毛泽东选集》第三卷，人民出版社 1991 年版，第 820 页。
2　《毛泽东选集》第三卷，人民出版社 1991 年版，第 814 页。

书是不会走路的，也可以随便把它打开或者关起，这是世界上最容易办的事情。这比大司父煮饭容易得多，比他杀猪更容易。你要捉猪，猪会跑，杀它，它会叫，一本书摆在桌子上既不会跑，又不会叫，随你怎样摆布都可以。世界上那有这样容易办的事呀！所以我劝那些只有书本知识但还没有接触实际的人，或者实际经验尚少的人，应该明白自己的缺点，将自己的态度放谦虚一点。

对于这种人，应该老实的对他说，你的教条没有什么用处，说句不客气的话，实在比屎还没有用。我们看，狗屎可以肥田，人屎可以喂狗。教条呢？既不能肥田，又不能喂狗，有什么用处呢？[1]

毛泽东用激烈的言语，扫荡教条主义。这些文字在收入新中国成立后出版的《毛泽东选集》时删掉了，大概毛泽东也觉得太尖刻了。

——关于宗派主义。

毛泽东首先肯定，"由于二十年的锻炼，现在我们党内并没有占统治地位的宗派主义了。但是宗派主义的残余是还存在的"。"宗派"一词本是佛教用语，是褒义词，开宗立派的意思。毛泽东用"宗派主义"这个词，指责那些为不正当目的而结成的小集团。"宗派"这个老词的含义被改写。

毛泽东所说的宗派主义是指，"三山五岳"各自闹独立，洋包子与土包子、外来干部与本地干部、军队干部与地方干部、老干部与新干部

1　《毛泽东选集》，东北书店 1948 年版，第 944、947 页。

不能步调一致，不能处理好党的整体利益与局部利益的关系、个人和党的关系，甚至以邻为壑的问题。毛泽东指出了"宗派主义"的表现："首先就是闹独立性"，"只看见局部利益，不看见全体利益"，"他们不知道共产党不但要民主，尤其要集中"，"闹这类独立性的人，常常跟他们的个人第一主义分不开"，"把个人放在第一位，把党放在第二位"。毛泽东讲宗派主义，还包括部队中的"山头主义"。毛泽东说："要使我们全党的步调整齐一致，为一个共同目标而奋斗，我们一定要反对个人主义和宗派主义。"[1]

毛泽东指出："我们要反对主观主义，就要宣传唯物主义，就要宣传辩证法。""我们要在党内发动一个启蒙运动，使我们同志的精神从主观主义、教条主义的蒙蔽中间解放出来，号召同志们对于主观主义、宗派主义、党八股加以抵制。""共产党员对任何事情都要问一个为什么，都要经过自己头脑的周密思考，想一想它是否合乎实际，是否真有道理，绝对不应盲从，绝对不应提倡奴隶主义。"[2]

人们很关心怎么处理教条主义。毛泽东特别强调，不能像土地革命时期宗派主义和教条主义者那样采取"残酷斗争""无情打击"的方式，应该采取"惩前毖后""治病救人"的态度。他解释说："对以前的错误一定要揭发，不讲情面，要以科学的态度来分析批判过去的坏东西，以便使后来的工作慎重些，做得好些。这就是'惩前毖后'的意思。""任何犯错误的人，只要他不讳疾忌医，不固执错误，以至于达到不可救药的地步，而是老老实实，真正愿意医治，愿意改正，我们就要欢迎他，

1　《毛泽东选集》第三卷，人民出版社 1991 年版，第 821—822 页。
2　《毛泽东选集》第三卷，人民出版社 1991 年版，第 827 页。

把他的毛病治好，使他变为一个好同志。这个工作决不是痛快一时，乱打一顿，所能奏效的。""必须采用'治病救人'的态度，才是正确有效的方法。"[1]

毛泽东信手拈来"惩前毖后""治病救人"这两个老词。"惩前毖后"典出《诗·周颂·小毖》，"治病救人"典出晋代葛洪的《神仙传》。毛泽东把"惩前毖后""治病救人"两个词拿过来，整合到一起，保有古典形式，装入新的内容，实现两个词语的脱胎换骨，可谓仁心妙手，浑然天成。从此以后，"惩前毖后""治病救人"就成为"中共词典"中最流行、最常用的词语之一。

毛泽东这篇报告，不论在理论的深度上，还是在实践的指向性上，都比《改造我们的学习》更进了一步。4月27日，《解放日报》以《整顿学风党风文风》为题全文刊登，并配发了社论，随后还组织了一批文章对其精神进行了解读。

1　《毛泽东选集》第三卷，人民出版社 1991 年版，第 827—828 页。

党八股"是要害党害国的"

——读《反对党八股》

1942年2月6日,《解放日报》编辑黎辛收到中宣部的一个会议通知,说是"研究写作问题"。黎辛有些惊讶,为什么让我一个普通编辑参加中宣部这个会议? 2月8日,他走进会场,才知道,会议由中共中央宣传部代部长凯丰主持,开的是"把文章缩短"的会议。

2月1日,毛泽东的《整顿学风党风文风》演讲,只讲了整顿主观主义和宗派主义的问题,因为时间不够,没有讲完。2月8日,毛泽东接着讲,这天演讲的主题是《反对党八股》。

"党八股"是毛泽东采取仿词法,在"八股文"一词基础上创造出来的新词,是指在理论与文字上装腔作势、空话连篇而不联系实际、不联系群众的文风和作风。

毛泽东在《反对党八股》的演讲中,首先指出反对党八股的必要性。他说:主观主义和宗派主义"拿党八股做它们的宣传工具,或表现形式","我们反对主观主义和宗派主义",必须连党八股一起清算。

毛泽东回顾了五四运动以来从反对老八股到产生"新八股"的历史过程："党八股是对于五四运动的一个反动。""'五四'时期的生动活泼的、前进的、革命的、反对封建主义的老八股、老教条的运动，后来被一些人发展到了它的反对方面，产生了新八股、新教条。它们不是生动活泼的东西，而是死硬的东西了；不是前进的东西，而是后退的东西了；不是革命的东西，而是阻碍革命的东西了。"[1]

党八股既是语言上的腐败与腐烂，也是作风上的颓废。为进一步说明问题，毛泽东具体详细地列出了党八股的"八大罪状"：

一、空话连篇，言之无物。

二、装腔作势，借以吓人。

三、无的放矢，不看对象。

四、语言无味，像个瘪三。

五、甲乙丙丁，开中药铺。

六、不负责任，到处害人。

七、流毒全党，妨害革命。

八、传播出去，祸国殃民。[2]

这"八大罪状"，前五条是表现，后三条是危害。

土地革命战争时期，教条主义者一度占据了中央的统治地位。他们习惯照搬马克思主义经典作家的词句和结论，或者照搬苏联的革命经验，来解决中国革命中的实际问题，结果往往把事情弄坏。曾任党的负责人的博古后来反思说，"碰到实际问题，不先想实际情况，而是先想马恩

1　《毛泽东选集》第三卷，人民出版社 1991 年版，第 831 页。

2　《毛泽东选集》第三卷，人民出版社 1991 年版，第 833—840 页。

列斯在什么地方怎样说过，或者在欧洲或俄国革命史上有过什么相关的情况，用过什么口号策略，并把它们原封不动地搬运到中国来"。党八股的问题不仅表现为讲话、写文章、作决议方面，而且在党的政治工作、组织工作、教育工作以及文艺创作，乃至在各部门的日常工作中都有所反映。

文风之陋，既是文章之陋，也是党风之弊。

党八股里面藏的是主观主义、宗派主义的毒物，这个毒物传播出去，是要害党害国的。[1]

申讨党八股，绝不是小题大做，不单单是一个文风的问题。在军事斗争正为激烈的时候，毛泽东关注"党八股"这样一个在许多人看来"无关紧要"的问题，并把它的危害上升到"祸国殃民""害党害国"的高度，不能不让人佩服他的深谋远虑。毛泽东要通过整顿文风，与党内流行的陈词滥调作斗争，打倒党八股这个敌人，建立起生动活泼的、接地气的、具有中国风格中国气派的新文风。

毛泽东在分析党八股的表现和危害时，还提出了一些重要论断。比如：

共产党人靠什么吃饭？"共产党不靠吓人吃饭，而是靠马克思列宁主义的真理吃饭，靠实事求是吃饭，靠科学吃饭。"[2]这里强调的是实事求是的作风。

---

1 《毛泽东选集》第三卷，人民出版社 1991 年版，第 840 页。
2 《毛泽东选集》第三卷，人民出版社 1991 年版，第 835—836 页。

怎样学习语言？"要向人民群众学习语言。人民的语汇是很丰富的，生动活泼的，表现实际生活的""要从外国语言中吸收我们所需要的成分""还要学习古人语言中有生命的东西"[1]。民间语、外来语和古汉语，是现代汉语的三大资源，毛泽东全讲到了，这是语言行家里手的经验之谈，也是纠正党八股、建立革命白话的具体举措。

怎样做到"有的放矢"？党八股的第三条罪状是"无的放矢"，怎样才算是"有的放矢"？"共产党员如果真想做宣传，就要看对象，就要想一想自己的文章、演说、谈话、写字是给什么人看、给什么人听的，否则就等于下决心不要人看，不要人听。"[2]

《反对党八股》既是一篇关于党风文风的政治论文，又是一篇地道的文化批评。参加会议的黎辛在回忆时谈到毛泽东的演讲效果："三个多小时讲了四五万字，会场活跃，掌声、笑声时起时伏。大家听到开心时，毛主席也笑。毛主席讲话常用比喻、警句、谚语、妙语、故事，增强演说的幽默气氛，他的动作表情尤富感染力。"[3]

一个叫郭仲容的国民党驻八路军的联络参谋，读了毛泽东的《反对党八股》。他说："毛先生的《反对党八股》精辟、有力、切中要害。当年我在上海，曾看到过你们所说的'教条主义者'所写的文章和文件，那里面确有不少八股式的句子，什么'普罗列塔利亚与布尔乔亚的斗争是不可避免的'，'布尔乔亚的狄克推多政治必然遭到人民的唾弃'，什么'中国社会的变革必需经过一个大的奥托哈变才能实现'……这些

1 《毛泽东选集》第三卷，人民出版社 1991 年版，第 837 页。
2 《毛泽东选集》第三卷，人民出版社 1991 年版，第 836 页。
3 《黎辛文集》第一册，河南大学出版社 2015 年版，第 239—240 页。

洋八股不但工农看不懂，就连知识分子读之也会感到头痛。"[1]这种党八股的文字不知所云，何谈赢得民心。

还有一件涉及《反对党八股》的趣事值得一说。

《反对党八股》中有这样一段话："党八股的第三条罪状是：无的放矢，不看对象。早几年，在延安城墙上，曾经看见过这样一个标语：'工人农民联合起来争取抗日胜利。'这个标语的意思并不坏，可是那工人的工字第二笔不是写的一直，而是转了两个弯子，写成了'互'字。人字呢？在右边一笔加了三撇，写成了' '字。这位同志是古代文人学士的学生是无疑的了，可是他却要写在抗日时期延安这地方的墙壁上，就有些莫名其妙了。大概他的意思也是发誓不要老百姓看，否则就很难得到解释。"[2]

那条标语是鲁迅艺术学院的钟灵刷在延安城墙上的。钟灵听到毛泽东的这段话时，如芒在背，心跳一下子加快了。会后他一个人坐在山坡上发呆，徘徊在延河边，内心纠结，更多的是委屈。毕竟他书写那条标语时，只是想来点儿花样，把美术字写得好看一些，一点也没有"发誓不要老百姓看"的意思。钟灵一时非常紧张，一颗心七上八下，生怕别人知道这个标语是他写的，害怕知情的同志揭出这个老底。如果有人追问他那样写的动机何在，实在不容易解释清楚，毕竟他才21岁。但是，钟灵很快就释然了——"整风"的目的和主攻方向，岂在于"工"字拐两弯、"人"字加三撇？！这不过是毛泽东就事说理，顺手拈来的一个例子，用来说明党的文艺和宣传工作，必须让群众看懂并且乐于接受，

1　金城：《延安交际处回忆录》，中国青年出版社1986年版，第61页。

2　《毛泽东选集》第三卷，人民出版社1991年版，第836页。

才能收到预期的效果。整风运动时而春风细雨，时而惊涛骇浪，没有一个人过问他写标语的事情。钟灵这个"古代文人学士的学生"，在滚滚的时代洪流中安然前行。

1949年9月，钟灵负责设计和书写天安门城楼毛泽东画像两侧的横幅大标语："中央人民政府万岁""中华人民共和国万岁"。他想起毛泽东《反对党八股》中批评他的话，想起标语给谁看的问题。他在书写时，采用宋体美术字，"人"字也没那三撇。标语写好后，镶在框子里，往毛泽东画像两边一挂，大方、醒目，大家都喜欢。

毛泽东与钟灵的故事还在继续。那是1951年的一天，中央办公厅的汪东兴指着钟灵对毛泽东说："主席在《反对党八股》的报告中批评的那位写标语'工'字拐两弯、'人'字加三撇的，就是钟灵。"

钟灵这时是政协筹备委员会会场布置科科长兼中南海俱乐部主任，从没敢向毛主席提起这件事。他心里埋怨汪东兴哪壶不开提哪壶，只见毛泽东哈哈笑起来，问钟灵："你现在还那样写吗？"

"主席批评过了，我哪里还敢那么写。"钟灵解释说，"不但我不敢，连写隶书的书法家都改过来了。'工'字不再拐弯，'人'字也不再加三撇了。"

毛泽东略一沉吟，说："那就不对了，隶书该怎么写还应该怎么写，狂草、小篆不是更难认嘛，书法作为艺术，还是要尊重传统的。我当初批评你，不是说你写了错别字，而是觉得你在延安城墙上写标语是在向大众作宣传，不该用这种大众难懂的字体写。"毛泽东还说："你有机会见到书法界的朋友们，替我解释一下：隶书也好，篆书也好，该怎么写还要怎么写，不必受我那篇文章的影响。当然，有时也要看对象，理解我的本意就好了。"[1]

《改造我们的学习》《整顿党的作风》和《反对党八股》，是延安整风中最基本的三篇文献，是马克思主义中国化在党的建设方面、思想路线方面的经典著作。有的论者还认为，《反对党八股》是中国"'现代白话'到'革命白话'的转折的标志"。[2]看来，毛泽东的这几篇文章，不仅是"有的放矢"，还是"一箭两垛"，后来者从中还可以悟出著作者当年没有想到的意趣，说明这是多么具有张力的著作。

"只要我们党的作风完全正派了，全国人民就会跟我们学。党外有这种不良风气的人，只要他们是善良的，就会跟我们学，改正他们的错误，这样就会影响全民族。只要我们共产党的队伍是整齐的，步调是一致的，兵是精兵，武器是好武器，那末，任何强大的敌人都是能被我们打倒的。"[3]

毛泽东要用党的好作风，培育和带动全民的好作风。延安整风，使一个庞大的群体掌握了与自己利益相关的共同语言和共同观念。为人民服务、实事求是、理论联系实际、群众路线、党性、批评和自我批评、艰苦奋斗、调查研究、有的放矢等一批崭新关键词，开始在党内扎根，入脑入心，新的世界观得以形成，马克思主义中国化的自觉意识渗入全党。中国共产党的精神气质为之一变，思想面貌为之一变，实践作风为之一变。

1　钟灵：《奋斗与机缘》，辽宁少年儿童出版社 1997 年版，第 35—36 页。
2　李洁非、杨劼：《解读延安——文学、知识分子和文化》，当代中国出版社 2010 年版，第 189 页。
3　《毛泽东选集》第三卷，人民出版社 1991 年版，第 812 页。

放下包袱，开动机器
——读《学习和时局》

延安整风的一个重要内容，是要在高级干部中澄清党的历史上的路线是非，包括怎样对待在过去的革命经历中犯教条主义、宗派主义错误的同志。

随着整风的深入，人们出现了一些疑问，甚至产生了严重争议。主要是：王明、博古等属于党内问题还是党外问题？1931年到1935年初的临时中央和中共六届五中全会是合法的还是非法的？怎样处理思想要弄清和结论要宽大的关系？对中共六大如何评价？党内的宗派是否还存在？

整风中也出现一些新的偏向。有些过去受过错误打击的干部对那些犯了"左"倾错误的干部进行过火斗争，一度造成十分紧张的气氛。

《邓力群自述》中讲到这样两件事情：

一件事是"揭发柯庆施"。有一个公务员，在大礼堂贴出来一张油印的小字报，只有一句话：柯部长是国民党特务。这件事情马上报告给了康生等人，他们就组织了与柯有关系、一起工作过的老同志，其中有王鹤寿、陈伯达等很多人，调查了解情况，愈了解就愈感到问题严重。有一天，在杨家岭大礼堂开会，开什么会，大家一点不知道。开会时，忽然有人说：让柯部长上台做反省。柯庆施事先也没有准备，当然他也就说不清楚。结果这个人揭一段，那个人揭一段，陈伯达也上台去揭发了。这样，大家都觉得柯庆施这个人很可疑，非是坏人不可了。当时，全场都喊口号：柯庆施，要坦白、要交待。柯庆施无法交待，会场也弄僵了。参加会议的邓力群说："这个会真是令人震动啊！资格这么老的干部——他是中共党内活着的人中间唯一见过列宁的人，都成了特务，那问题还不严重啊！"

一件事是"揭发王明"。在一次会议上，怀疑王明叛变了，成了国民党的内奸。也不知道是事先组织的还是自发的，就要王明的爱人孟庆树坦白交待。一下子把孟庆树带到台上去。大家先是喊口号，然后这个人上去发言、那个人也上去发言。孟庆树穿着毛衣，大声说：同志们啊，我可以把我的心掏出来交给你们，我没有问题啊。邓力群说："毛主席参加了这个会。会后，我们听说毛主席讲：这个会继续开下去，就非炸了不可。"[1]

毛泽东意识到，如果这些问题处理不好，党还会重复过去犯过的错误，党内也不可能实现真正的团结与统一。他提出审干"九条方针"，防止审干中的过火行为。

1944年2月24日，中央书记处专门开会，讨论党的历史问题等，

1　邓力群：《邓力群自述（1915—1974）》，人民出版社2015年版，第70—71页。

回答党内争议。3月5日，毛泽东在政治局会议上谈了书记处会议讨论后的意见，明确地指出：一、党内党外问题。在去年党的路线学习中，有部分同志对王明、博古同志怀疑是党外问题，现在确定是党内问题。二、合法与非法问题。过去有同志认为临时中央和五中全会是非法的。现在查到临时中央共产国际来电批准过，五中全会也经过国际批准，所以是合法的，但选举手续不完备。四中全会在形式上是合法的，但政治内容是不好的。三、思想弄清与结论宽大问题。自整风以来，我们的方针就是"治病救人"。我们要强调产生错误的社会原因，不要强调个人问题。因此，组织结论可以宽大些。现在要宣传解释这个方针，使同志们了解实行这个方针的必要。这样对党才有利。四、不要反对一切。对四中全会至遵义会议这一段历史，也不要一切否定。当时我和博古在一起工作，有共同点，都要打蒋介石，分歧点就是如何打蒋介石，就是策略上的分歧。如果把过去一切都否认，就是一种偏向。五、对六大的估计。六大基本上是正确的。六、党内的宗派是否还有？经过几次分化是没有了。现在比较严重的是山头主义。

毛泽东的这些意见得到政治局会议的赞同和批准。

4月12日和5月20日，毛泽东先后在中共中央西北局高级干部会议和中央党校作学习和时局问题的报告，进一步阐述了经政治局通过的这些意见。这就是收入《毛泽东选集》的《学习和时局》。

《学习和时局》第一部分，传达了3月5日对党史几个重要问题所作的结论。毛泽东说："这次处理历史问题，不应着重于一些个别同志的责任方面，而应着重于当时环境的分析，当时错误的内容，当时错误的社会根源、历史根源和思想根源，实行惩前毖后、治病救人的方针，借以达到既要弄清思想又要团结同志这样两个目的。""对于任何问题应取分析态度，不要否定一切。""我们许多同志缺乏分析的头脑，对于复杂事物，不愿作反复深入的分析研究，而爱作绝对肯定或绝对否定的简单结论。我们报纸上分析文章的缺乏，党内分析习惯的还没有完全养成，都表示这个毛病的存在。今后应该改善这种状况。"[1]

《学习和时局》第二部分中，毛泽东还总结了最近几年的工作，他说："整顿三风和发展生产这样两项工作，发生了根本性质的效果，使我党在思想基础和物质基础两方面，立于不败之地。"[2]

《学习和时局》的第三个部分，着重谈"放下包袱、开动机器"的问题，给犯过错误的同志卸"包袱"，以使革命同志轻装前进。

"放下包袱"这个词产生于使用"包袱"的时代。那时候，革命者的家当大都是一个包袱，睡觉休息时，常常不脱衣服，头枕小包袱，随便一躺就睡下了，一有敌情，立即起来参加战斗。刚到延安时，毛泽东每天入睡，不是把棉袄卷起来枕着，就是拿几本书垫在包袱下面当枕头。干部调动，说走就走，一个马褡袋子把全部家当都装走了，或是一个包袱往马背上一搭就出发了。毛泽东把物质上的包袱挪用过来，形容一个人思想上的负担。他说："所谓放下包袱，就是说，我们精神上的许多负担应该加以解除。"[3]

毛泽东列举了革命同志身上的种种"包袱"：

犯过错误，可以使人觉得自己反正是犯了错误的，从此萎靡不振；

1　《毛泽东选集》第三卷，人民出版社 1991 年版，第 938—939 页。

2　《毛泽东选集》第三卷，人民出版社 1991 年版，第 943 页。

3　《毛泽东选集》第三卷，人民出版社 1991 年版，第 947 页。

未犯错误，也可以使人觉得自己是未犯过错误的，从此骄傲起来。

工作无成绩，可以使人悲观丧气；工作有成绩，又可以使人趾高气扬。

斗争历史短的，可以因其短而不负责任；斗争历史长的，可以因其长而自以为是。

工农分子，可以自己的光荣出身傲视知识分子；知识分子，又可以自己有某些知识傲视工农分子。

各种业务专长，都可以成为高傲自大轻视旁人的资本。

甚至年龄也可以成为骄傲的工具，青年人可以因为自己聪明能干而看不起老年人，老年人又可以因为自己富有经验而看不起青年人。

毛泽东说："对于诸如此类的东西，如果没有自觉性，那它们就会成为负担或包袱。有些同志高高在上，脱离群众，屡犯错误，背上了这类包袱是一个重要的原因。所以，检查自己背上的包袱，把它放下来，使自己的精神获得解放。"[1]

毛泽东还特别提到农民起义领袖李自成，让全党引以为戒。

1944 年，为纪念明朝末年李自成领导的农民起义进入北京推翻明王朝 300 周年，郭沫若在重庆《新华日报》上发表了历史论文《甲申三百年祭》。这篇文章总结了李自成领导的农民起义从胜利走向失败的历史教训，指出农民起义的一些将领因为胜利而骄傲起来，进北京后生活腐化，进行宗派斗争，最终导致失败。毛泽东非常赞赏这篇文章，认为它的内容对已经取得很大胜利的中国共产党有着特殊的意义。他指示

1　《毛泽东选集》第三卷，人民出版社 1991 年版，第 947 页。

《解放日报》全文转载，并把它当作整风学习的重要文件。他在《学习和时局》的报告中谈道："我党历史上曾经有过几次表现了大的骄傲，都是吃了亏的。"他回顾了几次骄傲带来的教训，要求"全党同志对于这几次骄傲，几次错误，都要引为鉴戒。近日我们印了郭沫若论李自成的文章，也是叫同志们引为鉴戒，不要重犯胜利时骄傲的错误"。[1]

"放下包袱"是毛泽东创造的新词，"开动机器"也是他的发明。

毛泽东说："所谓开动机器，就是说，要善于使用思想器官。"他用"开动机器"这个工业时代的词语，引导革命者运用思想器官去思索，多想苦想，"学会分析事物的方法，养成分析的习惯"[2]，从而去掉盲目性。

亲历延安整风的邓力群说："有了《学习和时局》的讲话，这样整风就告一段落了。""没有《学习和时局》等讲话，要想顶住新干部和老干部形成的两股斗争潮流，很困难。如果不使大家在认识和行动上有所转变，延安整风非走向反面不可，局势恐怕会不可收拾的。"[3] 这段话说出了《学习和时局》的重要性。

《学习和时局》是毛泽东思想成熟时期的代表作，对于正确地解决党的历史问题，正确地处理党内矛盾，彻底改变土地革命战争时期党内斗争那一套错误做法，起到了重要的作用。

聆听毛泽东这个讲话的薄一波回忆说：毛泽东"号召全党'放下包袱'，'开动机器'，使我很受启迪。……听了《学习和时局》的讲演以后，根据毛主席提出的干部要放下包袱、开动脑筋的倡议，我曾经写

1　《毛泽东选集》第三卷，人民出版社 1991 年版，第 947、948 页。

2　《毛泽东选集》第三卷，人民出版社 1991 年版，第 948—949 页。

3　邓力群：《邓力群自述（1915—1974）》，人民出版社 2015 年版，第 71、73 页。

了一份材料，总结了我参加革命以来的经历，检讨了工作中的缺点和错误，表示决心改正"[1]。

在全党团结、思想统一的气氛下，中共中央起草并通过了《关于若干历史问题的决议》。决议对 24 年的党史第一次全面总结，这是党的建设的一个创举。它表明，中国共产党对自身历史有了统一的认识。有了统一的认识，才有步调一致的行动。决议通过后的第三天，影响深远的中共七大召开。《关于若干历史问题的决议》作为"附录"收入《毛泽东选集》第三卷，放在《学习和时局》这一篇之后。

1　薄一波：《七十年奋斗与思考》上卷，中共党史出版社 1996 年版，第 366 页。

党委书记要善于当"班长"

——读《关于健全党委制》《党委会的工作方法》

　　毛泽东这两篇文章，是即将夺取全国政权、即将走向北京、即将走上全国执政舞台时，为各级党委立的规矩。

　　1948 年 9 月，中共中央在河北西柏坡召开政治局扩大会议，正式提出从根本上打倒国民党反动统治的伟大战略任务，史称"九月会议"。这次会议，通过《关于各中央局、分局、军区、军委分会及前委会向中央请示报告制度的决议》；着眼于扩大和建立党内正常的民主生活，通过了《中共中央关于召开党的各级代表大会和代表会议的决议》，这个决议的最后一段，提出健全党委制的基本要求。

　　为了让全党明白如何健全党委制，"九月会议"结束后，毛泽东在 9 月 20 日专门撰写了中共中央《关于健全党委制》的决定，正式发往全党全军。这是中国共产党在走向执政党的重大关头，党内进行"规矩制度"教育和建设的浓重一笔。

　　"党委制"早在 1927 年秋收起义后就在部队设立。1929 年古田会议上，阐明了党对军队领导的原则，为实行党委制奠定了最坚实基础。后来因"左"的错误影响，党委制一度受到干扰。抗战时期，党委制在党政军中有不同程度的实现、恢复和发展。直到 1945 年，中国共产党第七次全国代表大会才正式通过决议，要求在军队中重新建立党的各级委员会。随后，1947 年 7 月，中央再次草拟了《中国人民解放军党委员会条例（初稿）》，营以上单位全部恢复了党委制。

党委制怎样实行？如何开好党委会？如何处理集体领导和个人负责的关系？党委制中的诸多具体问题，缺乏明确规定和制度规范。加上游击战争的特殊环境，各根据地和游击区一直处于被分割和独立活动状态，分散主义、无组织、无政府状态等倾向不同程度地存在于许多地区的党组织中。党委制在许多单位落实得不那么好，个人决定重大问题的现象更是普遍存在，往往是谁官大谁说了算、谁资格老谁说了算，个人包办和个人解决重大问题的习气十分浓厚，致使党委委员形同虚设，损害了党的集体领导。

毛泽东重视"健全党委制"，针对的就是上述情况。

《关于健全党委制》一开篇就说："党委制是保证集体领导、防止个人包办的党的重要制度。"[1]

"集体领导"是党的最高领导原则之一。但是，由于建党初期党员人数较少、领导机构和人员不健全等，一直到 1927 年中共五大上，才第一次提出"中央应该强毅地实行集体的领导，从中央、省委以至支部"，由此党的集体领导制度才算明确。但此后通过的历次党章、决议以及文

1　《毛泽东选集》第四卷，人民出版社 1991 年版，第 1340 页。

件中，都没有明确规定过党内实行集体领导的范围和方法，这就使"集体领导"在实际工作中带有很大的随意性，很大的自由裁量空间。为此，毛泽东第一次明确提出：

今后从中央局至地委，从前委至旅委以及军区（军分会或领导小组）、政府党组、民众团体党组、通讯社和报社党组，都必须建立健全的党委会议制度，……地委、旅委以下的党委亦应如此。高级领导机关的部（例如宣传部、组织部）、委（例如工委、妇委、青委）、校（例如党校）、室（例如研究室），亦应有领导分子的集体会议。[1]

这段话，从领导机关以及工作机构方面，明确规定了党委实行集体领导的具体范围，以避免实践中的随意性和自由裁量。

在《关于健全党委制》中，毛泽东比较详细地提出完善党委会议制度的具体要求：

一是，"一切重要问题（当然不是无关重要的小问题或者已经会议讨论解决只待执行的问题）均须交委员会讨论"。

二是，为防止会议决定流于形式或不能作出决定，在会前必须充分作好准备。即关于会议所要讨论的一切重大问题，会前应事先通知会议参加者。"在会议之前，对于复杂的和有分歧意见的重要问题，又须有个人商谈，使委员们有思想准备，以免会议决定流于形式或不能做出决定。"

---

1 《毛泽东选集》第四卷，人民出版社 1991 年版，第 1340—1341 页。

三是，"由到会委员充分发表意见，做出明确决定，然后分别执行"。即在会议召开期间，要注意发扬民主，容许不同意见的争论。在到会委员们经过深入讨论，充分发表意见，取得思想上的一致后，再作出明确的决定。

四是，少开长会、不频繁开会。"每次会议时间不可太长，会议次数不可太频繁，不可沉溺于细小问题的讨论，以免妨碍工作"。

五是，明确规定了党委会的领导体制，防止权力过分集中于常委会。毛泽东提醒："委员会又须分别为常委会和全体会两种，不可混在一起。"

民主集中制是党的根本组织原则，集体领导是民主集中制的具体体现。没有集体领导，就很难作出科学正确的决策。然而，集体领导如果不和个人负责相结合，那么，作出的决定就难以付诸实施。因此，毛泽东在《关于健全党委制》中要求全党"须注意，集体领导和个人负责，二者不可偏废"。重大问题由党委领导集体讨论决定，分工负责。但日常的琐碎小事则应由分管的委员负责处理，而绝不可事无巨细，全部搬到党委会议上来。同时，凡属于个人分工负责范围内的事情，除极其重大问题需提请党委集体讨论外，对于具体问题个人应积极大胆地负责处理，唯如此，才能做到事事有人管，人人有专责，避免遇事相互推诿、相互扯皮，才能将集体作出的决议有效地贯彻落实，最终保证党委制的真正落实。由于当时仍处于战争环境，所以毛泽东着重强调指出："军队在作战时和情况需要时，首长有临机处置之权。"[1]

邓小平1956年9月16日在中国共产党第八次全国代表大会的《关

1　《毛泽东选集》第四卷，人民出版社1991年版，第1340—1341页。

于修改党的章程的报告》中说："中央在一九四八年九月关于健全党委制的决定，对于加强党的集体领导，尤其起了重大的作用。……这个决定在全党实行了，并且直到现在仍然保持着它的效力。……这个决定的重要意义，在于它总结了党内认真实行集体领导的成功的经验，促使那些把集体领导变为有名无实的组织纠正自己的错误，并且扩大了实行集体领导的范围。"[1]

可以说，《关于健全党委制》解决了三个问题：一是党委必须建立开会制度，二是必须建立党委会决策制度，三是集体领导必须形成制度。

毛泽东关于党委制的思考还在继续，于是，就有了《关于健全党委制》的姊妹篇——《党委会的工作方法》。

这篇文章是毛泽东 1949 年 3 月在党的七届二中全会上所作的结论的一部分，全面系统诠释了党委会科学的领导艺术与工作方法，是健全党委制思想的具体化。

"我们的任务是过河，但是没有桥或没有船就不能过。不解决桥或船的问题，过河就是一句空话。不解决方法问题，任务也只是瞎说一顿。"[2]《党委会的工作方法》提出了党委会的方法问题：第一，党委会怎样开；第二，党委会怎样决策；第三，党委会怎样实现集体领导。

毛泽东强调："领导工作不仅要决定方针政策，还要制定正确的工作方法。有了正确的方针政策，如果在工作方法上疏忽了，还是要发生问题。"[3]

1　《邓小平文选》第一卷，人民出版社 1994 年版，第 229—230 页。
2　《毛泽东选集》第一卷，人民出版社 1991 年版，第 139 页。
3　《毛泽东选集》第四卷，人民出版社 1991 年版，第 1440 页。

《党委会的工作方法》共 12 条，条条具体实在，可操作性极强——

第一，"党委书记要善于当'班长'"。毛泽东把党委会比作一个班，把书记比作"班长"，要求书记像班长一样把"一班人"带好。毛泽东说："如果这'一班人'动作不整齐，就休想带领千百万人去作战，去建设。"这让人联想到毛泽东在党的七大会议上说的话："要知道，一个队伍经常是不大整齐的，所以就要常常喊看齐，向左看齐，向右看齐，向中看齐。我们要向中央基准看齐，向大会基准看齐。看齐是原则，有偏差是实际生活，有了偏差，就喊看齐。"[1]

"班长""一班人""看齐"，毛泽东把一个个军事用语挪用于政治领域，一组寻常的军事词语获得思想加冕。从这以后，"班长"这个词在中国共产党的词典里就多了一个义项：统领班子的人。后来，这几个词就约定俗成了，"一班人"指党委委员或支部委员，"班长"特指党委书记或支部书记。

第二，"要把问题摆到桌面上来"。这是针对"有问题不摆到桌面上来"的现象而提出的。实践证明，有问题放在会议上说，而不是背后议论，可以减少自由主义，增加班子团结。

第三，"互通情报"。提倡委员之间交流情况，取得共识，形成共同语言，防止像老子说的"鸡犬之声相闻，老死不相往来"。

第四，"不懂得和不了解的东西要问下级，不要轻易表示赞成或反对"。领导干部要先做学生，然后再做先生。防止拍脑袋决策。

第五，"学会'弹钢琴'"。毛泽东说："弹钢琴要十个指头都动作，

1　中共中央文献研究室：《毛泽东在七大的报告和讲话集》，中央文献出版社 1995 年版，第 13 页。

不能有的动，有的不动。但是，十个指头同时都按下去，那也不成调子。要产生好的音乐，十个指头的动作要有节奏，要互相配合。党委要抓紧中心工作，又要围绕中心工作而同时开展其他方面的工作。我们现在管的方面很多，各地、各军、各部门的工作，都要照顾到，不能只注意一部分问题而把别的丢掉。"毛泽东说的"弹钢琴"，是一种思想方法和工作方法。"弹钢琴"的反面是"乱弹琴"，不会"弹钢琴"的人容易"乱弹琴"。

第六，"要'抓紧'"。毛泽东在这里说了一句名言："抓而不紧，等于不抓。"他在这里强调"抓紧"，具有很强的针对性。

第七，"胸中有'数'"。毛泽东强调分析情况和问题，要有基本的数量的分析，要靠数字说话，防止胸中无"数"。

第八，"安民告示"。开会要事先通知，让每个与会人员知道会议的议题，要讨论什么问题，要解决什么问题，并且早做准备。

第九，"精兵简政"。这个词始于延安。1941年11月，陕甘宁边区第二届参议会召开，民主人士李鼎铭针对老百姓少、公家人多，生产者少、消耗者多的问题，提出精兵简政提案。"精兵简政"为党虚心采纳，为毛泽东在《为人民服务》一文中所赞扬。精兵简政是克服"鱼多水少"，防止官僚主义、有利于民生的大计大略。毛泽东在这里借用"精兵简政"这个词，要求"讲话、演说、写文章和写决议案，都应当简明扼要。会议也不要开得太长"。

第十，"注意团结那些和自己意见不同的同志一道工作"。讲团结，在实际工作中更难、更见水平的是团结跟自己意见不一致的同志。这一点是毛泽东的经验之谈，也是"一班人"在团结问题上最常遇见的问题。

第十一，"力戒骄傲"。一骄傲，就容易犯错误，领导骄傲更可能犯大错误。这一条说得很具体："禁止给党的领导者祝寿，禁止用党的领导者的名字作地名、街名和企业的名字，保持艰苦奋斗作风，制止歌功颂德现象。"后来毛泽东还有一句名言："虚心使人进步，骄傲使人落后。"

第十二，"划清两种界限"。首先，是革命还是反革命？这是毛泽东从《中国社会各阶级的分析》就开始关注的问题；其次，在革命的队伍中，要划清正确和错误的界限，这一思想后来发展为"正确处理人民内部矛盾"。[1]

这 12 则方法，非常通俗，方便操作运用。由此建立起党委制在具体工作中的机制，避免了党委制流于空泛的局面。

1　《毛泽东选集》第四卷，人民出版社 1991 年版，第 1440—1444 页。

毛泽东关于党的建设的思想十分丰富。在无产阶级人数很少而战斗力很强，农民和其他小资产阶级占人口绝大多数的国家，建设一个具有广大群众性的、马克思主义的无产阶级政党，是极其艰巨的任务。毛泽东的建党学说成功地解决了这个问题。

　　毛泽东建党学说的基本内容包括——

　　党的性质：中国共产党是无产阶级的先锋队，同时又是最彻底的中华民族解放的先锋队。

　　党的建设的重要原则：着重于从思想上建设党，把思想教育和思想领导放在第一位；党的建设要密切联系党的政治路线；注重组织上建党，按照德才兼备的标准和任人唯贤的路线建设党的干部队伍。

　　党的宗旨：全心全意为人民服务。

　　党的工作路线：从群众中来，到群众中去。

　　党的根本制度：民主集中制。

　　党的三大作风：理论与实践相结合，密切联系群众，批评与自我批评。

　　处理党内矛盾的方针：既弄清思想又团结同志，惩前毖后、治病救人，等等。

　　毛泽东建党学说是马克思列宁主义党的建设基本原理同中国共产党党的建设具体实际相结合的产物，反映了中国共产党自身建设的规律。

CHAPTER 7

第七章

共产党人
靠实事求是吃饭

关于实事求是的论述

《共产党宣言》第一句说："一个幽灵，共产主义的幽灵，在欧洲游荡。"这个"幽灵"之所以在中国大地上呈现出勃勃生机，得益于以毛泽东为代表的中国共产党人赋予这个"幽灵"以"灵魂"，这个"灵魂"就是实事求是、群众路线、独立自主。[1]

　　中国共产党之所以不同于其他政党，中国共产党之所以能，中国共产党领导的事业之所以不断取得成功，说到底，端赖这三个"活的灵魂"。要体会把握毛泽东思想的精髓，除了了解这个思想体系的基本内容，最关键的，还必须从这三个"活的灵魂"入手。

　　毛泽东在《中国共产党在民族战争中的地位》一文中第一次使用了"实事求是"这个概念。"实事求是"本来是句古语，最早见于《汉书·河间献王传》。毛泽东针对一些党员干部唯上、唯书、"言必称希腊"的作风，把"实事求是"这个老词拿过来，旧瓶装新酒，进行理论提升，注入新的精气神，从而创造性地把中国传统哲学中的"实事求是"与马克思主义的辩证唯物论结合起来，树立老实态度，老老实实办事，解决中国革命遇到的问题。

　　毛泽东提出"实事求是"思想路线，引发了一场罕见的哲学革命。谁能想到，就是这四个字，在中国产生了深远的影响。

1　《关于建国以来党的若干历史问题的决议》把实事求是、群众路线、独立自主称为毛泽东思想活的灵魂。

没有调查，没有发言权

——读《寻乌调查》和《反对本本主义》

古田会议后，红四军迅速发展壮大。1930 年 5 月，红四军攻克寻乌县城，在这里停留了一个月。这样长时间地停留在一个县城，在红四军以往的战斗历程中是比较少见的。利用这段难得的时间，毛泽东开展了一次深入的社会调查，史称"寻乌调查"。

毛泽东重视社会调查。他说："我过去做过湘潭、湘乡、衡山、醴陵、长沙、永新、宁冈七个有系统的调查，湖南那五个是大革命时代（一九二七年一月）做的，永新、宁冈两个是井冈山时代（一九二七年十一月）做的。湖南五个放在我的爱人杨开慧手里，她被杀了，这五个调查大概是损失了。永新、宁冈两个，一九二九年一月红军离开井冈山时放在山上的一个朋友手里，蒋桂会攻井冈山时也损失了。"[1]

寻乌调查的文本，幸存下来了。

毛泽东为什么"心血来潮"搞这个调查？

---

[1] 《毛泽东农村调查文集》，人民出版社 1982 年版，第 41 页。

374

当时，毛泽东在农村开展土地革命，正处于艰苦的探索之中。而这种探索，还受到共产国际的指示的影响，受到一些党内领导人的批评。毛泽东希望通过田野调查，研究中国社会特点，寻找中国革命方案，而不是从"本本"出发，亦步亦趋，照搬照抄俄国革命的路子。

毛泽东感到，红四军开辟赣南、闽西根据地后，斗争环境发生变化后，缺乏对城市状况和工商业问题的全面了解，已经影响到革命的深入开展。他说："斗争的发展使我们离开山头跑向平地了，我们的身子早已下山了，但是我们的思想依然还在山上。"[1] 为了制定好中共在土地革命中工商业和城市贫农的政策，他沉下身子，着手寻乌调查。

毛泽东寻乌调查的重点是当地的商业状况和富农问题，这是他此前没有全面了解的两个问题。寻乌县位于闽、粤、赣三省交界处，是江西赣州和广东东江地区商品流通的中转站。解剖这个县，既可以掌握这个地区的工商业状况，又能够基本了解三省交界各县的情况。

在县委书记古柏的协助下，毛泽东主持召开了十多天的调查会。参加会议的是熟悉了解当地社会经济情况的各阶层、各行业的人员，包括当过小学教师的县苏维埃主席，当过县商会会长的杂货店老板，铁匠出身在军阀部队当过排长的县苏维埃委员，小地主出身并且开过赌场的区苏维埃委员，在旧县衙做过钱粮兼征柜办事员的乡苏维埃主席……各色人等，共有 11 人。

为了搞好调查，毛泽东拟订了调查提纲：寻乌的政治区划、寻乌的交通、寻乌的商业、寻乌的旧有土地关系、寻乌的土地斗争等，每个大

1　《毛泽东选集》第一卷，人民出版社 1991 年版，第 114 页。

目之下又有几个乃至十几个细目。如在"寻乌的商业"一项中列出 8 个问题：门岭到梅县的生意；安远到梅县的生意；梅县到门岭的生意；梅县到安远、信丰的生意；惠州来货；寻乌的出口货；寻乌的重要市场；寻乌城。

在"寻乌城"之下，又林林总总列出 25 个问题，什么"杂货""水货""油""盐""屠坊""理发""打洋铁""打首饰""修钟表"，还有"娼妓""同善社"等。

了解情况细致到何等程度，由此可见一斑。

毛泽东是观察和描绘社会现象的高手。调查中，他选择好各个方面的代表人物，一边提问，一边记录；调查会的间隙，还深入田间、作坊和商店，通过登门访问、直接观察等办法，对寻乌县城的商业进行近距离的、直观的调查，共调查了 47 家商店和 94 家手工业店铺，了解了这些店铺经营商品的来源、种类、销售额和竞争情况，以及它们的盛衰史。

以"理发"为例。毛泽东了解到全寻乌城共有 8 处理发店，知道了各个时期每家理发店不同的工具、设备和时兴的不同发型：民国元年一律剃"和尚头"，民国二年开始兴"东洋装"，民国六、七年后时兴"平头装""陆军装"，民国十五、十六年后又兴起了"文装""花旗装"和"圆头装"……毛泽东详细地询问了理发匠的社会地位和经济地位，知道了社会上将剃头工视为"下九流"。"下九流"是对"上九流"而言。下九流是：一削（削脚趾），二拍（拍背），三吹（吹鼓手），四打（打烟铳），五采茶（男女合唱采茶戏），六唱戏，七差人，八剃头，九娼妓。上九流是：一流举子二流医，三流问卜四堪舆，五流丹青六流匠，七僧八道九琴棋。[1]

毛泽东调查所得的内容，不仅全面、细致，而且生动有趣。比如说到"土地斗争中的妇女"，毛泽东了解到：土地革命前，寻乌妇女地位低下，是男子经济的附属品，没有政治地位，没有人身自由。革命了，女子的觉悟和地位提高，不甘封建束缚，要求婚姻自由，提出离婚的日多。"十个离婚案子，女子提出来的占九个，男子提出来的不过一个……其中一小部分男子就消极起来了。'革命革割革绝，老婆都革掉了！'这就是他们无力禁阻离婚表示叹息的话。""城郊一乡跑了十几个妇人，她们的老公跑到乡苏维埃去哭诉。乡苏维埃在老公们的迫切要求之下出了一张告示，上面说道：'一般青年男女，误解自由，黑夜逃跑，纷纷找爱。原配未弃，新爱复来。似此养成，似驴非驴，似马非马，偷偷摸摸，不伦不类……。'这篇告示，明显地描画了成年老公们的呼声。"[2]惟妙惟肖，读来令人哑然失笑。

调查会整整进行了十几天。白天开，晚上也开。有时，毛泽东还带着前委机关的同志和警卫战士到田头，一边劳动，一边向农民调查。早晚散步，遇到行人，也聊上几句。调查研究就要结束时，毛泽东又开了一个总结调查会，请了四五十个人到场。他将自己认为还不够清楚或把握不准的地方，一一提出，请大家回答核实。

古柏是最忙的了。他要请人开会，准备会场；开会时要帮着作"翻译"（毛泽东是湖南人，往往听不懂寻乌的客家方言），还要补充情况，又要作记录。这一切都弄得井井有条，妥妥帖帖。毛泽东对他很是满意。

1　《毛泽东农村调查文集》，人民出版社1982年版，第87—89页。
2　《毛泽东农村调查文集》，人民出版社1982年版，第178、180页。

　　毛泽东在调查研究中也没有忘记遵守群众纪律。毛泽东的儿媳邵华在《我爱红辣椒》一文中披露了一则寻乌调查时的故事——

　　毛泽东在江西寻乌调查期间，警卫员发现一家老表的窗前晒了几串红辣椒。警卫员敲开了老表的家门。红军来了之后，老表的日子过得比辣椒还红火，他一听警卫员说毛泽东爱吃辣椒，二话没说，伸手摘下一串送给警卫员。警卫员高兴极了，提起辣椒就往回跑。于是，毛泽东那天的餐桌上多了一碗红辣椒。毛泽东并没有为眼前出现这一碗他最喜欢吃的红辣椒而高兴，因为它"来路不明"。当毛泽东得知是警卫员从老表那里要来的，问道："你参加红军以后，连长给你讲过'三大纪律八项注意'没有？"警卫员是刚参军的小同志，不知道什么"三大纪律八项注意"，毛泽东便耐心地向他解释，并让警卫员告诉连长，叫司务长给老表送去辣椒钱。

　　毛泽东将这次调查的情况整理成文，即《寻乌调查》，共五章三十九节，八万多字。

　　这个调查像一部方志，对寻乌县的地理环境、交通、经济、政治、各阶级的历史和现状等，进行了全面而详细的考察分析，尤其调查了城镇的商业和手工业状况及其历史发展过程和特点。生动翔实的调查，绘声绘色的描述，宛如一幅革命白话文本的《清明上河图》。

　　经过寻乌调查，毛泽东懂得了城市商业状况，掌握了分配土地的各种情况，为制定正确对待城市贫民的工商业政策，为确定"抽多补少、抽肥补瘦"等土地分配原则，提供了可靠的依据，为维护群众利益、深入开展土地革命奠定了扎实基础。

　　毛泽东后来说："我作了寻乌调查，才弄清了富农与地主的问题，提出解决富农问题的办法，不仅要抽多补少，而且要抽肥补瘦，这样才能使富农、中农、贫农、雇农都过活下去。假若对地主一点土地也不分，叫他们去喝西北风，对富农也只给一些坏田，使他们半饥半饱，逼得富农造反，贫农、雇农一定陷于孤立。当时有人骂我是富农路线，我看在当时只有我这办法是正确的。"

毛泽东也有不满意的地方，他说："这个调查有个大缺点，就是没有分析中农、雇农与流氓。还有在'旧有土地分配'上面，没有把富农、中农、贫农的土地分开来讲。"[1]

新中国成立后，毛泽东主持编辑《毛泽东选集》。苏联哲学家尤金特别欣赏毛泽东的《农村调查》，认为材料丰富。他提议将此调查编进《毛泽东选集》，这个意见没有得到毛泽东的采纳。

毛泽东在写《寻乌调查》的同一个月，还写出了他的另一篇名作《调查工作》。

《寻乌调查》是调查报告，《调查工作》是关于调查研究的理论总结。《寻乌调查》是调查的实操案例，《调查工作》是调查研究的操作说明书。

"没有调查，没有发言权。"

迎面一喝，劈面而来。《调查工作》上来就是这样一句。

"你对于某个问题没有调查，就停止你对于某个问题的发言权。"

"中国革命斗争的胜利要靠中国同志了解中国情况。"

"调查就像'十月怀胎'，解决问题就像'一朝分娩'。"

"盲目地表面上完全无异议地执行上级的指示，这不是真正在执行

1　《毛泽东农村调查文集》，人民出版社 1982 年版，第 22、42—43 页。

上级的指示，这是反对上级指示或者对上级指示怠工的最妙方法。"

"马克思主义的'本本'是要学习的，但是必须同我国的实际情况相结合。我们需要'本本'，但是一定要纠正脱离实际情况的本本主义。"[1]

文章中的许多警句，令人印象深刻。

1931年4月，毛泽东起草的《总政治部关于调查人口和土地状况的通知》进一步完善了提法："我们的口号是：一，不做调查没有发言权。二，不做正确的调查同样没有发言权。"这个口号和它代表的思想路线及工作方法当时仍然没有为党的中央所接受。在1931年11月召开的中央苏区党组织的第一次代表大会（即赣南会议）上，毛泽东反对本本主义的主张，"没有调查，没有发言权"的口号，以及毛泽东在红军和苏区土地革命中制定和执行的许多正确政策，当时党内的一些同志对此没有深刻认识，甚至批评毛泽东，指责他的反对本本主义主张是"狭隘的经验论"。[2]

可惜的是，《调查工作》这篇文章在战争年代丢失了。毛泽东在选编《毛泽东选集》时，怎么也找不到这篇文章。

可喜的是，这篇文章丢失30年后又找到了。

1959年，中国革命博物馆建馆，到各地收集革命文物。他们在福建龙岩地委收集到《调查工作》的石印本，拿回来后，一时没有引起特别的重视。1961年，中央政治研究室的同志从中国革命博物馆借到这份文献阅读学习。田家英一看这篇文章，就知道它的历史分量，立即送

1　《毛泽东选集》第一卷，人民出版社1991年版，第109—115页。
2　中共中央文献研究室：《毛泽东年谱（1893—1949）》上卷，中央文献出版社2013年版，第357页。

给了毛泽东。

毛泽东看到《调查工作》，眼前一亮。1961 年 3 月 11 日，他提笔写批语："这是一篇老文章，是为了反对当时红军中的教条主义思想而写的。那时没有用'教条主义'这个名称，我们叫它做'本本主义'。写作时间大约在一九三〇年春季，已经三十年不见了。一九六一年一月，忽然从中央革命博物馆里找到，而中央革命博物馆是从福建龙岩地委找到的。看来还有些用处，印若干份供同志们参考。"[1]

见到《调查工作》，如同丢失的孩子找到了，毛泽东无比兴奋。3 月 13 日，毛泽东在三南会议上兴趣盎然地说起这篇文章："今年一月找出了三十年前我写的一篇文章。这篇文章我是喜欢的，是经过一番大斗争以后写出来的，一九三〇年写的。过去到处找，找不到，像丢了小孩子一样。"[2]

毛泽东还说："我对自己的文章有些也并不喜欢，这一篇我是喜欢的。""这篇文章是最近找出来的。别的文章丢了，我不伤心，也不记得了，这两篇文章我总是记得的。忽然找出一篇来了，我是高兴的。"

1961 年 3 月，毛泽东对《调查工作》一文进行了逐节介绍。对自己的文章进行一番详细讲解，在毛泽东著作史上比较罕见。

且看毛泽东的讲解——

"这篇文章……中心点是要做好调查研究工作。建立一条马克思列宁主义路线是很不容易的。"

1　中共中央文献研究室：《毛泽东年谱（1949—1976）》第四卷，中央文献出版社 2013 年版，第 553 页。
2　中共中央文献研究室：《毛泽东年谱（1949—1976）》第四卷，中央文献出版社 2013 年版，第 555 页。

"第一节讲没有调查没有发言权，大家都熟悉了。"

"文章第二节讲调查就是解决问题。……这篇文章是为了解决民主革命的问题而写的。"

"第三节讲反对本本主义，这里头包含一个破除迷信的问题。那个时候不管三七二十一，只要是上级的东西就认为是好的。"

"第四节讲离开实际调查就要产生唯心的阶级估量和唯心的工作指导，那末它的结果，不是机会主义便是盲动主义。"

"第五节讲调查工作的纵断法和横断法。这两个名词我只用了一次，写出这篇文章之后我自己也没有再用过。……我们的调查工作，不能停止于纵断法，而要用横断法，就是要做阶级分析，要做典型调查。"

"第六节讲的内容，我看现在还有不少用处，将来也用得着。中国革命斗争的胜利要靠中国同志了解中国情形，不能依靠外国同志了解中国情形，或者是依靠外国同志帮助我们打胜仗。"

"第七节，讲调查的技术，也就是调查的方法。第一点是要开调查会，做讨论式的调查。你可提出几个方案，跟他们讨论，跟他们研究，这个方案好，还是那个方案好。要做讨论式的调查，才能得出近乎正确的结论。第二点是讲调查会到些什么人。各种人都要，经验多的人要，经验少但思想进步的人也要……第三点是讲开调查会人多好还是人少好。人多有人多的好处，但开调查会人太多了比较困难。第四点是讲调查的纲目。纲目要事先准备，按纲目发问，这就要有一定的时间。第五点是讲要亲身出马……第六点是讲要从个别问题深入，深入解剖一个麻雀，了解一处地方或一个问题……第七点是讲要自己做记录。……要自己当记录，把调查的结果记下来，假手于人是不行的。"[1]

"这篇文章还提出这么一个观点，就是说，正确的策略只能从实践经验中产生，只能来源于调查研究。所谓策略路线是包括很宽的，包括政治路线的。比如，依靠些什么阶级，联合些什么阶级，打倒些什么阶级，就属于策略路线的问题。文章讲到商业资产阶级和流氓无产阶级，对这两个阶级我们的认识始终模糊，就是写文章这个时候，还是模糊的，对他们没有具体的政策，没有正确的政策，因为我们没有做这方面的调查。"[2]

"我不是反对理论，马克思主义的原理原则非有不可，我这篇文章里头也讲了的。要把马克思主义当作工具看待，没有什么神秘，因为它合用，别的工具不合用。"[3]

《调查工作》在公开发表时，毛泽东将它改名为《反对本本主义》。

《反对本本主义》是自觉地提出和致力于解决中国共产党人的思想路线问题的第一篇振聋发聩之作。

龚育之评价说："这是一篇战斗的作品，笔锋犀利、泼辣，思想内容十分深刻。它不仅鲜明地提出了'没有调查就没有发言权'这个后来在我们党内成为马克思主义起码常识但在当时却使人耳目一新的口号，不仅充分地阐明了提出这个口号的理由和批评了调查工作中的不正确方法，而且在我们党的历史上第一次明确地提出了党的思想路线问题（'共产党人从斗争中创造新局面的思想路线'）。阐明了'中国革命斗争的

---

1 中共中央文献研究室：《毛泽东文集》第八卷，人民出版社 1999 年版，第 256—260 页。

2 中共中央文献研究室：《毛泽东文集》第八卷，人民出版社 1999 年版，第 262 页。

3 中共中央文献研究室：《毛泽东文集》第八卷，人民出版社 1999 年版，第 263—264 页。

胜利要靠中国同志了解中国情况'这一伟大真理。"[1]

这篇文章是实事求是思想路线的萌芽。"思想路线"这一概念就是在这篇文章中首先提出来的。

回头再说寻乌县委书记古柏。

毛泽东在《寻乌调查》中写道:"在全部工作上帮助我组织这个调查的,是寻乌党的书记古柏同志。"此后,古柏调到毛泽东身边工作,先后任红四军前委秘书长、第一方面军总前委秘书长,因支持毛泽东的正确主张,古柏与邓小平、毛泽覃、谢唯俊一起,被打成"罗明路线"的代表受到批判,史称"邓、毛、谢、古"事件。中央红军长征后古柏留在赣南闽西任闽粤赣边游击纵队司令,1935年3月6日在突围中献出了29岁的生命。1937年秋,毛泽东在延安接到古柏二兄古梅的来信,得知古柏两年前已经牺牲,他挥笔题词:"吾友古柏,英俊奋发,为国牺牲,殊堪悲悼。愿古氏同胞,继其遗志,共达自由解放之目的。"

关于寻乌调查,还有一段佳话。

毛泽东开调查会和写《寻乌调查》,是在县城南门外英国基督教传教士包斯费德尔1917年修建的一所住宅内进行的,这时包斯费德尔已经逃离寻乌。包斯费德尔后来加入美国籍,写了一本书,名为《发生在中国的故事——清末民初见闻录》,其中记述了他在寻乌的见闻。20世纪80年代,人民出版社出版的《毛泽东农村调查文集》传到了美国,其中收录的《寻乌调查》被包斯费德尔的孙子看到了。包的孙子有个同学叫汤恩杰,他将《寻乌调查》译成英文,并写了一篇两万多字的导言

---

1 龚育之:《大书小识》,辽宁教育出版社1998年版,第159页。

评介《寻乌调查》。1991年，包斯费德尔的孙子来到中国，特意到寻乌访问，将英文版的《寻乌调查》和祖父的《发生在中国的故事——清末民初见闻录》，赠送给寻乌县革命历史纪念馆。

"两论"是围绕实事求是而展开的
——读《实践论》《矛盾论》

陶行知有首诗："书呆子烧饭，一锅烧四样：生、焦、硬、烂。"这诗句，正好可以形容那些空头理论家。

中国共产党是靠马克思主义理论凝聚起来的队伍。广大党员敬仰的马克思、恩格斯、列宁，都是理论家，对中国革命主要领导人，自然也期望其有较高理论水平，甚至应该是理论家。这是王明等人一度占据中央领导地位的原因之一。可惜的是，王明等人的理论，不仅没有成事，反倒把中国革命的"一锅饭"做得"生、焦、硬、烂"，导致中国革命遭受重大挫折。

中国共产党到底需要什么样的理论，才能把中国革命这锅"饭"煮得香喷喷的呢？

早期以实干家著称的毛泽东，由此脱颖而出。

载之空言，不如见诸行事。毛泽东是务实之人，办事之人，他没有出国留学，不懂外文，阅读马列经典或许少于其他领导人，与远方的"顶头上司"共产国际更没有直接交往，在一些"理论家"眼中就是个山沟里的"土包子"。毛泽东长期在革命一线摸爬滚打，结合中国的实际开展斗争，突破了"本本"的框框，却被认为是"离经叛道"。从 1931 年秋天开始，毛泽东受到"左"倾教条主义者的排挤和打击，主要原因除了具体政策上的分歧外，就是认为毛泽东是"狭隘经验主义"，"山沟里没有马列主义"。

中央政治局委员任弼时 1931 年去苏区之前，"对毛泽东已有右倾的印象"；1931 年 10 月，他给临时中央的电报中说"毛打仗有办法，但脾气不好"，"轻视理论"；1931 年 11 月，任弼时在《党的建设问题决议案》中批评毛泽东提出的"没有调查就没有发言权"，认为"党内流行一种狭隘的经验论调，实际上是反理论的倾向"[1]。

党中央"总负责"博古 1934 年 5 月派人到莫斯科参加共产国际第七次代表大会，并向王明报告国内情况时，就带去一个口信说，毛泽东"大事有错，小事没有错的"。所谓"大事有错"，就是认为毛泽东路线方针有问题；"小事没有错"就是认为他具体事情能做得来。

共产国际执行委员会政治书记处候补书记、中共驻共产国际代表团负责人王明认为，毛泽东在创造苏维埃和红军中是有功劳的，是我们在国际上与国内建立统一战线的政治旗帜，是我党的领袖，但是很可惜的是，他只有一点实际的工作经验，多年在农村中活动，而没有能够得到理论的学习，使经验不能得到总结，提到理论的原则，同时缺乏国际的知识，在一切东西中能大众化，但是在国际问题的分析上常常不充分甚

1　中央档案馆：《中共中央文件选集（1931）》第七册，中共中央党校出版社 1991 年版，第 467 页。

至发生错误。王明一度想从苏联回国,他说:我的任务是回国去帮助他。[1]

毛泽东说:"我没有吃过洋面包,没有去过苏联,也没有留学别的国家……一些吃过洋面包的人不信任,认为山沟子里出不了马克思主义。"[2]

1932年4月,红军打下漳州,没收了一批书,其中有恩格斯《反杜林论》,列宁《两种策略》《"左派"幼稚病》等。从那时候开始,毛泽东发愤阅读马列著作。

树树皆秋色,山山唯落晖。1932年的秋天对于毛泽东来说有些萧杀之气。他的"兵权"被剥夺。一夜之间,满山霜打的枫叶都开始衰败了,毛泽东进入政治生涯的最低点。20多年后,回忆起这段经历,他心中仍然不平:"他们把我这个木菩萨浸到粪坑里,再拿出来,搞得臭得很。那时候,不但一个人也不上门,连一个鬼也不上门。我的任务是吃饭、睡觉和拉屎。还好,我的脑袋没有被砍掉。"[3]

这是毛泽东的大不幸。从另一个方面看,或许正是因为有了这个低点,才有后来的一飞冲天。

正是在这个不幸中,孕育着中国革命更加伟大的诗篇。1933年夏天,毛泽东在第二次宁都会议上对自己受到的不公正对待提出申诉,被党中央负责人申斥。心情更加郁闷的他,会议结束后的归途中经过大柏地。此时,雨过天晴,长虹高悬天际,群山苍翠欲滴。毛泽东看到路边农舍墙上的累累弹痕,想起1929年2月他和朱德在这里组织的一场绝地伏

---

1 郭德宏:《王明年谱》,社会科学文献出版社2014年版,第259页。
2 中共中央文献研究室:《毛泽东传》第一册,中央文献出版社2011年版,第326页。
3 中共中央文献研究室:《毛泽东传》第一册,中央文献出版社2011年版,第325—326页。

击战，那场胜仗拉开了创建中央革命根据地的序幕。陈毅 1929 年 9 月 1 日给中共中央的报告中称之为"红军成立以来最有荣誉之战争"。如今，大柏地犹在，根据地面积扩大，他却陷入人生低谷。眼前壮观的气象一扫心中阴影，毛泽东诗兴大发，哼了一首词《菩萨蛮·大柏地》："赤橙黄绿青蓝紫，谁持彩练当空舞？雨后复斜阳，关山阵阵苍。当年鏖战急，弹洞前村壁。装点此关山，今朝更好看。"色彩斑斓的大柏地雨后壮丽景色，好像与他郁闷的心情不相符合。殊不知，这正反映出毛泽东的胸襟。顾随在论述诗词写作时说"必此寂寞心，然后可写出伟大的、热闹的作品来"，"能用鲜明调子去写暗淡的情绪是以天地之心为心。……以天地之心为心，自然小我扩大。心内是寂寞暗淡，而写得鲜明"。毛泽东正是如此，个人受到大挫折，内心产生大寂寞，对革命前途抱定大信心。

大信心的树立，需要大思想的支撑。毛泽东回忆："一九三二年（秋）开始，我没有工作，就从漳州以及其他地方搜集来的书籍中，把有关马恩列斯的书通通找了出来，不全不够的就向一些同志借。我就埋头读马列著作，差不多整天看，读了这本，又看那本，有时还交替着看，扎扎实实下功夫，硬是读了两年书。""后来写成的《矛盾论》《实践论》，就是在这两年读马列著作中形成的。"[1]

万里长征中，心怀寂寞又染病在身的毛泽东躺在担架上，也在弥补他的"短板"。《反杜林论》《帝国主义论》，就是毛泽东在担架上读的。

遵义会议上，凯丰讽刺毛泽东只不过是按照《三国演义》《孙子兵法》

1　中共中央文献研究室：《毛泽东传》第一册，中央文献出版社 2011 年版，第 326 页。

这两本书来指挥打仗。这事毛泽东记在心里。

中央刚到延安，革命同志中间就流传一个顺口溜："毛泽东的实际，王明的口才，博古的理论，周恩来的人才。"[1]这样的概括准确与否暂且不论，至少反映出，那个时候的延安人佩服的还是毛泽东的事功，认为他在理论上的建树跟王明、博古有明显距离。

党中央进驻延安，环境逐渐稳定起来，毛泽东以异乎寻常的热情继续读书。毛泽东说："我因此到延安就发奋读书。""不读书不行呀，人家不是说我狭隘经验论吗？"[2]

毛泽东发奋研读的情景被美国记者斯诺看见了。他在《西行漫记》中描写道："毛泽东是个认真研究哲学的人。我有一阵子每天晚上都去见他，向他采访共产党的历史。有一次一个客人带了几本哲学新书来给他，于是毛泽东就要求我改期再谈。他花了三四夜的工夫专心读了这几本书，在这期间，他似乎是什么都不管了。他读书的范围不仅限于马克思主义的哲学家，而且也读过一些古希腊哲学家、斯宾诺莎、康德、歌德、黑格尔、卢梭等人的著作。"

延安的出版条件极差，毛泽东便通过各种途径搜集马列著作，特别是哲学著作。1936年10月，他专门给在国统区工作的叶剑英、刘鼎写信要他们代为买书，"要买一批通俗的社会科学、自然科学及哲学书，大约共买十种至十五种左右，要经过选择真正是通俗的又有价值的"[3]。

在这一时期，毛泽东阅读了一批哲学著作和军事著作，主要有：

---

1   徐晓红：《毛泽东生平研究资料》上册，中央文献出版社2013年版，第175页。
2   陈晋：《毛泽东阅读史》，生活·读书·新知三联书店2014年版，第78页。
3   《毛泽东书信选集》，人民出版社1983年版，第80页。

列宁的《唯物论与经验批判论》（笛秋、朱铁笙合译），1930 年上海明日书店出版。

李达的《社会学大纲》，1937 年上海笔耕堂书店出版。毛泽东说，它是本好书，是中国人自己写的第一本马克思主义的哲学教科书。毛泽东在读书过程中，还写下了 3500 多字的批注。

艾思奇的《哲学与生活》，1937 年上海读书生活出版社出版。毛泽东读后做了 3000 字的详细摘录，并写信对艾思奇说，这"是你的著作中更深刻的书，我读了得益很多"。

苏联米丁等的《辩证唯物论与历史唯物论》，沈志远译，1936 年上海商务印书馆出版，毛泽东在书上留有批画符号，还写有 2600 多字的批注。

西洛可夫、爱森堡合著的《辩证法唯物论教程》，李达、雷仲坚合译，上海笔耕堂书店出版。毛泽东在这本书上有 12000 字的批注。

毛泽东阅读过的还有《哲学概论》（张如心著，1935 年出版）、《黑格尔哲学批判》（费尔巴哈等著，柳若冰译，1935 年出版）、《历史的唯物论》（布哈林著，刘伯英译，1930 年出版）、《朗格唯物论史》（李石岑、郭大力合译，1936 年出版）、《机械论批判》（史托里雅诺夫著，任白戈译，1932 年出版）、《亚里士多德之伦理思想》（严群著，1933 年出版）等。

毛泽东还提议成立学哲学小组，并自任组长。一次在听完艾思奇讲授大众哲学后，毛泽东请艾思奇吃饭，打趣地说，你讲课，给我精神食粮；我请吃饭，给你物质食粮，这就是"精神变物质，物质变精神"。

毛泽东集中精力钻研马列等经典著作，是对那些鼓吹毛泽东没有理论的回应，是要甩掉别人戴在他头上的"山沟里出不了真正的马列主义"的帽子；同时是对党内关于"狭隘经验论"争论进行的总结，是要从认识论上来探索和弥补中国共产党进行中国革命的理论准备不足的问题；更重要的还在于，他要带领全党彻底清算"左"、右倾的错误思想在党内的影响，对曾经长期在党内占统治地位的看轻实践的教条主义进行有力批判，提高全党运用马克思主义普遍真理指导中国革命的工作水平。

他的研究的特点，是把中国革命曲折发展的历史经验教训提到思想方法和思想路线上来总结，提到认识论和辩证法上来升华。

"两论"呼之欲出！

从1937年4月开始，毛泽东应中国人民抗日军事政治大学的邀请，向学员讲授唯物论和辩证法。每周讲两节课，每节课4个小时，历时3个多月，共110多个学时。

毛泽东站在露天的大课堂上讲授唯物论和辩证法。抬眼处，浮云飘过；俯视时，延水流淌。他时而双手叉腰，时而掰着指头说话，讲渴了，从身边的一个小方凳上端起瓷缸子喝上一两口。学员们以石头或者草鞋作为凳子，以自己的膝盖当桌子，边听边记，不时被毛泽东的话语逗笑，有人会从裤腰间摸出一个虱子，称之为"革命虫"，用两个指甲盖对挤，"叭"的一声。

智慧酝酿的馨香与山野草木的气息混合在一起……

毛泽东讲课时，用通俗的语言解释抽象的哲学概念，用深刻的哲理分析人们所关心的政治、社会、科学、生活等各个方面的实际问题。

讲到唯物主义和唯心主义的对立时，毛泽东说：唯物主义就是从实际出发，老老实实按照实际情况办事。路是要走，人要吃饭，炮子是可以打死人的，这是普通的常识。可是"左"倾机会主义者是主观唯心主义，他们就不懂得这些，好像路是不要人走就可以到的，人可以不吃饭，炮子不会打死人，搞盲目冒险。这不是革命，是葬送革命。我们有些同志，对情况不分析研究，人家一鼓励就来了劲，结果事与愿违，成了一个鲁莽家，为了革命的胜利，我们不要当乱撞乱碰的鲁莽家，而要做一个勇敢而明智的英雄。听众越听越感到，毛泽东讲的像自己曾指挥过的一次失利的战斗。一个学员没等毛泽东讲完，站起来说：主席讲的是我，今后我一定克服鲁莽的毛病。接着，又一个学员说：不！主席讲的是我。从此，"不当鲁莽家，要做勇敢而明智的英雄"成了大家的座右铭。

毛泽东讲"矛盾"的时候，开始一些人弄不懂"矛盾"这个词。毛泽东就打了个比方说："矛盾就是'打架'。世界上一切事物都在打架，你要战胜我，我要战胜你，互相斗争，这就是事物的矛盾。"讲课的时候，不远处瓦匠在房顶上开始修房，"叮叮当当"敲个不停。毛泽东随即说道："我们和瓦匠也在打架，我们上课需要安静的环境，他却在房顶上敲打，我们要上课，他要工作，这就发生了矛盾。"毛泽东还讲："一个人脑子里有两种思想，也在经常打架……"[1]毛泽东把一些哲学原理讲得浅显易懂，听课的"洋包子""土包子"都感到豁然开朗。

一天，毛泽东正讲课，坐在下面听课的陈赓忽然站起来，整整衣服，直奔讲台。毛泽东一愣，问道："陈赓同志，可有急事？"陈赓不语，来到毛泽东跟前，拿起毛泽东面前的瓷缸子，咕咚咕咚喝了一气。而后，放下瓷缸子，擦嘴，向毛泽东敬礼，报告道："天热，借主席一口水，

1 朱有志：《毛泽东时代》上卷，团结出版社2014年版，第511—512页。

现在没事了。"学员们哄堂大笑，毛泽东亦微微一笑。陈赓是黄埔军校第一期的毕业生，他追随革命，成为毛泽东的爱将。

在抗大的一次宴会上，毛泽东谈起黄克功的事情说：抗日军政大学第六队队长黄克功与陕北公学女生刘茜谈恋爱不成，开枪杀死刘茜，被法院审判，处以死刑。这叫作"否定之否定"：黄克功一粒子弹，否定了刘茜，违反了政策，破坏了群众影响；我们的一粒子弹，又否定了黄克功，坚持了政策，挽回了群众影响，而且使得群众更拥护我们了。[1]

一次毛泽东正在讲课，一阵鼾声传来。鼾声来自九大队15岁的学员，叫刘炽。刘炽个子小，坐在第一排。他本来是"一条活泼的鱼"，可他太小了，听毛泽东满口的湖南腔，什么辩证呀，机械呀，唯物呀，唯心呀，还有黑格尔、费尔巴哈这些难记的外国人名，哪听得懂啊。他听着听着，就打起瞌睡来了，不光打瞌睡，还打呼噜，一时间鼾声大作。值班排长跑过来，要把他戳醒。毛泽东说："别戳别戳，这个小鬼昨晚没睡好觉，让他睡好了。"听课的学员哄然大笑，把刘炽笑醒了。下课之后，大队长聂鹤亭批评刘炽："你这个小鬼，毛大帅讲课，你还敢打瞌睡！还在他眼皮子底下打呼噜，睡就睡吧，打的什么呼噜？你可把咱全大队的人丢死啰！"[2]这件事发生之后，刘炽转校到鲁迅艺术学院，成为著名的音乐家，代表作有《我的祖国》《英雄赞歌》《让我们荡起双桨》。

毛泽东讲到事物是相互影响的时候，用了《水浒传》中武松打虎的例子。他说，武松打虎是武松和老虎的关系，似乎与松树没有什么关系，

1 储双月、孙晓天、陈晓萌、杨柳青：《延安文艺档案·延安文论·延安文论家（三）》，太白文艺出版社2015年版，第718—719页。
2 冯希哲、敬晓庆、张雪艳：《延安文艺档案·延安音乐·延安音乐家》上册，太白文艺出版社2012年版，第310—311页。

其实不然，武松忽略了一点，结果哨棒一下子打在松树上，这是因为没有注意到松树，松树就发挥了作用，限制了他。后来武松懂得了利用有利条件，趁老虎扑过来的机会，因势利导，把老虎按在地下，终于把老虎打死了。这个生动的故事，说明我们与敌人斗争时必须考虑到外部的条件，使它发挥有利于我、不利于敌的作用。

毛泽东讲哲学的记录稿从 1938 年开始在《抗战大学》上连载。1940 年，经毛泽东修改后，八路军军政杂志社将讲授提纲以内部单行本的形式出版发行。《辩证法唯物论（讲授提纲）》共 3 章 16 节，约 6 万字。提纲如下：

第一章，"唯心论与唯物论"。分 4 节：哲学中的两军对战、唯心论与唯物论的区别、唯心论发生与发展的根源、唯物论发生与发展的根源。

第二章，"辩证法唯物论"。分 11 节：辩证法唯物论是无产阶级革命的武器、旧的哲学遗产同辩证法唯物论的关系、辩证法唯物论中宇宙观和方法论的一致、唯物辩证法的对象问题、物质论、运动论、时空论、意识论、反映论、真理论、实践论。

第三章，"唯物辩证法"。"矛盾统一法则"。

由于抗日战争的全面爆发，时间不够用了，毛泽东只讲了第三章的第一节"矛盾统一法则"，未讲完第三章的全部内容。

20 世纪 50 年代初，选编《毛泽东选集》时，毛泽东将《辩证法唯物论（讲授提纲）》中的第二章《辩证唯物论》之第十一节抽出来，定名为《实践论》，收入第一卷；将第三章《唯物辩证法》经过修改后，定名为《矛盾论》。

《实践论》《矛盾论》——"两论"正式诞生了。

"两论"是发愤之作、反思之作、图强之作、开山之作。

毛泽东修订"两论"时，专门写了题解来说明写作"两论"的缘由："在中国共产党内，曾经有一部分教条主义的同志长期拒绝中国革命的经验，否认'马克思主义不是教条而是行动的指南'这个真理，而只生吞活剥马克思主义书籍中的只言片语，去吓唬人们。还有另一部分经验主义的同志长期拘守于自身的片段经验，不了解理论对于革命实践的重要性，看不见革命的全局，虽然也是辛苦地——但却是盲目地在工作。这两类同志的错误思想，特别是教条主义思想，曾经在一九三一年至一九三四年使得中国革命受了极大的损失，而教条主义者却是披着马克思主义的外衣迷惑了广大的同志。"[1]《实践论》和《矛盾论》是"为了同一的目的，即为了克服存在于党内的严重的教条主义思想而写的"。[2]

先看《实践论》。

"你要有知识，你就得参加变革现实的实践。你要知道梨子的滋味，你就得变革梨子，亲口吃一吃。"[3]毛泽东在《实践论》中，全面系统地阐述了辩证唯物主义认识论的基本原则，主要论述认识和实践的统一问题，从认识论高度来升华中国革命的实践经验。

第一，知和行统一的基础是社会实践。毛泽东建构起一个完整的以实践为基础的认识论系统。他强调认识对实践的依赖关系，明确"只有人们的社会实践，才是人们对于外界认识的真理性的标准"。社会实践

---

1 《毛泽东选集》第一卷，人民出版社 1991 年版，第 282 页。

2 《毛泽东著作选读（甲种本）》，人民出版社 1964 年版，第 67 页。

3 《毛泽东选集》第一卷，人民出版社 1991 年版，第 287 页。

是推动人们的认识由低级向高级、由浅入深、由片面到更多方面的动力，也是认识真理性的标准和认识的目的。因此，"实践的观点是辩证唯物论的认识论之第一的和基本的观点"。[1]

第二，实践在认识中的作用。人的认识究竟怎样从实践发生，而又服务于实践呢？毛泽东提出，在社会实践的基础上，从感性认识上升到理性认识，又从理性认识回到实践，是认识过程的两个阶段、两次能动的飞跃。他进一步指出，由感性认识进到理性认识，并不意味着认识过程的完结，懂得了客观世界的规律性，因而能够解释世界，还需要拿了这种对于客观规律性的认识，去能动地改造世界。因此，"认识的能动作用，不但表现于从感性的认识到理性的认识之能动的飞跃，更重要的还须表现于从理性的认识到革命的实践这一个飞跃"。[2]这就讲清楚了实践在认识中的作用，由物质到精神，再由精神到物质，这样的表述十分精彩生动。

第三，人类认识发展的总规律。毛泽东指出，客观世界的运动变化永远没有完结，人们在实践中对于真理的认识也就永远没有完结。"马克思列宁主义并没有结束真理，而是在实践中不断地开辟认识真理的道路。"[3]

通过实践而发现真理，又通过实践而证实真理和发展真理。从感性认识而能动地发展到理性认识，又从理性认识而能动地指导革命实践，

1　《毛泽东选集》第一卷，人民出版社 1991 年版，第 284 页。

2　《毛泽东选集》第一卷，人民出版社 1991 年版，第 292 页。

3　《毛泽东选集》第一卷，人民出版社 1991 年版，第 296 页。

改造主观世界和客观世界。实践、认识、再实践、再认识，这种形式，循环往复以至无穷，而实践和认识之每一循环的内容，都比较地进到了高一级的程度。这就是辩证唯物论的全部认识论，这就是辩证唯物论的知行统一观。[1]

《实践论》最后这段话，第一次把认识的总规律用一个明确的公式概括起来，前所未有，这是中国气派的表达。

再看《矛盾论》。

看到《矛盾论》这篇文章的名字，就让人想起古老的"矛盾"的典故：有一个出售盾和矛的楚国人，他一边吹嘘说他的盾十分坚固，任何东西都不能刺透它；一边又吹嘘他的矛非常锋利，任何东西它都能给刺破。有个人就问他："若用你的矛，刺你的盾，将会怎么样呢？"这个楚国人无法回答。作者评论说："夫不可陷之盾与无不陷之矛，不可同世而立。"[2] 矛与盾之间的矛盾，很多人可能都发现了，不过韩非子第一个把"矛盾"清晰地表述出来，这很了不起。

毛泽东以"矛盾论"为题目，讲述马克思主义的矛盾学说，研究和论述矛盾的普遍性与特殊性统一的问题。在这篇哲学论文中，毛泽东运用唯物辩证法总结了中国共产党领导中国革命斗争的实践经验，从两种宇宙观、矛盾的普遍性和矛盾的特殊性、主要的矛盾和主要的矛盾方面、矛盾诸方面的同一性和斗争性、对抗在矛盾中的地位等方面，深刻地阐

1　《毛泽东选集》第一卷，人民出版社 1991 年版，第 296—297 页。
2　这个典故出自《韩非子》："楚人有鬻盾与矛者，誉之曰：'吾盾之坚，物莫能陷也。'又誉其矛曰：'吾矛之利，于物无不陷也。'或曰：'以子之矛，陷子之盾，何如？'其人弗能应也。夫不可陷之盾与无不陷之矛，不可同世而立。"

述了对立统一规律，发挥了对立统一规律是辩证法的实质和核心的思想。

第一，从宇宙观的高度，阐释了列宁关于两种宇宙观的思想，不仅指出用孤立的、静止的和片面的观点去看世界是形而上学的基本特征，而且指出形而上学是简单地从事物外部去找发展的原因，否认唯物辩证法所主张的事物内部矛盾引起发展的学说。毛泽东总结说："事物发展的根本原因，不是在事物的外部而是在事物的内部，在于事物内部的矛盾性。"这里他概括了一个经典名句："外因是变化的条件，内因是变化的根据，外因通过内因而起作用。鸡蛋因得适当的温度而变化为鸡子，但温度不能使石头变为鸡子，因为二者的根据是不同的。"[1]艾思奇在《大众哲学》中讲事物变动的原因时举过鸡蛋变鸡子的例子，但是没有毛泽东这样的凝练和概括。

第二，全面论述了矛盾的普遍性和矛盾的特殊性的原理，明确指出矛盾的普遍性和矛盾的特殊性的关系，就是矛盾的共性和个性的关系，二者相互区别、相互联结又相互转化。毛泽东指出，世界充满着矛盾，矛盾无时不在，无处不有。但矛盾的性质、内容并不一样，矛盾的表现形式也各不相同，特别是随着实践的变化，矛盾的性质、内容和表现形式都可能发生改变。这就要求我们对具体矛盾进行具体分析，这是辩证法活的灵魂。两次国内革命战争中所犯的错误，其思想根源是教条主义。那些教条主义者不懂得必须研究矛盾的特殊性，拒绝对具体事物做艰苦细致的研究工作，不用脑筋具体分析事物，不了解用不同的方法去解决不同的矛盾。因此，他们在领导中国革命的过程中，不分析和研究中国

1　《毛泽东选集》第一卷，人民出版社 1991 年版，第 302—303 页。

国情，把共产国际的决议和苏联的经验生搬硬套于中国革命。他们把一般真理看成是不能够捉摸的纯粹抽象的公式，犯了教条主义的错误。

第三，创造性地阐明了关于矛盾发展不平衡性理论，即关于主次矛盾和矛盾主次方面的理论。认为矛盾发展的不平衡性是主次矛盾和矛盾主次方面的客观依据，规定了主要的矛盾和主要的矛盾方面的定义，说明了找出主要的矛盾和主要的矛盾方面的方法论意义。毛泽东指出："研究任何过程，如果是存在着两个以上矛盾的复杂过程的话，就要用全力找出它的主要矛盾。捉住了这个主要矛盾，一切问题就迎刃而解了。""万千的学问家和实行家，不懂得这种方法，结果如堕烟海，找不到中心，也就找不到解决矛盾的方法。"强调"对于矛盾的各种不平衡情况的研究，对于主要的矛盾和非主要的矛盾、主要的矛盾方面和非主要的矛盾方面的研究，成为革命政党正确地决定其政治上和军事上的战略战术方针的重要方法之一，是一切共产党人都应当注意的"[1]。毛泽东论述了矛盾对立双方相互转化的根据和条件，强调在领导革命时一定要坚持从实际出发的原则，一切以时间、地点、条件为转移。实际情况变了，主要矛盾和主要矛盾方面就会随之变化，共产党人的政策和策略也必须随之改变。法国哲学家阿尔都塞1962年发表了《矛盾与多元决定论》《关于唯物辩证法》，他认为，毛泽东关于矛盾不平衡的理论开创了一条不同于黑格尔化马克思主义和第二国际教条主义的唯物辩证法的思想。

第四，具体地阐明了矛盾诸方面的同一性和斗争性及其相互关系。认为对立的统一是有条件的、暂时的、相对的，对立的互相排斥的斗争

1　《毛泽东选集》第一卷，人民出版社1991年版，第322、326—327页。

则是绝对的；有条件的相对的同一性和无条件的绝对的斗争性相结合，构成了一切事物的矛盾运动。

第五，分析了矛盾斗争的两种基本形式即对抗性的矛盾和非对抗性的矛盾，并指出二者在一定条件下相互转化。

《毛泽东选集》是按照著作年月次序而编辑的。按照这个编辑体例，《矛盾论》应该编入第一卷。毛泽东在修改《矛盾论》时，修改了几遍，仍不满意，就把这篇文章从 1951 年出版的第一卷中删去了。直到修改得比较满意了，才收入《毛泽东选集》第二卷，这样一来就违反了编辑体例。毛泽东选集出版委员会在《毛泽东选集》第二卷中，作了一个说明："本卷所载《矛盾论》一文，按著作时间排列，应收入第一卷，现暂刊于此，拟待再版时，移入第一卷。"[1]《毛泽东选集》第一卷第二次印刷时，将《矛盾论》由第二卷移入第一卷。

纵观毛泽东的《实践论》《矛盾论》，首先是"照着讲"，就是照着马克思主义的基本原理讲；然后是"接着讲"，就是接着马克思主义哲学来讲，有继承，有发挥，有发展；再就是"自己讲"，用自己的语言讲哲学，就是讲自己的哲学、中国的哲学，这就是马克思主义哲学的中国化，就是让西方来的哲学说中国的话。"自己讲"，既有核心话题的转向，又有诠释文本的转换，还有人文语境的转移，创造了马克思主义哲学新的表达形式。

在毛泽东实事求是哲学思想的指引下，中国革命得到空前的发展。这时候，再没有人说毛泽东是"狭隘的经验主义"了，没有人说他"理

1　这段话在人民出版社 1952 年版《毛泽东选集》第二卷目录页前的出版说明。

论薄弱"了。毛泽东以当之无愧的理论家形象，坐上党内理论家"第一把交椅"。

新中国成立后，苏联哲学家尤金应邀来华协助《毛泽东选集》的编辑出版工作。尤金看了《实践论》《矛盾论》的俄译本，颇为称赞，立即呈送斯大林，并建议在苏联发表。苏联《布尔什维克》杂志于1950年12月首次发表《实践论》，并于12月18日由《真理报》发表编辑部文章《论毛泽东的著作〈实践论〉》；1952年《布尔什维克》杂志第9、11期刊登《矛盾论》，认为这篇著作对于实践与理论的互相关系具有独创性的研究。

"两论"是打上中国烙印的马克思主义哲学，是标志着毛泽东哲学思想达到成熟的代表作。"两论"被翻译成多种文字在世界各地出版，产生了世界性的影响。

"找一个研究问题的方法"

——读《〈农村调查〉的序言和跋》

1937 年 10 月，毛泽东把自己 1930 年至 1933 年期间所作的农村调查，汇编结集为《农村调查》一书，并且在 10 月 6 日写了一个序言。

序言说："从一九二七年北伐战争期间起，到一九三四年离开中央苏区为止，我亲手从农村中收集的材料，现在仅剩下下列各部分：（一）寻乌调查；（二）兴国调查；（三）东塘等处调查；（四）木口村调查；（五）赣西南土地分配情形;(六)分青和出租问题;(七)江西土地斗争中的错误;（八）分田后的富农问题；（九）两个初期的土地法；（十）长冈乡调查；（十一）才溪乡调查。"

序言还说："这里存下来的，都是中央苏区的材料，前九部分是属于初期的土地革命，后两部分是属于深入了的土地革命。虽不完全，亦可见其一斑。为免再损失，印出若干份，并供同志们参考。这是一种历史材料，其中有些观点是当时的意见，后来已经改变了。"[1]

1　中共中央文献研究室：《毛泽东文集》第二卷，人民出版社 1993 年版，第 37—38 页。

正是这一系列的农村社会调查，使毛泽东在 1931 年左右形成了依靠贫农、雇农，联合中农，限制富农，保护中小工商业者，消灭地主阶级，变封建半封建的土地所有制为农民的土地所有制的土地革命路线。这是毛泽东对他这几份调查报告特别重视的一大原因。

由于经济困难，这本《农村调查》当时印数较少，在延安的许多同志也没有看到。

1940 年 3 月，王明将他在 1931 年所写的集中反映其"左"倾错误观点的《为中共更加布尔什维克化而奋斗》一书，在延安印了第三版。他在这版序言中写道："我们党近几年来有很大发展，成千累万的新干部新党员，对我们党的历史发展中的许多事实，还不十分明了。本书所记载着的事实，是中国共产党发展史中的一个相当重要的阶段，因此，许多人要求了解这些历史事实，尤其在延安各学校学习党的建设和中共历史时，尤其需要这种材料的帮助。"并说："不能把昨日之是，一概看作今日之非；或把今日之非，一概断定不能作为昨日之是。"[1]

当时，王明尽管拥护毛泽东的领导，但不认为苏维埃后期的错误是路线错误，不承认自己是教条主义。王明拿出《为中共更加布尔什维克化而奋斗》为自己辩护，意在说明自己一贯正确。他的这本书一度作为党员干部学习党的建设和中共党史的材料，对一些党员产生不小的影响。

为了把反对教条主义的问题提到党性的高度来认识，以改变党内理论脱离实际的状况，1941 年 3 月，毛泽东决定再版他的《农村调查》一书，并且写序和跋。

1　叶健君、王龙彪、熊廷华：《毛泽东与王明》，东方出版社 2013 年版，第 172 页。

毛泽东在序中指出，出版这本书，"是为了帮助同志们找一个研究问题的方法"。"现在我们很多同志，还保存着一种粗枝大叶、不求甚解的作风，甚至全然不了解下情，却在那里担负指导工作，这是异常危险的现象。对于中国各个社会阶级的实际情况，没有真正具体的了解，真正好的领导是不会有的。""要了解情况，唯一的方法是向社会作调查，调查社会各阶级的生动情况。对于担负指导工作的人来说，有计划地抓住几个城市、几个乡村，用马克思主义的基本观点，即阶级分析的方法，作几次周密的调查，乃是了解情况的最基本的方法。只有这样，才能使我们具有对中国社会问题的最基础的知识。"[1]

如何作社会调查？

毛泽东在序言中说：

"第一是眼睛向下，不要只是昂首望天。""没有满腔的热忱，没有眼睛向下的决心，没有求知的渴望，没有放下臭架子、甘当小学生的精神，是一定不能做，也一定做不好的。必须明白：群众是真正的英雄，而我们自己则往往是幼稚可笑的，不了解这一点，就不能得到起码的知识。"[2]

1941年9月毛泽东在同妇女生活调查团的谈话中，专门回顾了自己在中央苏区时期"眼睛向下"作调查的情况："贫农与雇农的问题，是在兴国调查之后才弄清楚的，那时才使我知道贫农团在分配土地过程中的重要性。""我在兴国调查中，请了几个农民来谈话。开始时，他们很疑惧，不知我究竟要把他们怎么样。所以，第一天只是谈点家常事，

1　《毛泽东选集》第三卷，人民出版社1991年版，第789页。
2　《毛泽东选集》第三卷，人民出版社1991年版，第789—790页。

他们脸上没有一点笑容，也不多讲。后来，请他们吃了饭，晚上又给他们宽大温暖的被子睡觉，这样使他们开始了解我的真意，慢慢有点笑容，说得也较多。到后来，我们简直毫无拘束，大家热烈地讨论，无话不谈，亲切得像自家人一样。"[1]

"第二是开调查会。"这"是最简单易行又最忠实可靠的方法，我用这个方法得了很大的益处，这是比较什么大学还要高明的学校"。

高明在哪里？在理论联系实际。

对于只懂得理论不懂得实际情况的人，这种调查工作尤有必要，否则他们就不能将理论和实际相联系。"没有调查就没有发言权"，这句话，虽然曾经被人讥为"狭隘经验论"的，我却至今不悔；不但不悔，我仍然坚持没有调查是不可能有发言权的。有许多人，"下车伊始"，就哇喇哇喇地发议论，提意见，这也批评，那也指责，其实这种人十个有十个要失败。……我们党吃所谓"钦差大臣"的亏，是不可胜数的。[2]

在跋中，毛泽东提出，实行现阶段政策，既要严肃地坚决地保持共产党员的共产主义的纯洁性，又要保护社会经济中的有益的资本主义成分，并使其有一个适当的发展。在这个时期内一部分共产党员被资产阶级所腐化，在党员中发生资本主义的思想，是可能的，我们必须和这种党内的腐化思想作斗争；但是不要把反对党内资本主义思想的斗争，错误地移到社会经济方面，去反对资本主义的经济成分。我们必须明确地

1　中共中央文献研究室:《毛泽东文集》第二卷,人民出版社1993年版,第379—380、384页。
2　《毛泽东选集》第三卷,人民出版社1991年版，第791页。

分清这种界限。"中国共产党是在复杂的环境中工作，每个党员，特别是干部，必须锻炼自己成为懂得马克思主义策略的战士，片面地简单地看问题，是无法使革命胜利的。"[1]

《〈农村调查〉的序言和跋》集中地体现了毛泽东关于调查研究和群众路线的思想，在延安整风运动中被列为 22 个学习文件之一。新中国成立后，毛泽东把这篇序言和跋收入《毛泽东选集》。

从《反对本本主义》到《〈农村调查〉的序言和跋》，毛泽东实事求是的思想一以贯之，日臻完善，并且实现了哲学上的升华。它打破了过去中共党内把马克思主义教条化、把共产国际指示和苏联经验神圣化的倾向，推动全党形成了浓郁的社会调查风气，培育出实事求是的思想风气。

1　《毛泽东选集》第三卷，人民出版社 1991 年版，第 793 页。

物质变精神、精神变物质

——读《人的正确思想是从哪里来的？》

毛泽东对认识论的研究与探索一直没有停步。

《实践论》发表 20 多年后，毛泽东又写下了《人的正确思想是从哪里来的？》。

1963 年 5 月，毛泽东在审阅《中共中央关于目前农村工作中若干问题的决定（草案）》（即前十条）时，提笔加写了一篇前言性质的短文，其中的著名段落有：

人的正确思想从哪里来的？是从天上掉下来的吗？不是。是自己头脑里固有的吗？不是。人的正确思想，只能从社会实践中来，只能从社会的生产斗争、阶级斗争和科学实验这三项实践中来。人们的社会存在，决定人们的思想。而代表先进阶级的正确思想，一旦被群众掌握，就会变成改造社会、改造世界的物质力量。人们在社会实践中从事各项斗争，有了丰富的经验，有成功的，有失败的。无数客观外界的现象通过人的眼、耳、鼻、舌、身这五个官能反映到自己的头脑中来，开始是感性认识。这种感性认识的材料积累多了，就会产生一个飞跃，变成了理性认识，这就是思想。这是一个认识过程。这是整个认识过程的第一个阶段，即由客观物质到主观精神的阶段，由存在到思想的阶段。这时候的精神、思想（包括理论、政策、计划、办法）是否正确地反映了客观外界的规律，还是没有证明的，还不能确定是否正确，然后又有认识过程的第二个阶段，即由精神到物质的阶段，由思想到存在的阶段，这就是把第一个阶段得到的认识放到社会实践中去，看这些理论、政策、计划、办法等等是否能得到预期的成功。一般的说来，成功了的就是正确的，失败了的就是错误的，特别是人类对自然界的斗争是如此。在社会斗争中，代表先进阶级的势力，有时候有些失败，并不是因为思想不正确，而是因为在斗争力量的对比上，先进势力这一方，暂时还不如反动势力那一方，所以暂时失败了，但是以后总有一天会要成功的。人们的认识经过实践的考验，又会产生一个飞跃。这次飞跃，比起前一次飞跃来，意义更加伟大。因为只有这一次飞跃，才能证明认识的第一次飞跃，即从客观外界的反映过程中得到的思想、理论、政策、计划、办法等等，究竟是正确的还是错误的，此外再无别的检验真理的办法。而无产阶级认识世界的目的，只是为了改造世界，此外再无别的目的。一个正确的认识，往往需要经过由物质到精神，由精神到物质，即由实践到认识，由认识到实践这样多次的反复，才能够完成。这就是马克思主义的认识论，就是辩证唯物论的认识论。现在我们的同志中，有很多人还不懂得这个认识论的道理。问他的思想、意见、政策、方法、计划、结论、滔滔不绝的演说、大块的文章，是从哪里得来的，他觉得是个怪问题，回答不出来。对于物质可以变成精神，精神可以变成物质这样日常生活中常见的飞跃现象，也觉得不可理解。因此，对我们的同志，应当进行辩证唯物论的认识论的教育，以便端正思想，善于调查研究，总结经验，克服困难，少犯错误，做好工作，努力奋斗，建设一个社会主义的伟大强国，并且帮助世界被压迫被剥削的广大人民，完成我们应当担负的国际主义的伟大义务。[1]

这篇字字珠玑、句句经典的短文，阐述了马克思主义的认识论原理。毛泽东在肯定人的正确思想只能从社会的生产斗争、阶级斗争和科学实验这三项实践中来的基础上，进一步阐述了认识过程的辩证法思想，分析了认识过程的两个阶段，阐述了从感性认识到理性认识，即从存在到思想、从物质到精神，又从思想到存在、从精神到物质两次飞跃的观点，强调了第二次飞跃的意义更大，因为它是检验认识、检验真理的唯一办法。这是对《实践论》中提出的人类认识的总规律的补充、发挥和发展。

毛泽东对这篇文字比较满意。他在 1964 年 8 月 24 日说："关于从实践到感性认识，再从感性认识到理性认识的飞跃的道理，马克思和恩格斯都没有讲清楚，列宁也没有讲清楚。列宁写的《唯物主义和经验批判主义》，只讲清楚了唯物论，没有完全讲清楚认识论。……这个道理中国的古人也没有讲清楚。老子、庄子没有讲清楚，墨子讲了认识论方面的问题，但也没有讲清楚。张载、李卓吾、王船山、谭嗣同都没有讲清楚。什么叫哲学？哲学就是认识论。'双十条'的第一个十条前面那

1　中共中央文献研究室：《毛泽东文集》第八卷，人民出版社 1999 年版，第 320—321 页。

一段话是我写的。我讲了物质变精神、精神变物质。"[1] "马克思说从来的哲学家是各式各样地说明世界，但是重要的乃在于改造世界。我抓住了这句话，讲了两个认识过程，改造过程。单讲自由是必然的认识就自由了？没有实践证明嘛，必须在实践中证明。"[2]

《实践论》解决了实践在认识中的作用；主观能动性的问题，物质变精神，精神变物质，在《人的正确思想是从哪里来的？》中解决了。

1　中共中央文献研究室：《毛泽东文集》第八卷，人民出版社 1999年版，第 389—390页。
2　中共中央文献研究室：《毛泽东年谱（1949—1976）》第五卷，中央文献出版社 2013 年版，第 469—470 页。

毛泽东哲学思想的实质和核心是实事求是。

在开创革命根据地过程中的大量农村调查，是形成实事求是思想路线的基础。提出实事求是思想路线的标志性著作，是《反对本本主义》。1937 年的"两论"，是对实事求是的哲学升华，《实践论》阐发实事求是思想路线的认识论基础，《矛盾论》阐发实事求是思想路线的辩证法基础。到延安整风时期，实事求是的思想路线发展到成熟阶段。

陈云说："我曾经仔细研究过毛主席起草的文件、电报。当我全部读了毛主席起草的文件、电报之后，感到里面贯穿着一个基本指导思想，就是实事求是。那末，怎样才能做到实事求是？当时我的体会就是 15 个字：不唯上、不唯书、只唯实，交换、比较、反复。"[1]

董必武说："我所了解的毛主席有两种特别精神：一是为老百姓当勤务员，一是实事求是。"[2]

"实事求是是马克思主义的精髓。"邓小平说，"我读的书并不多，就是一条，相信毛主席讲的实事求是。过去我们打仗靠这个，现在搞建设、搞改革也靠这个。"[3]

1　陈云：《陈云文选》第三卷，人民出版社 1995 年版，第 371 页。
2　《董必武选集》，人民出版社 1985 年版，第 176 页。
3　邓小平：《邓小平文选》第三卷，人民出版社 1993 年版，第 382 页。

CHAPTER 8

第八章

共产党施展了什么"魔法"
让老百姓跟着自己走?

关于群众路线的论述

在人类思想史上，实践的产生先于概念的产生，是常有的事情。"群众路线"这个概念的提出就晚于"群众路线"的实践。

1922 年中国共产党第二次全国代表大会通过的《关于共产党的组织章程决议案》明确要求"党的一切运动都必须深入到广大的群众里面去"，还提出组建一个大的"群众党"。1925 年《中国共产党扩大执行委员会决议案》指出："中国革命运动的将来命运，全看中国共产党会不会组织群众，引导群众。" 1928 年，中共六大提出"党的总路线是争取群众"。

1929 年 9 月，由陈毅起草经周恩来审定的《中共中央给红军第四军前委的指示信》中多次提到"群众路线"，即筹款工作要"经过群众路线"，解决红军给养问题要"渐次做到由群众路线去找出路"。[1] 这是党的"群众路线"最原始的表述。

1929 年 12 月，毛泽东在古田会议决议中明确指出，党的工作要"在党的讨论和决议之后，再经过群众路线去执行"。毛泽东"群众路线"的概念和思想正在形成。

在后来的革命实践中，毛泽东对"群众路线"进行了系统全面的阐述。

1　中共中央文献研究室、中央档案馆：《建党以来重要文献选编（1921—1949）》第六册，中央文献出版社 2011 年版，第 516、519 页。

可以说，毛泽东是党的"群众路线"理论的奠基人。

费正清在 1946 年为曾在中国抗战期间任《时代》周刊驻华记者的白修德、贾安娜合著的《中国的惊雷》一书写书评，认为因为"中国共产党人的一大法宝：群众路线"，中共能够深入乡村，发动群众，因此中国内战最后的胜利者将会是中国共产党人。

群众路线使中国共产党的主张从大多数人心里出发，又在大多数人心里安顿，打破组织与群众、干部和群众之间的界限，让组织、干部和群众之间形成最近的距离，如鱼水关系一般打成一片，从而使党与群众之间形成感情上的平等共鸣、关系上的平等互动、思想上的平等交流、地位上的平等互换。

真正的铜墙铁壁是什么？是群众
——读《关心群众生活，注意工作方法》

随着中央革命根据地的形成和中华苏维埃共和国的建立，如何动员人民进行战争，取得人民群众的拥护，战胜国民党的军事"围剿"和经济封锁，一直是一个严峻的课题。

为了消灭苏维埃政权和红军，国民党政府在接近苏区的地区实行"油盐公卖"，即按人口售盐、售油。在苏区周围设立卡哨封锁，不准外面的东西运进苏区，也不准苏区的东西运出去。这样一来，中央苏区外来工业品日益减少，价格越来越高；苏区生产的稻谷、花生、大豆等农产品销不出去，价格一跌再跌。苏区有民众400多万，红军部队10余万，吃、穿、用都遭遇巨大困难。到1933年夏，中央苏区经济严重恶化：工商业凋零，食盐、布匹、西药等必需品奇缺，价格昂贵，部分地方因缺粮而发生饥荒。群众的生活遇到种种困难，革命工作也是困难重重。

当时，在根据地经济建设问题上，有两种倾向。一种是认为"革命战争已经忙不了，哪里还有闲工夫去做经济建设工作，因此见到谁谈经济建设，就要骂为'右倾'"[1]。另一种则是离开革命战争的环境去搞经济建设，脱离实际地提出要实行"大盐业计划""大军工计划"等。这两种倾向，都是错误的。

作为中华苏维埃共和国临时中央政府的主席，毛泽东以极大的精力从事中央苏区的经济建设工作。他首先着力解决开展经济建设的指导思想问题，在《必须注意经济工作》（1933年8月）等文章中提出：革命战争的激烈发展，要求我们动员群众，立即开展经济战线上的运动，进行各项必要的和可能的经济建设事业；把革命战争和经济建设对立起来，"是极端错误的"，离开革命战争去进行经济建设的观点，"只是一种瞎想"；开展经济建设工作，要有正确的领导方式和工作方法，诸如，从组织上动员群众，要反对官僚主义和命令主义，要组织和训练大量的干部；等等。

在毛泽东的指导下，临时中央政府采取了许多符合实际情况的灵活办法开展经济建设，如奖励开荒垦田、组织劳动竞赛、发动妇女参加农业生产、兴修农田水利、创办劳动互助社、建立耕牛合作社等，一派风生水起，有声有色。

不久，蒋介石部署对中央革命根据地的第五次大规模"围剿"。前线吃紧，军情急迫。

为了更好地组织群众，推动经济建设，支援革命战争，临时中央政府采取了一系列动员措施，如扩大红军、扩充运输队、收土地税、推销公债等。这些措施不可避免地会增加群众的负担。有些地方出现了官僚主义和命令主义的错误倾向，或者敷衍塞责，或者采取强迫命令方式，

---

1 《毛泽东选集》第一卷，人民出版社1991年版，第119页。

不仅没有达到动员目的，还伤害了群众感情。万泰县因为干部强行摊派，部分群众逃出苏区。

问题到底出在哪里呢？怎样才能赢得群众的信任和支持？1934年1月，毛泽东在瑞金召开的中华苏维埃第二次全国代表大会上所作的结论回答了这个问题。收入《毛泽东选集》的《关心群众生活，注意工作方法》，就是他作的结论的一部分。

这篇文章首先提出要正确处理群众生活和革命战争的关系，这是长久以来人们感到困惑的问题。

毛泽东说："我们现在的中心任务是动员广大群众参加革命战争"，"我们的同志如果把这个中心任务真正看清楚了，懂得无论如何要把革命发展到全国去，那末，我们对于广大群众的切身利益问题，群众的生活问题，就一点也不能疏忽，一点也不能看轻。因为革命战争是群众的战争，只有动员群众才能进行战争，只有依靠群众才能进行战争"。[1]

怎样才能把群众动员起来进行革命战争呢？"一切群众的实际生活问题，都是我们应当注意的问题。假如我们对这些问题注意了，解决了，满足了群众的需要，我们就真正成了群众生活的组织者，群众就会真正围绕在我们的周围，热烈地拥护我们。同志们，那时候，我们号召群众参加革命战争，能够不能够呢？能够的，完全能够的。"[2]

毛泽东的一番话引起热烈的掌声，与会代表有豁然开朗之感：群众拥护革命、支援前线，并不是自发产生、自然形成的，而是党和政府做了大量实际工作、满足他们切身利益的结果。群众生活与革命战争看似

1　《毛泽东选集》第一卷，人民出版社1991年版，第136页。
2　《毛泽东选集》第一卷，人民出版社1991年版，第137页。

存在矛盾，其实是辩证统一的关系。脱离革命战争去谈改善群众生活，只能是一句空话；而不顾群众生活上的种种困难，一味强调革命战争的重要性，也不可能达到革命战争胜利的目的。

毛泽东接下来的讲话中，运用正反两方面典型，讲述群众路线的道理。

他点名批评了汀州市苏维埃政府不关心群众生活的官僚主义作风，又表扬了江西兴国县长冈乡和福建上杭县才溪乡苏区干部的模范工作，树立正面典型。

毛泽东对长冈乡和才溪乡情况的了解，源于1933年11月他对两个乡的实地调查研究。

在长冈乡和才溪乡，毛泽东每到一个村庄，都住在贫雇农家里，和群众同吃同住，帮助群众犁田、插秧、劈柴，利用饭前饭后、地头田畔休息时间来做调查研究。由于他没有当官的架子，态度诚恳谦虚，群众都愿意向他反映情况，讲心里话。毛泽东通过实地调查，深深感受到两个模范乡工作的一条重要经验，就是干部十分注意群众的生活，把组织革命战争与关心群众生活密切地结合起来，使人民群众的生活能随着革命事业的发展得到切实的改善，从而真心实意地拥护革命。

毛泽东举例说："长冈乡有一个贫苦农民被火烧掉了一间半房子，乡政府就发动群众捐钱帮助他。"

事情的经过是这样的：有一天，毛泽东去油菜地里参加劳动，路过村民马荣海家门口时，停住脚步问："谁家的房子这么新？"马荣海从新房中出来说是他家的。毛泽东问："新房子是怎么盖起来的？"马荣海就把自己家失火烧掉了房子，无家可归，乡苏维埃利用互济会捐钱，发动群众捐工捐料，替他盖房子的事，详详细细地说了一遍，还激动地说："共产党真好，照顾我们真周到，我家房子一烧掉，三天就给我盖好了新房。要是在国民党时，做梦也想不到。当红军实在光荣，我的大儿子参加红军去了，二儿子明天刚满十八岁，我又要送他去当红军。"[1]

毛泽东还讲到一个细节，"有三个人没有饭吃，乡政府和互济会就马上捐米救济他们"。

这也是毛泽东亲眼所见的事情。他到长冈乡的第二天，就到红军家属刘长秀家里，问刘家生活有没有困难，日子好不好过。刘长秀不认识毛泽东，她说："同志，好得我们乡政府的干部顾乐（照顾）我们，不然米都冇煮。"毛泽东接着问她家里几口人吃饭，她回答说，五个，自己、丈夫、女儿、两个男孩，丈夫和大儿子都当红军去了。毛泽东又问："你的丈夫和儿子都参军了，家中有什么困难？政府的优待工作做得怎么样？"刘长秀回答说："历次都是麻烦乡主席，昨天刚刚露了点风声，说没有米下锅，今天一清早，代表主任就送了米来，共产党真好，什么事都帮我们想到了。"

由于长冈乡、才溪乡干部把组织革命战争与改善群众生活两大任务结合起来了，在革命战争极其艰苦的环境下，群众生活水平不仅没有下降，反而得到改善和提高。这就是两个乡青壮年十有八九踊跃参军的一个重要原因。毛泽东将他了解到的这些情况，写进了《乡苏工作的模范——长冈乡》《乡苏工作的模范——才溪乡》两篇调查报告，并将两个模范乡的经验在中华苏维埃第二次全国代表大会上作了阐发。

1　　杨尚奎：《回顾和学习毛泽东同志的〈长冈乡调查〉》，《江西社会科学》1988 年第 3 期。

毛泽东的这次调查活动，谢觉哉也参加了。谢觉哉早年参加了毛泽东组织的新民学会，1925年加入中国共产党。他1933年进入中央苏区后，担任中华苏维埃共和国临时中央政府和毛泽东秘书。谢觉哉后来说："毛泽东同志调查兴国长冈乡、上杭才溪乡，我是看见的。找来乡长支书三两个农民，每个乡都差不多谈了个把星期。他亲自照顾他们的食宿，生怕他们不能熬夜，一句句很谦虚地问。"毛泽东将农民视为先生，以小学生的态度向农民请教，让谢觉哉十分感动，体会到毛泽东的调查研究工作艺术和群众观，体会到共产党人的真经——如何处理党与人民群众的关系。

毛泽东说："我们应该深刻地注意群众生活的问题，从土地、劳动问题，到柴米油盐问题。妇女群众要学习犁耙，找什么人去教她们呢？小孩子要求读书，小学办起了没有呢？对面的木桥太小会跌倒行人，要不要修理一下呢？许多人生疮害病，想个什么办法呢？一切这些群众生活上的问题，都应该把它提到自己的议事日程上。应该讨论，应该决定，应该实行，应该检查。要使广大群众认识我们是代表他们的利益的，是和他们呼吸相通的。"[1]

怎样动员群众参加革命战争的结论，就这样水到渠成：

要得到群众的拥护吗？要群众拿出他们的全力放到战线上去吗？那末，就得和群众在一起，就得去发动群众的积极性，就得关心群众的痛痒，就得真心实意地为群众谋利益，解决群众的生产和生活的问题，盐

1　《毛泽东选集》第一卷，人民出版社1991年版，第138页。

422

的问题，米的问题，房子的问题，衣的问题，生小孩子的问题，解决群众的一切问题。我们是这样做了么，广大群众就必定拥护我们，把革命当作他们的生命，把革命当作他们无上光荣的旗帜。国民党要来进攻红色区域，广大群众就要用生命同国民党决斗。[1]

同志们，真正的铜墙铁壁是什么？是群众，是千百万真心实意地拥护革命的群众。这是真正的铜墙铁壁，什么力量也打不破的，完全打不破的。反革命打不破我们，我们却要打破反革命。在革命政府的周围团结起千百万群众来，发展我们的革命战争，我们就能消灭一切反革命，我们就能夺取全中国。[2]

毛泽东在阐述关心群众生活的问题之后，还进一步讲了领导干部做群众工作的方法：

我们不但要提出任务，而且要解决完成任务的方法问题。我们的任务是过河，但是没有桥或没有船就不能过。不解决桥或船的问题，过河就是一句空话。不解决方法问题，任务也只是瞎说一顿。[3]

要"过河"，必须解决"船"与"桥"的问题。做群众工作的方法，一下子竟然有了哲学上的含义。

1　《毛泽东选集》第一卷，人民出版社1991年版，第138—139页。
2　《毛泽东选集》第一卷，人民出版社1991年版，第139页。
3　《毛泽东选集》第一卷，人民出版社1991年版，第139页。

毛泽东还指出："一切工作，如果仅仅提出任务而不注意实行时候的工作方法，不反对官僚主义的工作方法而采取实际的具体的工作方法，不抛弃命令主义的工作方法而采取耐心说服的工作方法，那末，什么任务也是不能实现的。"[1]

领导干部不仅把群众生活和革命战争联系起来，还要把革命的工作方法和革命的工作任务联系起来。这是《关心群众生活，注意工作方法》这篇文章，作为阐发群众路线的代表作的深刻之处。

1　《毛泽东选集》第一卷，人民出版社 1991 年版，第 140 页。

从群众中来，到群众中去
——读《关于领导方法的若干问题》

1944 年，一位从重庆到延安考察的记者提出一个问题："陕甘宁边区的人口，大约是 150 万，活跃于这块舞台的共产党员，据说只有 4 万人。4 万个党员统治着 150 万的人民。这就是说，在每一个共产党员的后面，几乎有 40 个老百姓跟着他走。他们用什么方法带着这大批的民众走上共产党的道路呢？他们凭着什么本领，把自己的表情教给老百姓仿效呢？"[1]

这个提问的记者叫赵超构。

这一问，令人深思：陕甘宁边区受到国民党封锁，这里土地贫瘠，还时刻面临日本飞机轰炸，老百姓却安居乐业，共产党施展了什么"魔法"？还有，在这里，老百姓都听共产党的；国民党也想和老百姓套近乎，可老百姓不买国民党这一套，共产党施展了什么"魔法"让老百姓跟着自己走？

1　任文：《第三只眼看延安》，陕西师范大学出版总社有限公司 2014 年版，第 115 页。

记者赵超构在延安阅读了中共中央发布的《关于领导方法的决定》，考察了边区的建设，他得出的答案是：中国共产党的群众路线在发挥作用。

中共中央 1943 年 6 月颁发的《关于领导方法的决定》，是毛泽东亲自起草的。这篇文章收入《毛泽东选集》第三卷时定名为《关于领导方法的若干问题》。

毛泽东在这篇文章中，把马克思主义认识论和党的群众路线统一起来，科学地阐明了"从实践到认识，从认识到实践"同"从群众中来，到群众中去"这两个过程的一致性，第一次从哲学高度对群众路线作了理论概括。

在我党的一切实际工作中，凡属正确的领导，必须是从群众中来，到群众中去。这就是说，将群众的意见（分散的无系统的意见）集中起来（经过研究，化为集中的系统的意见），又到群众中去作宣传解释，化为群众的意见，使群众坚持下去，见之于行动，并在群众行动中考验这些意见是否正确。然后再从群众中集中起来，再到群众中坚持下去。如此无限循环，一次比一次地更正确、更生动、更丰富。这就是马克思主义的认识论。[1]

这段话，揭示了党的群众路线与马克思主义认识论的一致性，是党面对群众的基本领导方式和基本工作方法的精辟总结和概括。

---

[1] 《毛泽东选集》第三卷，人民出版社 1991 年版，第 899 页。

　　群众是社会实践的主体，也是认识的主体。"从群众中来"，是在实践的基础上从感性认识"飞跃"到理性认识，将群众分散的意见，化为集中系统的意见；"到群众中去"，是理性认识"飞跃"到实践，将集中起来的正确意见，化为群众的自觉行动，并在实践中检验这些意见是否正确。坚持不断地"从群众中来，到群众中去"，就是实践、认识、再实践、再认识，循环往复，以至无穷。

　　毛泽东在这份文件中写道："任何有群众的地方，大致都有比较积极的、中间状态的和比较落后的三部分人。故领导者必须善于团结少数积极分子作为领导的骨干，并凭借这批骨干去提高中间分子，争取落后分子。"[1]

　　赵超构读了毛泽东这个论述，加上他在延安考察看到的情况，写了一段他的体会：

　　把"群众"分作三部分，其一是"积极分子"，其二是"中间的游疑分子"，其三是"落后分子"。假如把抽象的群众描绘成具体的形象，那就是鸡蛋形的，两头小，中间大。换句话说，中间分子最多，积极的和落后的都占少数。成功的群众工作者，"必须善于团结少数积极分子作为领导的骨干，并凭借这批骨干去提高中间分子，争取落后分子"——这是共产党对于群众的认识论。

　　根据这认识，共产党先在群众中配备干部作为"领导核心"。以这个核心为枢纽，转移四周的群众。

1　《毛泽东选集》第三卷，人民出版社 1991 年版，第 898 页。

……核心的任务，不仅在团结积极分子和争取其他分子。它必须通过骨干，将群众中分散零乱的意见愿望集中起来，加以研究整理综合，化为有系统的方针与意见，而后又向群众宣传解释，使这种方针化为群众的意见，"并使群众坚持下去，见之于行动，同时在群众行动中考验这些方针是否正确"，再集中，再整理，再向群众推行，循环地转进，一次比一次增加经验，一次比一次适合群众，这就是"从群众中来，到群众中去"的具体说明。

所以做着这样工作的核心分子，除了须善于"联系群众"之外，还必须具有分析事实、总结经验的能力。[1]

这显然是对毛泽东观点的详细解读。

赵超构认为，中国共产党落实他们的"战略部署"的"战术"有三条："其一，可以称为'攻取据点'。那就是推行某种工作时，除了一般号召之外，负责人还必须选择若干机关学校部队，亲自指导，个别的具体的观察情形，取得经验。再从这些据点出发，扩充推行的范围。"[2]

这正是毛泽东在《关于领导方法的若干问题》中所强调的：

任何工作任务，如果没有一般的普遍的号召，就不能动员广大群众行动起来。但如果只限于一般号召，而领导人员没有具体地直接地从若干组织将所号召的工作深入实施，突破一点，取得经验，然后利用这种经验去指导其他单位，就无法考验自己提出的一般号召是否正确，也无

1　任文：《第三只眼看延安》，陕西师范大学出版总社有限公司 2014 年版，第 115—116 页。
2　任文：《第三只眼看延安》，陕西师范大学出版总社有限公司 2014 年版，第 116 页。

法充实一般号召的内容，就有使一般号召归于落空的危险。[1]

赵超构说的第二条"战术"是："'集结兵力'。那就是'在一定的时间一定的地方，只能有一个最中心的工作'。动员全部的人力来突破这个中心工作。次要的工作是可以有的，但决不可以妨碍中心工作的进行。譬如说，生产是中心的工作，而教育与生产不能并行时，他们就暂时牺牲教育，让那些学龄儿童留在家里帮助生产。一个县长或乡长，可以分别轻重缓急，选定中心工作来做，不想'百废俱举'而其实一事无成。"[2]这也是毛泽东所明确的："在任何一个地区内，不能同时有许多中心工作，在一定时间内只能有一个中心工作，辅以别的第二位、第三位的工作。"[3]

赵超构讲的第三条"战术"是："最后一步工作可以称为'上下呼应'。他们推动一事，尽可能地避免强迫的命令。"

接着，赵超构总结说："普遍的方式总是这样的：攻取据点，集结兵力之后，在上者一声高呼，在群众中的核心和骨干，便在各据点向外进行宣传说服讨论批评的工作，鼓励群众响应上面的号召。这一层响应的工作，必须做得十分完美，必须做到由群众自己来发言要求的地步，不由少数的核心分子来包办。"

最后赵超构得出结论："这是共产党推动群众的理论……我们可以了解 4 万名共产党员怎样管束着 150 万民众的秘诀了。"[4]

1　《毛泽东选集》第三卷，人民出版社 1991 年版，第 897 页。

2　任文：《第三只眼看延安》，陕西师范大学出版总社有限公司 2014 年版，第 116—117 页。

3　《毛泽东选集》第三卷，人民出版社 1991 年版，第 901 页。

4　任文：《第三只眼看延安》，陕西师范大学出版总社有限公司 2014 年版，第 117—118 页。

赵超构的这些话语基本上是从《关于领导方法的若干问题》中"化"来的。

毛泽东的这篇文章，收入了《整风文献》，是延安整风学习的文件，对于"群众路线"在全党的深入实践起到了极大的促进作用。

有意思的是，这篇文章在新中国成立前后，传到了北京市青年团干部王蒙手中。王蒙 50 多年后还有鲜活的记忆："《整风文献》中的另一篇文字吸引了我的少年的心，它是《中共中央关于领导方法的决定》，是毛主席的手笔，提出领导要搞重点示范与指导全面的结合，第二个结合是积极分子骨干与广大群众的结合。这些论述对于我不但高明而且神奇。我爱过文学，爱过数学，但是文学数学，也没有像宣传鼓动特别是抓点带面抓骨干带群众的领导学问大，变化莫测，出神入化。这样活泼生动、课上不讲、书上不写的学问才是奥妙无穷。真是大智慧，大手笔，大创造，大学识啊。我迷上了。"[1] 王蒙后来成长为著名作家，曾任中华人民共和国文化部部长。他的回忆，印证了党的群众路线，一经毛泽东阐述，拥有何其强烈的感染力。

1　王蒙：《王蒙自传》第一部，花城出版社 2006 年版，第 72 页。

兵民是胜利之本

——读"兵民是胜利之本"等关于群众路线的论述

毛泽东关于群众路线的理论与实践在延安时期日臻完善。

1937 年 5 月，毛泽东在《为争取千百万群众进入抗日民族统一战线而斗争》中，提出"把党的方针变为群众的方针，还须要我们长期坚持的、百折不挠的、艰苦卓绝的、耐心而不怕麻烦的努力"。[1]

1938 年 5 月，毛泽东的《论持久战》中，专门有一节写"兵民是胜利之本"。这一节，着重阐述人民战争的思想，是群众路线在军事领域的展开，成为《论持久战》中的一个重要的创新点。毛泽东说："战争的伟力之最深厚的根源，存在于民众之中。"[2]毛泽东明确提出了动员人民加入战争、依靠人民夺取战争胜利的思想。毛泽东是中国最早最系统地提出人民战争观点的人。

延安曾经发生一次雷击事件。1941 年 6 月 3 日下午，在陕甘宁边

1　《毛泽东选集》第一卷，人民出版社 1991 年版，第 279 页。
2　《毛泽东选集》第二卷，人民出版社 1991 年版，第 511 页。

区政府杨家岭小礼堂召开县长联席会议时，一声巨响，延川县代县长李彩荣被雷电击中当场死亡，还有几人被雷电击伤。这天，一个农民的一头毛驴也被雷电击死。这个农民逢人便说："老天爷不睁眼，咋不打死毛泽东。"[1]保卫部门要追查这个农民。毛泽东加以阻止。

毛泽东说："老百姓可以骂我们，我们却不能骂他们，因为他们是'主人'，是党的'活菩萨'。"[2]听到老百姓的骂声，毛泽东想到的是：老百姓为什么说"咋不打死毛泽东"？共产党做了什么错事引起了老百姓的反感？经过调查发现，这一年公粮征多了。1941年，陕甘宁边区总人口有136万多，吃"公家饭"的人有7万多，还有8100多匹骡马牲口，一年征20万担粮，人均负担约14升。[3]老百姓负担过重，对共产党对毛泽东有意见。中共中央决定，减征公粮，把1942年的公粮由原定的19万担降为16万担；同时，精兵简政，开展大生产运动。

几年后，毛泽东在党的七大口头报告中，专门讲述了这件事，他提醒说："我们还没有学会搞经济工作。没有学会，要学一下吧！不然雷公要打死人。"[4]在党的七大的结论讲话中，毛泽东又一次讲述了这件事情："为什么有人希望雷公打死我呢？当时我听到这个话是很吃惊的。……把老百姓搞得相当苦，怨声载道，天怒人怨，这些事还不是毛泽东搞

1　中共中央文献研究室：《毛泽东年谱（1893—1949）》中卷，中央文献出版社2013年版，第303页。

2　张太原：《中国共产党百年成功的方法论》，人民出版社2021年版，第106页。

3　李维汉：《回忆与研究》下册，中共党史资料出版社1986年版，第500—501页。

4　中共中央文献研究室：《毛泽东在七大的报告和讲话集》，中央文献出版社1995年版，第144页。

的？……这就迫使我们研究财政经济问题，下决心搞大生产运动。"[1]

这件事也让邓小平记忆终身。30 多年后，他还讲到这个故事，然后得出结论：毛泽东"善于从群众这样的议论当中，发现问题，提出解决问题的方针和政策。毛泽东同志一向非常注意群众的议论，群众的思想，群众的问题"。[2]

正是一切从群众的实际出发，党的群众路线理论在延安时期得到不断完善。

1942 年 5 月，毛泽东的《在延安文艺座谈会上的讲话》提出："我们的问题基本上是一个为群众的问题和一个如何为群众的问题。""如果把自己看作群众的主人，看作高踞于'下等人'头上的贵族，那末，不管他们有多大的才能，也是群众所不需要的，他们的工作是没有前途的。"[3]

1942 年 12 月，毛泽东在《经济问题与财政问题》中指出，"一切空话都是无用的，必须给人民以看得见的物质福利。""我们的第一个方面的工作并不是向人民要东西，而是给人民以东西。""食之者众，生之者寡，用之者疾，为之者舒，是要塌台的。"[4]

1945 年 4 月，毛泽东在党的七大上作《论联合政府》的报告，进一步阐述了党的群众路线的核心内容：

1　中共中央文献研究室：《毛泽东在七大的报告和讲话集》，中央文献出版社 1995 年版，第 211 页。
2　《邓小平文选》第二卷，人民出版社 1994 年版，第 46 页。
3　《毛泽东选集》第三卷，人民出版社 1991 年版，第 853、864 页。
4　中共中央文献研究室：《毛泽东文集》第二卷，人民出版社 1993 年版，第 466—467 页。

我们共产党人区别于其他任何政党的又一个显著的标志，就是和最广大的人民群众取得最密切的联系。全心全意地为人民服务，一刻也不脱离群众；一切从人民的利益出发，而不是从个人或小集团的利益出发；向人民负责和向党的领导机关负责的一致性；这些就是我们的出发点。[1]

凡属正确的任务、政策和工作作风，都是和当时当地的群众要求相适合，都是联系群众的；凡属错误的任务、政策和工作作风，都是和当时当地的群众要求不相适合，都是脱离群众的。[2]

应该使每个同志明了，共产党人的一切言论行动，必须以合乎最广大人民群众的最大利益，为最广大人民群众所拥护为最高标准。应该使每一个同志懂得，只要我们依靠人民，坚决地相信人民群众的创造力是无穷无尽的，因而信任人民，和人民打成一片，那就任何困难也能克服，任何敌人也不能压倒我们，而只会被我们所压倒。[3]

七大通过的《中国共产党党章》贯穿了坚持群众路线的主线，庄严地申明："中国共产党人必须具有全心全意为中国人民服务的精神，必须与工人群众、农民群众及其他革命人民建立广泛的联系，并经常注意巩固与扩大这种联系。每一个党员都必须理解党的利益与人民利益的一致性，对党负责与对人民负责的一致性。每一个党员都必须用心倾听人

1　《毛泽东选集》第三卷，人民出版社 1991 年版，第 1094—1095 页。
2　《毛泽东选集》第三卷，人民出版社 1991 年版，第 1095 页。
3　《毛泽东选集》第三卷，人民出版社 1991 年版，第 1096 页。

民群众的呼声和了解他们的迫切需要，并帮助他们组织起来，为实现他们的需要而斗争。每一个党员都必须决心向人民群众学习，同时以革命精神不疲倦地去教育人民群众，启发与提高人民群众的觉悟。中国共产党必须经常警戒自己脱离人民群众的危险性，必须经常注意防止和清洗自己内部的尾巴主义、命令主义、关门主义、官僚主义与军阀主义等脱离群众的错误倾向。"[1]

蒋介石认真阅读了中共七大制定的《中国共产党党章》。他把《中国共产党党章》中"党员与群众""上级与下级"两段完整地抄录在自己的日记里。他认为这两段写得太好了："读了得益匪浅，本党必须要奋起急追，否则消亡无日。"[2]

陆定一说："毛主席的领导是根据什么来的？他是一切依靠人民，他自己不把自己当做圣人，当做是了不起的人物。他总是说，你要对老百姓讲话，先听老百姓讲，你讲一句先听老百姓讲十句，要我们到处以老百姓为师。毛主席告诉我们这个领导作风，就是从群众中来，再到群众中去；所以我们的老祖宗是群众，我们的基础是群众，我们的先生也是群众。毛主席是依靠人民，依靠人民的创造性，依靠广大人民的力量。在党内问题上，他也是依靠广大党员的积极性，他再集中起来坚持下去。"[3]

1　中共中央文献研究室、中央档案馆：《建党以来重要文献选编（1921—1949）》第二十二册，中央文献出版社 2011 年版，第 535 页。
2　陈晋：《陈晋自选集》，学习出版社 2013 年版，第 261 页。
3　中共中央党史研究室、中央档案馆：《中国共产党第七次全国代表大会档案文献选编》，中共党史出版社 2015 年版，第 406 页。

毛泽东思想中群众路线这个"活的灵魂",具有严密的思想逻辑和理论结构:一切为了群众,一切依靠群众,即"两个一";从群众中来,到群众中去,即一"来"一"去";领导和群众相结合,一般和个别相结合,即"两个结合";再从群众中集中起来,再到群众中坚持下去,即再"来"再"去";坚持实行群众自愿的原则和领导群众前进的原则,即"两个原则"。

群众路线不仅要求党的干部向群众靠拢,还有教育群众、提高群众的要求,形成党和群众的互动提升。如果仅仅强调前者,有可能流于民粹;只强调后者,又有精英主义的风险。

1959 年 12 月,周恩来在中南海接见被特赦的末代皇帝溥仪和原国民党将领,要求他们掌握四大观点:爱国主义观点、阶级观点、群众观点和劳动观点。周恩来在讲群众观点时说:群众观点,是中国革命最重要的问题。革命之所以成功,主要是依靠群众。共产党人并非三头六臂,有他的革命性,但离开了群众,就一事无成。毛泽东思想,依靠群众,把蒋介石的反动统治推翻了。把群众发动起来,是无敌的力量。

1977 年 7 月,邓小平指出:群众路线和实事求是是毛泽东同志倡导的作风的最根本的东西,对我们党的现状来说,这两条特别重要。[1]

1　中共中央文献研究室:《文献和研究（1983）》,人民出版社 1984 年版,第 427 页。

群众路线，是中国共产党的"真经"。

　　王蒙在《中国天机》中说："对于共产党，最可怕最危险的就是脱离了群众，仅仅依靠强力来维持局面。受群众拥护则党兴党强，脱离群众则党衰党亡。不是说忧患意识吗？忧什么患什么？忧的患的就是一个东西：脱离了群众，变成了少数人的'霸王别姬'。所有的井冈山传统、延安作风、革命先辈留下的精神遗产，最宝贵、最须臾不可离弃的是密切联系群众。对党员进行教育，首先是切勿脱离群众的教育；对党员进行考察，首先要考察他们是否密切联系群众。对于骑在群众头上作威作福的所谓的共产党员，应该坚决清洗。"[1]

　　践行群众路线，永远在路上。

1　王蒙：《中国天机》，安徽文艺出版社 2012 年版，第 52 页。

CHAPTER 9

第九章

自立于世界
民族之林

关于独立自主的论述

"独立自主是中华民族精神之魂，是我们立党立国的重要原则。走自己的路，是党百年奋斗得出的历史结论。"《中共中央关于党的百年奋斗重大成就和历史经验的决议》如是说。

　　"独立"一词，最早出自《老子》："独立而不改，周行而不殆。""自主"一词，虽出现较晚，但在早期儒家的思想中，为仁由己、弘道在人、自求多福，都含有"自主"之价值意蕴。

　　中国共产党是在共产国际的指导下成立的，它受益于共产国际阳光照耀的同时，也往往陷入精神被动，缺少独立自主的气概。中共早期党员郑超麟说："我认为中国共产党历届领导人敢于怀疑国际路线，抵制国际路线，而实行自己路线的，首推毛泽东。"[1]

　　毛泽东在革命实践中形成的"独立自主"思想，是中国共产党从精神被动到精神主动、从学习到创造、从幼年走向成熟的关键指引，也是中国共产党立党立国的重要原则和鲜明标识。

1　祝彦：《晚年陈独秀（1927—1942）》，人民出版社 2006 年版，第 294 页。

中国革命斗争的胜利要靠中国同志 了解中国情况

——读《反对本本主义》第六节

1930 年 5 月，毛泽东写下了《调查工作》（后来改名为《反对本本主义》）一文，其中有这样一段话：

那些具有一成不变的保守的形式的空洞乐观的头脑的同志们，以为现在的斗争策略已经是再好没有了，党的第六次全国代表大会的"本本"保障了永久的胜利，只要遵守既定办法就无往而不胜利。这些想法是完全错误的，完全不是共产党人从斗争中创造新局面的思想路线，完全是一种保守路线。这种保守路线如不根本丢掉，将会给革命造成很大损失，也会害了这些同志自己。[1]

这段话所在的第六节的标题是："中国革命斗争的胜利要靠中国同

1　《毛泽东选集》第一卷，人民出版社 1991 年版，第 115—116 页。

志了解中国情况"。尽管没有使用"独立自主"这个词，但是其中蕴含的鲜明的独立自主的思想，昭然呈现。

毛泽东在这个时间做这样的文章，提出这样的观点，出自深刻的历史背景，回答的是时代之问。

中国共产党成立的时候，在理论、实践、干部、组织上都缺乏准备。它在共产国际帮助下成立，首先面临一个问题：是否参加共产国际，作为共产国际的一个支部？对此，党内有分歧有争论。

党的第一任书记陈独秀说："我们党尚在幼年，一切工作也都未正式展开，我认为没有必要戴上共产国际这个大帽子。因为，我们中国的革命运动有中国的情况，而这些怕是共产国际和外人所难于了解的，不了解，又何谈领导和指挥呢？"共产国际的马林向共产国际报告，中国共产党不同意共产国际的监护关系。[1]

这时候，一个巨大的现实问题摆在面前：党没有活动经费。

陈独秀是著名的文化人，他的个人生活常常因为缺钱而面临困境；作为党的领导人，他也没有能力筹备党的活动经费。1921年10月4日，陈独秀在家中与杨明斋、包惠僧、柯庆施等人被法租界巡捕逮捕，大量禁售刊物《新青年》亦被搜出。10月26日，法庭宣判陈独秀等无罪释放，罚100大洋了事。陈独秀出狱后得知，马林为营救他们，聘请法国律师，耗费不少金钱和精力，才打通各个关节，把他们营救出来。这次遭遇，令陈独秀认识到，党的巩固和发展，不仅需要理想和主义，也需要经费。原先不同意加入共产国际的陈独秀改变了主意。于是，1922年7月召

1　中共中央党史研究室、中央档案馆：《中国共产党第二次全国代表大会档案文献选编》，中共党史出版社2014年版，第74页。

开的中共二大明确宣布：中国共产党是共产国际在中国的支部。

这个决定是当时历史条件下的必然而正确的抉择。共产国际，又叫第三国际，1919 年由列宁领导创建。这个国际性的共产党和共产主义组织，是全世界共产党组织的领导，是各国共产党人的"娘家"。但由于党处于幼年成长时期，在许多重大问题上产生了依赖的习惯，因而一定程度上又影响了中国共产党独立自主的发展，给中国革命事业带来消极影响。比如，中国共产党根据共产国际的指示，实行国共合作，开展轰轰烈烈的大革命，迅速壮大了自己的力量。但是，当国民党右派势力越来越强势地打压中国共产党的时候，共产国际又要求中国共产党不要争领导权，在退让中求得国共统一阵线的维系。这种 "维系"最后导致大革命失败，共产党人被屠杀。

作为共产国际的一个支部，中国共产党无论在组织上还是政治路线上，都没有多少自主性。大革命失败了，陈独秀下去了。在共产国际代表罗明纳兹主导下，瞿秋白成为中共的第二任负责人。在莫斯科召开的中共六大，受到共产国际选拔干部时片面强调工人成分的影响，武汉码头工人向忠发随后被推举为中共中央政治局主席兼中共中央政治局常委会主席，但事实上他没有能力在中央起主导作用。1931 年，党内资历和实际斗争经验非常不足的王明、博古，因共产国际看重而强行推举其成为中国共产党的核心领导人。

按共产国际要求上台领导中国革命的人，当然要听从共产国际的指示办事。最要命的是，有的领导人始终把屁股坐在共产国际的政治选择上面，领导中国革命、制定党的政治路线完全照搬外国经验和听从共产国际的指示。这时候的中国共产党，没有独立性，不能自主地决定自己的命运。结果，王明"左"倾教条主义在中共中央统治长达四年之久，比瞿秋白"左"倾盲动错误与李立三"左"倾冒险错误，形态更完备、时间更长、后果更严重。他们派遣许多"钦差大臣"到全国各地去，对革命根据地和白区地方党组织进行所谓改造和充实。他们以苏联革命的经验为标准，对怀疑或不支持他们的同志，扣上"右倾机会主义""富农路线""两面派"等帽子，进行"残酷斗争""无情打击"。毛泽东就是在这种情况下成为王明"左"倾教条主义经常打击的主要对象。

毛泽东后来说："看来共产国际在 1927 年提供给中国共产党的不是什么'意见'，而是干脆发的命令，中国共产党显然甚至无权不接受。"[1]

恰恰是毛泽东，力图探索和引领中国共产党走上政治上、军事上、经济上的独立自主之路。

毛泽东从小具有独立的意志、独立思考的品质，这种性格对他的革命历程具有重大影响。在党的许多同志迷信共产国际和"本本"的时候，他踏上务实之路——

在多数领导人尚不懂得农民问题的极端重要性时，他指出了农民是决定中国革命胜负的重要力量；

在中共领导层热衷于民众运动的时候，他提出了"枪杆子里面出政权"的思想；

在党中央学习苏联在中心城市暴动、以城市工作为中心的时候，他作为逆行者，上山当了"绿林好汉"，开辟了中国共产党的第一块农村根据地……

1　[美]埃德加·斯诺：《西行漫记》，董乐山译，东方出版社 2005 年版，第 155 页。

特别是"打土豪，分田地""工农武装割据""农村包围城市"的理论与实践，在政治上创造了中国共产党人独特的理论，在军事上建立了中国共产党人自己的武装，在经济上摆脱了对共产国际的依赖。

因为毛泽东坚信："中国革命斗争的胜利要靠中国同志了解中国情况。"

毛泽东在革命道路上独立自主的探索，一度不被党内领导层理解，甚至受到指责。连斯大林也曾经说："毛泽东是独特的人，独特的共产党人。他在农村活动，避开城市，对城市没有兴趣。"这不是肯定和赞扬的话。

1932 年到 1934 年底，毛泽东被边缘化了。

历史的进程如毛泽东所说，临时中央"迷信国际路线，迷信打大城市，迷信外国的政治、军事、组织、文化的那一套政策"[1]，不能结合中国的实际去独立自主地思考和实践，导致第五次反"围剿"的失败。苏区根据地待不下去了，中共中央和红军被迫战略转移，走上了艰苦卓绝的长征之路。

冥冥之中似有天意，长征经过湘江时，中共中央与共产国际联络的那架电台被敌机炸毁。顿时，以博古为主要领导的中共中央，长期以来以共产国际指示为金科玉律的中共中央，失掉了与共产国际的联系。此后一年多的时间，中共中央没有与共产国际发生直接联系。历史的必然性总是通过偶然性实现的。这扇偶开的历史"天窗"，促使中国共产党人独立思考，自己解决自己的问题，自己掌握自己的命运。

1　中共中央文献研究室：《毛泽东传》第一册，中央文献出版社 2011 年版，第 325 页。

打开这扇历史"天窗",走向独立自主的契机,就是人们非常熟悉的,1935年1月15日至17日,中共中央政治局在遵义召开的扩大会议,史称"遵义会议"。

这次会议作了下列决定:

(一)毛泽东同志选为常委。

(二)指定洛甫同志起草决议,委托常委审查后,发到支部中去讨论。

(三)常委中再进行适当的分工。

(四)取消三人团,仍由最高军事首长朱周为军事指挥者,而恩来同志是党内委托的对于指挥军事上下最后决心的负责者。[1]

这个简练明快的决定,把共产国际批准的总负责人博古拉下马来,把毛泽东推向舞台的中央,从而改变了中共的历史、中国的历史。

遵义会议后不久,政治局常委进行分工,由张闻天替代博古"负总责",毛泽东协助周恩来负责军事。"这次会议开始了以毛泽东同志为首的中央的新的领导,是中国党内最有历史意义的转变。"[2]

为什么说"是中国党内最有历史意义的转变"?自1921年成立以来,遵义会议是中国共产党第一次独立自主地决定中国革命的路线、方针、政策问题,第一次自己选举自己的领导人,第一次成功地纠正共产国际在指导中国革命问题上的错误。

遵义会议拯救了党、拯救了红军,挽救了中国革命。毛泽东后来评

---

1 陈云:《陈云文选》第一卷,人民出版社1995年版,第43页。

2 《毛泽东选集》第三卷,人民出版社1991年版,第969页。

价说："在这以前，老是由先生把着学生的手写字，先生老是不放手，学生的字也就总写不好；遵义会议后，我们自己开始学写字了，终于走出了自己的路。"[1] "真正懂得独立自主是从遵义会议开始的。"[2]

有了独立自主，有了自己在实践中产生的懂得中国革命实际的领袖，中国革命立即变得生机勃勃。在毛泽东的指挥下，红军四渡赤水，巧渡金沙江，强渡大渡河，飞夺泸定桥，翻雪山，过草地，经历艰苦卓绝的长征，胜利到达陕北。中国共产党由一个不那么独立自主的党，开始发展成为一个独立自主的党。

1　王福选、陈红星：《土壤与种子——毛泽东的国情观》，陕西师范大学出版社 1993 年版，第 107 页。
2　中共中央文献研究室：《毛泽东文集》第八卷，人民出版社 1999 年版，第 339 页。

统一战线中的独立自主
——读《统一战线中的独立自主问题》等文章

1935 年 10 月，中国共产党到达陕北后，立即把驱逐日军、建立抗日民族统一战线作为最紧迫的任务。12 月 27 日，在瓦窑堡召开的党的活动分子会议上，毛泽东作了《论反对日本帝国主义的策略》的报告。毛泽东在报告中特别强调，要注意记取大革命失败的教训，须在民族统一战线中发挥领导作用。

1937 年 7 月卢沟桥事变爆发后，国共两党正式组成统一战线，共同抗击日本侵略者。毛泽东保持清醒的头脑，提出了在国共合作中共产党必须"独立自主"的问题。

这期间，发生了"漳浦事件"（即何鸣事件）。1937 年 7 月，国民党第一五七师以集中点验发饷为名，要求红三团集中到漳浦县进行"整训"。红三团在团长何鸣带领下，离开根据地，来到福建漳浦县城"整训"。结果，上千名红军被国民党第一五七师缴械。听命于人，教训沉痛。

1937 年 8 月 1 日，毛泽东和张闻天在《关于红军作战原则的指示》

中，提出了"独立自主"的概念："在整个战略方针下执行独立自主的分散作战的游击战争……"[1]

8月9日，中共中央在延安召集各单位负责人会议，讨论平津失陷后的形势与党的任务。毛泽东说："红军应当实行独立自主的指挥与分散的游击战争。必须保持独立自主的指挥，才能发挥红军的长处，集团的作战是不行的。同时还要估计到特别的情形，防人之心不可无，应有戒心，保障红军之发展扩大。"[2]

8月22日至25日，中共中央政治局扩大会议在洛川召开。关于国共两党关系问题，毛泽东指出：现在统一战线正在成熟中，但国民党还在限制和破坏我们，我们是继续有原则地让步，即保持党和红军的独立性，要有自由，而采取不决裂的方针。根据大革命失败的教训，"独立性是组织的、政治的独立问题两方面"。

9月25日，中共中央政治局召开常委会，通过了《中共中央书记处关于共产党参加政府问题的决定草案》，强调"在原有红军中苏区中及一切游击区中，共产党绝对独立领导之保持，是完全必要的，共产党员不许可在这个问题上发生任何原则上的动摇"。

这时候，一些地方发生了解散中共领导的群众团体的事件。1937年8月，国民党陕西省党部发出取缔中共所领导的西北各界救国联合会以及其他进步团体的通告。9月，中共陕西地方组织按照这个通告，自动解散西北各界救国联合会，并要求联合会的一些干部参加国民党发起

1 中共中央文献研究室：《毛泽东年谱（1893—1949）》中卷，中央文献出版社2013年版，第8页。
2 中共中央文献研究室：《毛泽东年谱（1893—1949）》中卷，中央文献出版社2013年版，第13页。

成立的陕西省各界抗敌后援会设计委员会。中共中央对中共陕西地方组织的这种做法提出了严肃批评。

11月12日，即上海陷落的当天，中共中央在延安召开党的活动分子会议。毛泽东在会上作了《上海太原失陷以后抗日战争的形势和任务》的报告。报告指出："在卢沟桥事变以后，党内的主要危险倾向，已经不是'左'倾关门主义，而转变到右倾机会主义，即投降主义方面了。"因此，"必须尖锐地提出谁领导谁的问题，必须坚决地反对投降主义"。"'统一战线中的独立自主'这个原则的说明、实践和坚持，是把抗日民族革命战争引向胜利之途的中心一环"。[1]

这个时候，中国共产党驻共产国际代表团团长，同时担任共产国际执行委员会政治书记处候补书记、东方部部长的王明，"自天而降"，从苏联回到延安。他回来的一个重要任务，是传达共产国际的指示。

12月9日至14日，中共中央政治局召开会议，史称"十二月会议"。会议的第一天，王明作报告。他批评洛川会议没有突出"抗日高于一切""一切服从抗日"的原则，认为过分强调了独立自主。还批评洛川会议没有提出"一切经过统一战线"的口号。他说："我们党虽然没有人破坏国共合作，但有同志对统一战线不了解，是要破坏统一战线的。""今天的中心问题是一切为了抗日，一切经过抗日民族统一战线，一切服从抗日。""我们要拥护统一指挥。八路军也要统一受蒋指挥。我们不怕统一纪律、统一作战计划、统一经济，不过注意不要受到无谓的牺牲。红军的改编不仅名义改变，而且内容也改变了。""在统一战线中两党

1　《毛泽东选集》第二卷，人民出版社 1991 年版，第 391、392、394 页。

谁是主要的力量？在全国政权与军事力量上要承认国民党是领导的优势的力量。……现在不能空喊资产阶级领导无产阶级或无产阶级领导资产阶级问题，这是将来看力量的问题，没有力量空喊无产阶级领导是不行的。空喊领导，只有吓走同盟军。"[1]

王明的这些话语，虽然没有直呼其名地批评毛泽东，但与会人员谁都能听出来这是批评毛泽东的。

王明的许多观点，毛泽东不认可、不同意，可是王明毕竟代表上级，共产国际的权威不容置疑。毛泽东不能轻攖其锋，只能避其风头，策略迂回。毛泽东在后面的讲话中，一方面表示认可王明的一些提法，一方面又以"各自表述"的方式，坚持自己原有的观点，维护洛川会议精神。毛泽东说："国民党与共产党谁吸引谁这个问题是有的，不是说要将国民党吸引到共产党，而是要国民党接受共产党的政治影响。""如果没有共产党的独立性，便会使共产党低到国民党方面去。"[2]

毛泽东后来评价十二月会议时说："我是孤立的。当时，我别的都承认，只有持久战、游击战、统战原则下的独立自主等原则问题，我是坚持到底的。"[3]

王明对抗日民族统一战线的解释，相当于放弃了党在统一战线中的领导权，抹杀了独立自主原则，造成党内同志思想上的混乱，在实际工作中，确实也行不通。毛泽东后来回忆说："原来犯'左'倾机会主义路线错误的王明又犯了右倾机会主义路线的错误。他先是执行了共产国

1　中共中央文献研究室：《毛泽东传》第二册，中央文献出版社 2011 年版，第 510—511 页。
2　中共中央文献研究室：《毛泽东传》第二册，中央文献出版社 2011 年版，第 512 页。
3　中共中央文献研究室：《毛泽东传》第二册，中央文献出版社 2011 年版，第 513 页。

际的最'左'的方针，这时他又执行了最右的方针。"[1]"过去他搞'左'倾，这次则搞右倾。在和国民党合作中，他是'梳妆打扮，送上门去'，一切都服从国民党。他提出了六大纲领，推翻我们党中央的十大纲领，反对建立抗日根据地，不要自己有军队，认为有了蒋介石，天下就太平了。"结果是，"王明是'梳妆打扮，送上门去'，蒋介石则是'一个耳光，赶出大门'"。[2]

在1938年召开的中共六届六中全会上，毛泽东专门讲了"统一战线中的独立问题"。他批评王明的主张是"自己把自己的手脚束缚起来"，说：

我们一定不要破裂统一战线，但又决不可自己束缚自己的手脚，因此不应提出"一切经过统一战线"的口号。"一切服从统一战线"，如果解释为"一切服从"蒋介石和阎锡山，那也是错误的。我们的方针是统一战线中的独立自主，既统一，又独立。[3]

毛泽东在六届六中全会上有一系列讲话，他的政治报告《论新阶段》中的一部分，以《中国共产党在民族战争中的地位》为题收入《毛泽东选集》；他在会议上的结论，以《统一战线中的独立自主问题》《战争和战略问题》为题收入《毛泽东选集》。这些文章都贯穿着独立自主的观点。

1　中共中央文献研究室：《毛泽东文集》第七卷，人民出版社1999年版，第133页。
2　中共中央文献研究室：《毛泽东文集》第七卷，人民出版社1999年版，第121页。
3　《毛泽东选集》第二卷，人民出版社1991年版，第540页。

　　统一战线中的独立自主是"既统一又独立",所谓统一是指统一于抗战、团结和进步;所谓独立是指中共在思想上、政治上、军事上、组织上保持自己的独立性。自此之后,独立自主原则正式在党内确立下来。

　　王明是带着共产国际的指示回国的,以毛泽东为主要代表的中国共产党人并没有盲从。

　　共产国际对"既统一又独立""又团结又斗争"这种中国式的表达是无法理解的。

　　师哲回忆说,1940 年元旦,周恩来去莫斯科治病时,以《中国问题》为题目向共产国际汇报,"共产国际的书记们……从未经历过也未听说过像中国这样独特的情况,他们听得津津有味,也很兴奋,但很多问题仍难以理解。对中国的人名、地名他们记不清也记不住,这还在其次,主要是对中国抗日战争相持阶段的特征和我党的对策、统一战线的什么又团结又斗争等等,他们觉得这些弯弯绕早把他们绕糊涂了"。"他们的思维模式无法改变,这个模式就是要么团结,不能有斗争;要么敌我矛盾,消灭对方"。[1]

　　共产国际不懂,中国人懂,中国共产党人懂,这是中国的哲学,是独立自主、和而不同、斗而不破的哲学。

　　1941 年 6 月 22 日,德国入侵苏联。7 月上旬,苏联给中共发来一封电报,说他们收到情报,日本想配合德国在东方向苏联发动进攻,斯大林要求中共倾尽全部兵力在华北对日本发动一次大规模进攻,把日本准备进攻苏联的力量牵制在华北。毛泽东接到苏联的电报后认为:苏联

1　中共中央党史研究室第一研究部:《七大代表忆七大》上册,上海人民出版社 2006 年版,第 52—53 页。

的情报不准确，与中共得到的情报不一样；同时，就算中共把自己所有的军事力量都投上去，也起不了那么大的作用，最后的结果可能是八路军被日本消灭。所以，毛泽东没有按斯大林的要求去办。

中国共产党唯共产国际之命是从的时代已经过去了。

1943 年 5 月 22 日，共产国际宣布解散。在共产国际正式宣布解散前的 5 月 20 日，莫斯科向毛泽东通报了共产国际即将解散的消息。毛泽东看到电报后高兴地说："早就应该解散了。"[1]毕竟，没有共产国际，可以少一层羁绊，少一个在一边指手画脚的。

1　中共中央党史研究室第一研究部：《七大代表忆七大》上册，上海人民出版社 2006 年版，第 50 页。

自力更生为主，争取外援为辅

——读"自力更生"的有关论述

"日本帝国主义、国民党顽固派要困死、饿死我们，怎么办？"毛泽东问道。

国民党对陕甘宁边区的封锁，从 1938 年底开始越来越严实，他们建立起西起宁夏，南沿泾河，东至黄河的封锁线。边区不能生产的商品比如棉花、纸张、大米、食糖和火柴等都进不来了，更不用说医疗器械、工业设备和武器装备。同时，大批进步青年突破封锁线，涌入延安。边区财政遇到严重困难，生活用品奇缺。

毛泽东风趣地说："现在和大家商量，究竟如何是好。摆在我们面前的有三条道路，应该选择哪一条？第一条是把革命队伍解散，都回家当老百姓。"话音刚落，整个会场哄堂大笑。

毛泽东也哈哈大笑："看来，你们不同意把革命队伍解散。好吧，那么我提出第二条道路，叫做束手待毙，就是坐着不动，等候饿死。"讲到这里，毛泽东双臂交叉，向胸前一抱，做个束手无策的样子，又一次把大家逗得捧腹大笑。

毛泽东继续讲下去："看来第二条路大家也不愿意走，你们既不想解散回家，又不想坐着等死，那就只剩下第三条路了，叫做自力更生，自己动手，全边区各行各业一齐行动起来，参加农业生产。人人都有两只手，劳动起来样样有，用我们的劳动，战胜经济困难，不但要完成自己本身的学习和业务工作，还要改善生活。丰衣足食，吃得饱、穿得暖，要满面红光，兵强马壮，只有这样，才能打倒日本帝国主义。"

这是毛泽东1939年2月在延安生产动员大会上作报告的场景。

要独立自主，就得艰苦奋斗，就得自己去克服遇到的各种各样的困难。

国民党封锁，共产党反封锁。为了摆脱民困军愁，防止坐以待毙危险，党中央、毛泽东把生存道德与革命道德结合起来，组织开展了大生产运动。革命将士投入火热的生产中去，织布做衣、种菜种粮，自己养活自己。

1943年春天，毛泽东为陕甘宁边区工农业生产成绩展览会题词："自己动手，丰衣足食。"

大生产运动有效克服了边区物资严重匮乏的困难。

大生产运动中，延安的革命者种的西红柿，又大又红，国民党军政大员来到延安，见了都很羡慕，他们临走时，就给他们的车里、飞机里装上几袋子。延安军民纺出的线，生产出呢子布，做出了呢子服，毛泽东去重庆谈判时穿的衣服，就是延安土布做的。外国记者看到这一切，认为"共产党真有办法"。

与"独立自主"相关联的另一个词是"自力更生"。

自力更生和独立自主一样，都是因为毛泽东的反复强调而为共产党人入耳入脑入心的，为全国人民所熟悉所实行的。

1939 年 2 月 2 日，在延安生产动员大会上，毛泽东号召大家："自己动手、自力更生、艰苦奋斗、克服困难。"

1939 年 9 月 16 日，毛泽东在延安与中央社、《扫荡报》和《新民报》三家报纸的记者谈话时，便特别提到自力更生。他说："中国抗战主要地依靠自力更生。如果过去也讲自力更生，那末，在新的国际环境下，自力更生就更加重要。"[1]

在抗日战争时期，中国共产党既反对国内一些人依附美英等国的政策，也不同意党内少数人盲目服从苏联的做法，主张独立自主地发展自己，解决中国的问题。1944 年，毛泽东对美国外交官谢伟思说："我们寻求友好关系，但我们不听从任何人的指挥。"

经过整风和大生产运动，中国共产党独立自主思想成熟，已经内化为自己的性格。独立自主的中国共产党开始追求建立一个独立自主的新中国。

1945 年 4 月 24 日，毛泽东在党的七大上作《论联合政府》报告，开宗明义地提出成立联合政府，从而"领导解放后的全国人民，将中国建设成为一个独立、自由、民主、统一和富强的新国家"。[2]

1945 年 8 月，毛泽东在《抗日战争胜利后的时局和我们的方针》中说："我们的方针要放在什么基点上？放在自己力量的基点上，叫做自力更生。"[3]

1　《毛泽东选集》第二卷，人民出版社 1991 年版，第 588 页。
2　《毛泽东选集》第三卷，人民出版社 1991 年版，第 1029—1030 页。
3　《毛泽东选集》第四卷，人民出版社 1991 年版，第 1132 页。

方绍伟在《持续执政的逻辑：从制度文化发现中国历史》中说：如果不是毛泽东在许多情况下坚持己见，一次又一次地坚决按照自己的意志行事，中共即使成功度过抗战，成长为一支可以和国民党政府抗衡的力量，它也可能和战后法共、意共一样，早就被苏、美两大国引导到与国民党妥协的道路上去，成为执政的国民党的附庸了。

毛泽东坚持独立自主，自力更生，带出来一个坚强的大党。一个用马列主义武装起来的独立自主的大党，带领人民破坏半殖民地半封建的旧中国，建立起一个新中国。

"我们中华民族有同自己的敌人血战到底的气概，有在自力更生的基础上光复旧物的决心，有自立于世界民族之林的能力。"[1]

独立自主是毛泽东思想活的灵魂，也是新民主主义革命取得胜利的可靠保障。

一个独立自主的中华人民共和国，走上了中华民族伟大复兴之路。

针对帝国主义企图干涉中国内政的阴谋，毛泽东明确指出："中国必须独立，中国必须解放，中国的事情必须由中国人民自己作主张，自己来处理，不容许任何帝国主义再有一丝一毫的干涉。"[2]

新中国成立后，中国共产党面对的情况，又如同革命之初，一切都是新的。中国共产党人采取"一边倒"的方针，老老实实地向老大哥苏联学习。这时候，毛泽东敏锐地觉察到学习苏联模式中我们缺乏创造性、缺乏独立自主能力等弊端。他说："不管人家的文章正确不正确，中国人都听，都奉行，总是苏联第一。"毛泽东骨子里那种独立自主意识一

1　《毛泽东选集》第一卷，人民出版社 1991 年版，第 161 页。
2　《毛泽东选集》第四卷，人民出版社 1991 年版，第 1465 页。

刻也没有削弱，在中华人民共和国成立后以更加强烈的形式展现出来。

在毛泽东独立自主思想的指导下，中国共产党人成功探索出一条符合国情的社会主义改造道路，实现了从新民主主义到社会主义的转变，实现了中华民族有史以来最为广泛而深刻的变革。

开展社会主义建设，毛泽东同样清醒地认识到：没有经济独立，要想取得民族独立是不可能的。为此，毛泽东要求建立独立的工业体系，走出一条中国工业化道路。

1958年2月，当毛泽东听说苏联单方面撕毁与中国合作的合同时，他说："赫鲁晓夫想当'老子党'，搞大家长作风，看来我们只有靠奋发图强、自力更生了！"

1959年，毛泽东在读苏联《政治经济学教科书》的谈话中说："在国与国的关系上，我们主张，各国尽量多搞，以自力更生、不依赖外援为原则。自己尽可能独立地搞，凡是自己能办的，必须尽量地多搞。只有自己实在不能办的才不办。特别是农业，更应当搞好。吃饭靠外国，危险得很，打起仗来，更加危险。"[1]

毛泽东多次表示，希望有外援，但又不主要依靠外援，外援是第二位的，以自力更生为主、争取外援为辅；破除迷信，打倒向大国富国乞讨过日子的奴隶思想，独立自主地干农业、干工业、干技术革命和文化革命。

这里要特别说明一下，新中国成立后强调独立自主，不是自我封闭，不是关起门来搞建设，不是关起门来走自己的路，不是排外，而是要主

---

[1] 中共中央文献研究室：《毛泽东文集》第八卷，人民出版社1999年版，第128—129页。

动地汲取人类文明的优秀成果和国外先进的发展经验，彰显"洋为中用"的方针。在以美国为首的西方国家对中国采取外交上敌视孤立，经济上禁运封锁，军事上包围威胁政策的情况下，新中国在独立自主的思想主导下，强调必须自力更生，同时，想方设法在外交和外贸上打破孤立封锁，扩大对外交流。

说到底，独立自主就是始终把中国的命运掌握在中国人手里。为了掌握自己的命运，毛泽东那一代人开启了独立自主探索中国社会主义建设道路的历史进程。尽管探索充满了曲折艰辛，但也取得了独创性的理论成果和巨大成就，为在新的历史时期开创中国特色社会主义提供了宝贵经验、理论准备和物质基础。

毛泽东关于独立自主的论述十分丰富。他强调：我们的方针要放在自己力量的基点上，找出适合我国情况的前进道路；发扬自尊、自信、自立、自主、自强的民族精神；中国的事情必须由中国人民自己作主张，自己来处理；依靠自力更生，立于不败之地；学习外国的经验要结合中国的实际；自力更生为主，争取外援为辅。

　　独立自主，是毛泽东思想"活的灵魂"。它本质上是民族的、主体意识的自尊自强，发端于土地革命战争时期，成熟于解放战争时期，升华于新中国成立之后。一路走来，在中国共产党的领导下，中国人民无论遇到什么样的困难，都没有动摇过独立自主、自力更生的决心。斯"魂"坚固，斯"魂"永远。

图书在版编目（CIP）数据

毛泽东文谭 / 陈晋，胡松涛著. --长沙：湖南人民出版社，2024.8（2025.3）
ISBN 978-7-5561-3222-5

Ⅰ.①毛… Ⅱ.①陈… ②胡… Ⅲ.①毛泽东著作研究 Ⅳ.①A841

中国国家版本馆CIP数据核字（2024）第016184号

毛泽东文谭
MAO ZEDONG WENTAN

著　　者：陈　晋　胡松涛
策　　划：黎晓慧
出版统筹：陈　实
产品经理：古湘渝
责任编辑：黎晓慧　陈　实　傅钦伟　古湘渝　潘　凯
责任校对：杨萍萍
装帧设计：陶迎紫　谢俊平

出版发行：湖南人民出版社［http://www.hnppp.com］
地　　址：长沙市营盘东路3号　　邮　编：410005　　电　　话：0731-82683346

印　　刷：长沙超峰印刷有限公司
版　　次：2024年8月第1版　　　　　　　　印　　次：2025年3月第3次印刷
开　　本：787 mm × 1092 mm　　1/16　　印　　张：30
字　　数：350千字
书　　号：ISBN 978-7-5561-3222-5
定　　价：98.00元

营销电话：0731-82683348（如发现印装质量问题请与出版社调换）